BLOWN TO BITS

数字迷城

数字时代下的生活、自由和幸福

Hal Abelson　　Ken Ledeen　　Harry Lewis　　Wendy Seltzer
哈尔·阿伯尔森　　肯·勒迪恩　　哈里·刘易斯　　温蒂·塞尔泽◎著

陈颜◎译

Your Life, Liberty, and Happiness
After the Digital Explosion

Second Edition

第二版

中国出版集团　　现代出版社

版权登记号：01-2021-4786

图书在版编目（CIP）数据

数字迷城：数字时代下的生活、自由和幸福/（美）哈尔·阿伯尔森（Hal Abelson）
等著；陈颜译. — 北京：现代出版社，2021.10
ISBN 978-7-5143-9465-8

I.①数… II.①哈…②陈… III.①数字信息-研究 IV.①G203

中国版本图书馆CIP数据核字（2021）第223440号

数字迷城：数字时代下的生活、自由和幸福

作　　者：［美］哈尔·阿伯尔森（Hal Abelson）　肯·勒迪恩（Ken Ledeen）
　　　　　哈里·刘易斯（Harry Lewis）　温蒂·塞尔泽（Wendy Seltzer）　著
译　　者：陈　颜
责任编辑：杨　静　赵海燕
出版发行：现代出版社
通信地址：北京市安定门外安华里504号
邮政编码：100011
电　　话：010-64267325　64245264（传真）
网　　址：www.1980xd.com
电子邮箱：xiandai@vip.sina.com
印　　刷：三河市南阳印刷有限公司

开　　本：710mm×1000mm　1/16
印　　张：24.25　　　　　　　　字　　数：336千
版　　次：2022年1月第1版　　　印　　次：2022年1月第1次印刷
书　　号：ISBN 978-7-5143-9465-8
定　　价：78.00元

本书谨献给我们几个人的孩子——阿曼达、詹妮弗、约书亚、伊拉哈、安妮和伊丽莎白，他们将目睹这世界再次发生我们无法想象的变化；还有我们的孙子和孙女——康纳、罗里、阿比盖尔、卡梅隆、朱丽叶、罗伯特、亚历山德拉和斯黛拉，他们还将与这些变化一同成长；最后还要献给我们的学生，正是因为他们的质疑，才让我们的思考得以深入。

致　谢

　　对于本书中出现的任何错误，我们将会承担全部责任，但与此同时，我们仍要向很多带给我们启发的人表示衷心感谢。具体地说，我们非常感谢以下的各位朋友，他们或是在本书的初稿阶段对于某些章节给予了相应评论和意见，或是在其他方面给予了很有价值的帮助：林恩·阿贝尔森，梅格·奥斯曼，斯科特·布拉德纳，阿特·布罗德斯盖，麦克·卡罗尔，马库斯·科恩，弗兰克·科尼利厄斯，艾力克斯·柯蒂斯，娜塔莎·德夫罗耶，大卫·法伦托德，罗伯特·法里斯，约翰-克里斯托弗·弗赖塔格，温蒂·戈登，汤姆·汉尼斯，布莱恩·拉马基亚，马歇尔·勒纳，安妮·路易斯，伊丽莎白·路易斯，杰西卡·利特曼洛里·吕贝克，弗莱德·冯·诺依曼，马琳·麦格拉思，迈克尔·马库斯，迈克尔·米森马彻，史蒂夫·帕帕，乔纳森·皮尔斯，布拉德利·佩尔，莱斯·佩雷尔曼，托马斯·罗斯勒，帕梅拉·萨缪尔森，杰夫·席勒，凯蒂·斯路德，吉吉·索恩，德博拉·斯帕，勒内·斯坦恩，艾力克斯·蒂贝茨，苏珊娜·托宾，萨利尔·瓦丹，大卫·沃什，丹尼·韦茨纳以及马特·威尔斯。

作者简介

哈尔·阿伯尔森（Hal Abelson）是美国麻省理工学院电子工程和计算机科学系教授，电气电子工程师学会（IEEE）院士。他曾协助推行教育技术创新的倡议，比如麻省理工学院的开放式课程，也是知识共享（Creative Commons）和公共知识（Public Knowledge）两家非营利组织的创始人之一，还曾任自由软件基金会（Free Software Foundation）的创始人兼董事长。

肯·勒迪恩（Ken Ledeen）是尼沃科技有限公司（Nevo Technologies）的董事长兼首席执行官，也是一位连续创业者，曾在数家科技公司的董事会任职。

哈里·刘易斯（Harry Lewis）是哈佛学院和哈佛大学工程与应用科学学院的前任院长，哈佛大学计算机科学系的戈登·麦凯（Gordon McKay）研究教授，哈佛大学伯克曼互联网与社会研究中心的研究员，其著作有《失去灵魂的卓越：通识教育的未来在何处？》（*Excellence Without a Soul: Does Liberal Education Have a Future?*），编著有《那些改变未来的伟大想法：有关计算机科学的经典论述》（*Ideas that Created the Future: Classic Papers of Computer Science*）。

温蒂·塞尔泽（Wendy Seltzer）是麻省理工学院万维网联盟（W3C）的法律顾问和战略领导者，她创立了Lumen档案库——首个可以发布关于网络删除请求的透明度报告的网站。

前　言

　　早在十多年前，我们就决定写下这本书，因为在那时数字革命已经开始让我们生活的方方面面都发生了巨大的变化，而为了能在社会发展中做出明智的选择，我们就需要去了解数字技术背后的根本原理，以及它会对人类社会制度产生的影响。但是，我们所缺少的并不是一本介绍计算机如何运作的工具书，而是一本真正从人类视角出发，去分析数字革命的书籍。

　　出人意料地，这十多年来我们的书一直受到大家的青睐。然而，随着数字技术的不断进步和广泛应用，我们确实还需要与时俱进，所以推出了本书的第二版。在新版的这本书中，有以下几个话题特别值得大家注意。

　　毫无疑问，数字技术对于人们隐私的影响（或者说隐私泄露）正在加速扩大：当我们刚开始撰写这本书的时候，面部识别技术仍处于萌芽状态，但现在已经非常普及了；手机上的应用程序可以追踪我们的一举一动；语音识别软件也在政府机构和企业中被普遍使用。（请详见"第二章　暴露在阳光下：毫无隐私可言"）

　　如今，人工智能应用也很普遍：我们再也不需要收藏CD碟片了（如果你还记得CD碟片是什么的话），现在只需要告诉你的电子设备你想听什么，或者直接说"Siri，当我到沃尔瑟姆的家得宝（Home Depot）时，记得提醒我买灯泡"。甚至，连电视遥控器和冰箱里都内置了智能助手。

（请详见"第九章 下一个技术前沿：人工智能和未来的比特世界"）

上溯至2008年，脸书（Facebook）还是最为流行的社交软件，而那时的推特（Twitter）才刚刚起步。时至今日，这些社交软件和其他社交媒体平台都对整个社会产生了十分深远的影响——加速社会变革，影响竞选活动，并为政客们提供了演讲台和扩音器。（请详见"第三章 谁掌握着你的隐私：个人数据的商品化"）

我们谁也没有预料到，竟然是2020年暴发的新型冠状病毒大流行，让世界再一次目睹了数字革命的深远影响。短短几周之内，下到幼儿园，上至研究生，所有的课程都进入"虚拟化"；小到6岁的孩子熟练地使用视频通话；网上订购也俨然成为人们满足日常需求的主要手段；远程办公也成为常态——而这些画面在10年前都是人们难以想象的，若再往前推，那简直就是天方夜谭了。

我们几个人都乐观地认为，随着数字革命的发展，如果我们对于数字世界的"本质"和"运作"有了更加深入的理解，我们就能做出明智的选择。

每一天，就有数十亿计的照片、新闻、歌曲、X光片、电视节目、电话和电子邮件以0和1的序列——比特的形式，散落在世界各地，而电话簿、报纸、CD碟片、手写信件，还有隐私，都已经成为前数字时代的遗迹了。

我们无法躲避数字时代的信息大爆炸，况且也鲜少有人想要这么做——毕竟它实在是有太多诱人的好处了。正是因为有了数字技术，才使得前所未有的创新、协作、娱乐和民主参与成为现实。

但随着我们生活中越来越多的细节被捕捉为一个个的数据，这些"数字奇迹"同样也在粉碎人们在几个世纪以来，关于隐私、身份、言论自由和自我控制的认知。

你能控制只有"哪些人"才能看到你全部的个人信息吗？当一切都是毫无隐私可言的时候，还有什么是能够被保密的呢？互联网应该要像广播和电视内容一样受到审查吗？当你在网上搜索某个事物时，到底是谁在决定给你看什么？当我们生活在一个充斥着无限信息（和错误信息）的"数字回音室"里，如何才能判断什么是"真实"的呢？在数字世界里，你还会有言论自由吗？对于政府或公司的相关政策，你还会有发言权吗？在人工智能的世界里，我们如何才能知道机器会这样或是那样运行的原因呢？是否有一小撮很有影响力的大企业在背后影响着我们的认知和对世界的看法呢？我们的世界是不是已经失去控制了呢？

《数字迷城》将指引你走出数字迷宫，通过一些有趣的真实事例，相信你会得到一些具有启发性的答案。在这个变幻莫测的世界里，对于每个人来说，弄清楚它所拥有的无限潜能，以及所设置的可怕陷阱，都是至关重要的。

而这本书，就是给身处信息大爆炸时代的人类，敲响的一记警钟。

目　录

第一章

数字大爆炸

为什么会发生，又潜藏着什么危险

本书的主题与电脑并不相关，而是在讲述你我的生活，在讲述我们脚下的这片土地是如何悄然发生了天翻地覆的变化。我们都知道这些变化正在上演，因为我们"每一天"都能在身边看到它们，因此我们就更需要去进行了解。

数字大爆炸正在改变一切。在这本书中，我们会讨论当前到底发生了什么，以及它们是如何发生的；我们会解释数字科技本身——为什么它能给我们带来如此之多的惊喜，而另外，为什么很多事情的发展走向往往又不能像我们所期望的那样；我们还会谈论到被信息大爆炸所摧毁的事物——我们对于个人隐私、身份、生活控制权的传统认知。总而言之，本书要讨论的就是我们到底是如何走上这条路的，我们又到底会失去什么，以及还有什么是我们整个社会仍有机会去弥补纠正的。

数字大爆炸既创造了机遇，也带来了风险，尽管这些机遇和风险大多都将以这样或那样的方式在10年内消失不见。政府、企业和其他当局机构都在这种机遇和风险并存的混乱局势中大捞好处，可我们中的多数人甚至都没有察觉到它们的出现。然而，我们所有人都要承担其后果。在科学、历史、法律和政治之外，这本书就是对我们集体敲响的一记警钟：塑造我们未来的一切动力将会是"数字化"的，所以我们很有必要去了解它们。

这本书里提到的故事都是我们的日常见闻，它们都讲述了数字技术是如何对我们的生活产生了深远而又意想不到的影响。接下来，让我们先从妮可莱特·瓦图利的故事说起。

妮可莱特始终不明白自己为什么没有得到那份工作。作为一名在校平均绩点达到3.5的大四毕业生，她为了这家投资银行的面试做了充分的准备，而且从头到尾都展现出了积极的面貌——她昂着头，微笑着，言语中充满着自信。但当该公司要发布下一阶段候选人的名单时，她收到的却是坏消息，她的求职将止步于此[①]。

妮可莱特很想知道她到底做错了什么，但是没有人能解释她求职失败的原因——因为事实上根本就不会有人知道。妮可莱特是在一台电脑上完成的面试，而电脑使用了HireVue[②]的人工智能软件来评估她是否适合这份工作。这个软件淘汰了她，并不是因为她不具备某个特殊的应聘条件，而是因为这个软件自称可以总结出能胜任这个职位的应聘者的一些模板，但从妮可莱特身上观察得出的结果却与这些模板并不相符。如果你是因为没有三年的相关工作经验或某些特殊技能而导致求职失败的话，是很容易令人接受的。但是像妮可莱特这样的招聘方式是大有不同的，甚至是令人害怕的——这正是因为软件不会给出任何的解释来告诉你它到底看重面试者的什么。而且，即使HireVue愿意披露其专有的算法，也很可能仍然无法给出任何的解释（更何况它也没有公布其算法）。

很多公司都喜欢采用这种新技术，因为它比人工面试更加省钱和有效。事实上，HireVue也仅是众多在线视频面试供应商的其中之一，但它的平台已经完成了超过1000万次的视频面试。可相比之下，许多的求职者并不喜欢这些会自动化招聘的"助理"，因为他们觉得被一个机器评判是很不人性化的，但这还不是唯一的原因。一些开发软件的公司会反驳道，正是因为通过使用新的技术，现在才会有更多的人能获得面试机会，而且这也降低了面试官会带有一定偏见的可能性。他们声称这项新技术

<hr>

① 德鲁·哈维尔：《越来越多的面部扫描算法将决定你是否能获得一份工作》（《华盛顿邮报》，2019.11.6）。

② HireVue是一家在线视频面试的招聘解决方案服务商，总部位于美国犹他州。——译注

正在为人们创造机遇，而不是设立门槛——但是，我们又怎么知道是真是假呢？

人们对于这样的一种自动化筛选工作出现本能的反感并不是因为他们讨厌计算机为自己的人生作出重大决定。事实上，我们的生活中有许多重大决定都是由计算机来操控的。例如，现在的飞机和放射治疗机基本上都是自动化系统。如今，在使用 X 光筛查乳腺癌方面，计算机已经完全打败了训练有素的放射科医生[1]。那还会有人信任没有那么精确的人类"筛选器"吗？但是，HireVue 的评判标准属于另外一种类型，它的系统是在对妮可莱特的人性做出判断，并认为她不属于该公司应该雇用的那一类人，而且也没有向她或其他任何人解释到底什么样的人合适，以及妮可莱特到底欠缺什么。

现今，还有许多其他的智能系统也被应用在很多人类工作的领域，并做出类似的判断。比如，法官们会通过电脑来评估刑事被告人若无法出庭将会承担的风险——同理，这样的评估机制也是通过将这些刑事被告人与过去曾被逮捕却可以免去审前羁押的人进行比较后得出的[2]；房地产中介也会使用电脑来判断哪些租客可能会是拖欠租金的人[3]。

这些智能系统大多是有知识产权专利的，而开发这些系统的公司也不必披露它们的工作细节。毕竟，他们认为人类面试官并不是公正判断面试者的黄金标准，因为人类更容易产生各种令人惋惜的固有偏见。而这也是为什么现在的乐器演奏者选拔赛通常被安排在听众视野之外：当演奏者能被看到时，女性相较男性会受到整体更为苛刻的评价[4]。HireVue

---

① 斯科特·梅耶·麦金尼，马尔辛·西尼克等：《乳腺癌筛查人工智能系统的国际评估》（《自然》，2020 年）。

② 茱莉亚·安格温，杰夫·拉尔森等：《机器存在的偏见》。

③ 伊丽莎白·费尔南德斯：《机器学习算法会使得〈公平住房法〉进展倒退吗？》（《福布斯》）。

④ 克劳迪娅·戈尔丁，塞西莉亚·劳斯：《乐器演奏中的公正："盲听"试镜对女性音乐家的影响》（《美国经济评论》）；伊丽莎白·费尔南德斯：《机器学习算法会使得〈公平住房法〉进展倒退吗？》（《福布斯》）。

声称，通过将求职者的面试技能与现有员工进行匹配，它就能消除系统中最容易出错的部分。它还表示，人类招聘者才是那个"终极黑匣子"。或许，它说的是对的，但除了一点——HireVue口口声声说它会将求职者与该银行目前最优秀的员工形象进行匹配，但我们又怎么能知道这个软件不是在（自动化地）复制当初招进来现有职员的那些人类面试官的所有偏见呢？

妮可莱特的故事之所以特别重要，不只是因为她在求职时被一台机器淘汰了，还因为在整个过程中根本没有"人"——无论是人力资源经理，还是程序员——去告诉HireVue软件要使用什么筛选标准。这一切都是HireVue自己决定的，它观看了现有职员的视频，然后总结出自己的一套选择标准。

妮可莱特求职被拒的这个故事就是我们所说的"比特"故事。也就是说，它不仅仅是一个简单的求职故事，而是一个关于成千上万亿个0和1组成的二进制进行收集、存储、分析、传输和使用的故事。通过仔细分析这些故事，我们不仅可以了解它们背后的技术，而且还可以读懂其中的暗示和风险。

这里的"比特"就代表着妮可莱特的形象，当它们以数据的形式通过电线和光缆，可能还有其他几种无线电波，从她自己的电脑传输到HireVue的电脑上时，就开始被HireVue的程序重新组合、拆解和分析。接着再按照某种算法，它们会被拿来和代表其他现有职员视频的数万亿个数据进行比较，最后输出一个简单的"比特"——一个"Yes"或"No"的对比结果就出来了：是继续进入招聘的下一阶段，还是立即淘汰。对于妮可莱特来说，最后输出的结果是符号O，而这就是她从公司得到的全部答复。虽然HireVue保存了妮可莱特面试视频的所有数据，但是为了得到这个面试机会，她只好事先签了权利放弃同意书。

"算法透明度"是我们都应该知道的关于计算机如何作出决策的运算法则。引用美国电子隐私信息中心（EPIC）的话说："公众有权了解那些会影响他们生活的数据的处理过程，以便可以及时纠正其错误，并对算法得出的结论提出异议。"[①]

新兴技术正以许多不寻常的方式与逐步发展的隐私、通信实践和刑法的标准相互作用。妮可莱特的故事，虽然对她个人来说非常重要，但也只是千千万万个会发生在我们任何人身上的"比特"故事之一。现在的我们每天都会受到数据流所带来的不可预料的影响，而在几年前根本就不可能发生。

当你读完这本书时，你应该就会用一种不同的眼光去看世界。你可能会从朋友那里，或者从新闻里听到某个故事后，自然地对自己说："嗯，这说的就是比特故事嘛。"即使整个故事里没有任何人提到了关于"数字"的事情。生活中物体的实际运动和我们活生生的人的行动只是表面而已，为了理解世界到底发生了什么，你就必须进入虚拟世界，去看看那些惊人的、操纵着我们生活中每件事的"比特"数据流。

而这本书，就是带领你进入这个新世界的指南针。

比特大爆炸，以及其他一切

世界突然之间就发生了变化，几乎所有的东西都被储存在了电脑里：庭审记录、超市进货单、珍贵的全家福、无价的好莱坞电影或是毫无意义的电视节目……电脑里面储存了很多现在看来没什么价值的东西，但有人认为总有一天可能会派上用场。这些事物都被简化成了0和1——"比特"，它们被储存在家用电脑的磁盘上或是大公司和政府机构的数据中心里。但有很多磁盘并不是圆形的、会旋转的那种——它们是另外一种存

[①] 算法透明度：《秘密分析数据的终结》，美国电子隐私信息中心。

储介质，只是由于某些历史原因被称为"磁盘"。现在大多数的磁盘都是在"云端"的——这是一个颇为花哨的名字，像亚马逊这样的大公司就会将其云端出租给任何需要存储空间的人。磁盘可以容纳非常多的比特，所以我们也就没有去筛选自己要记住的东西的必要了。

　　"比特"是"二进制数字"的缩写。二进制数字系统使用的只有0和1两个数字，而不是像十进制数字系统中使用的10个数字0、1、2、3、4、5、6、7、8、9。1679年，戈特弗里德·威廉·莱布尼茨（Gottfried Wilhelm Leibniz）第一次明确阐述了二进制表示法的原理。

　　如此之多的数字信息、虚假信息、垃圾信息和其他数据统统都被储存起来，而其中的大部分只能被计算机处理，而永远无法被人眼所识别。而且，计算机在从比特数据中提取有用信息方面正变得越来越好——它能总结出一些模板，有时可以帮助我们解决犯罪难题、诊断疑难杂症，并提出一些有用的建议——但有时，它也可能会泄露一些我们不希望别人知道的事情。

　　爱德华·斯诺登在2013年泄露了数千份高度机密的政府文件，这同样也是一个"比特"故事。他的个人笔记本电脑上储存着所有的相关文件，而他所做的就是将笔记本电脑带出美国而已，但就在更早的几年前，或许他还需要携带数百磅的纸张才行。斯诺登所披露的一切都与政府的电子监控有关，这继而引发了有关个人隐私与安全之间是否存在利益权衡的根本问题。

　　2019年印尼狮航737 Max的坠机事件也不仅仅是一次飞机事故，它也是一个"比特"故事——早期737型号的引擎被卸载，因此使得飞机的重量分布不均；而且用来处理传感器数据并自动控制飞机运行的程序也没有发挥预期的作用。[①]

---

　　① 本杰明·张：《波音737 Max很有可能成为这款最畅销机型的最后一个型号》。

然而，并不是只有具有全球重大意义的事件才能称为"比特"故事，我们每个人在平凡生活中的日常故事都可以是一个"比特"故事。娱乐型跑步者罗茜·斯平克斯就曾经有一段让人毛骨悚然的经历，她在手机上使用了一个应用程序来记录自己的跑步路线和时长，并且也一直认为自己的行踪应该是被保密的，因为她打开了所谓的"增强隐私保护"功能。当她在国外旅行时，她却收到了陌生人对自己跑步路线的"点赞"，这时她才意识到，原来这个"增强隐私保护"意味着"只要你出现在跑步的排行榜上，系统就会随机推送你的跑步路线给其他男性使用者"。由此可见，这款健身应用软件也是一款网络社交软件，罗茜的个人数据也就成为商业化的牺牲品[①]。所以，这也是一个"比特"故事。

　　一旦某个事物存入了电脑，它就可以在一秒钟内进行复制并传播到世界各地。只需要一瞬间就可以制作出 100 万份完美的拷贝——它可以是我们想让世界上每一个人都看到的东西，同时也可以是原本就不应该被复制出来的东西。

　　数字时代的信息大爆炸正在改变着世界，就像曾经的印刷术一样，而其中的一些变化就正在我们毫无意识的情况下悄然发生，并将我们对原有世界的认知炸得粉碎。

　　信息大爆炸看起来似乎是宜人的、有趣的甚至是乌托邦式的。现在我们不用再把纸质照片通过邮寄的方式给奶奶看了，而是直接在 Instagram 上面分享孩子们的照片。这样一来，不仅奶奶可以看到这些照片，她的朋友和其他人也同样可以看见。所以我们尽情地享受着这些好处，但会有什么风险出现呢？虽然这些照片看起来确实是可爱又无害，但是请想象一下，假如你自己正在一家餐馆里吃饭，而且也没有人知道你在这里，这时有一个游客随手拍了一张照片，而你恰好就出现在其背景中。如果这位游客上传了这张照片并把它公之于众，那么全世界都会

---

　　① 　罗茜·斯平克斯：《不知道如何安全使用 Strava，你并不孤单》。

知道你曾经来过这里，以及你是什么时候来的。就在几年前，计算机还不足以处理人脸识别功能，而现在，人脸识别技术的发展已经足够成熟，甚至可以在一张游客照上自动识别后标出你的名字。但这也许不会发生，因为有相关的政策或法律禁止这样做，但是相关的科技限制却没有禁止。自动识别人群中的面孔现在已经是一个解决了的问题，而一些政体机构也在使用相关的人脸识别软件以解决一些暴力问题，或是追踪某些不法分子的行踪。美国同样也在使用这项技术：通过在Facebook和其他社交媒体上收集到的数十亿标注了相关信息的照片，一家名为Clear-view AI的小公司突然跃升成为许多执法机构，甚至是具有安全意识的私人公司的"助手"[1]。而这其实并不是一件难事，尤其是对于这样一家创业公司来说，因为它愿意去拓宽Facebook和其他公司收集来的大型照片数据库的合理使用范围。

在我们结束全家福照片这个话题之前——你还记得它们曾经都需要被印在纸上才能保存几十年的那个时候吗？我们再也不会这样做了。然而数字图像的神奇之处同样也会让人们再也无法真正地触摸到它们，因为你无法将一个数字图像放在床底下的盒子里，等着有一天你的孙子孙女们去找，所有的这些家庭记忆很有可能在未来就慢慢被忘却了。在数字世界中，几乎所有事物都有其好的一面和坏的一面。

还有数据的泄露。人们的信用卡记录本应该被保密在数据仓库里，但它们却"逃到"了一些窃贼的手中。一般情况下，我们会愿意泄露自己的信息往往是因为我们能从中得到某些好处。如果你不介意浏览一些产品广告（这些产品可能就是电脑曾经偷听到你谈论过的），那么就会有公司给你提供免费的全球电话漫游服务；如果你没有关闭位置追踪功能，谷歌就能知道你经常光顾什么样的餐厅，那么它就会向你推荐一些你可能喜欢的新餐厅；如果你真去那儿吃了一顿饭，谷歌还

---

[1] 喀什米尔·希尔：《正如我们所知，保密公司很可能会泄露隐私》（《纽约时报》，2020.1.18）。

会询问你是否喜欢吃这顿饭——到目前为止，还没有任何软件能自己算出这些结论——你的每个答案仿佛是被吞进了一个巨大的"数据之胃"，用来帮助谷歌向你和其他人做出相应的推荐（并在这个过程中赚上一点钱）。

而这些事，也不过是目前正在发生的一切中的一个小部分而已。这场数字大爆炸以及它将造成的社会混乱，才刚刚揭开序幕。

我们已经生活在这样的一个数字世界里，仅仅是所有手机里的内存就足以用来存储国会图书馆里每一本书里的每一个字，且是数十亿次。每一天，上传到YouTube上的视频就足以用来记录某个人这一生的每一个瞬间。然而，爆炸式的增长仍然还在不停地发生。与前一年相比，每一年我们所能存储的信息都会变得更多，其速度会变得更快，而且还能做出更有创意的事情。现在的冰箱和真空吸尘器都能制造数据了，可见数据的增长速度是我们不可想象的。目前已经存在的大多数的数据都是在过去的一年中创建出来的，而明年和后年的数据肯定也将会是这样。

现在每一年都会产生大量的磁盘存储器，其数量多到每隔几秒钟就可以用来存储完地球上每一个人一生的信息。很久以前说过的一句话，也能成为某个政治候选人竞选的把柄；而一封草草写就的信，也可能会成为某个传记作家的重要发现。请想象一下，如果把每一个人一生中所说和所写的每一个字都记录下来，那将意味着什么？目前在这方面的技术性障碍已经被消除了：也就是说我们有足够的存储空间来记录下所有的内容。正如YouTube所说，现在每一分钟就有时长500小时的视频被上传到网上[①]。那么，我们是否仍需要设立"社会性障碍"来阻挡其发展趋势呢？

有时候，所有的事情看起来似乎比以前好了，但也比以前差了。现在的"公共记录"是非常公开的，假如你在田纳西州的纳什维尔找到了

---

① J.克莱门特：《每分钟都有数小时的视频上传到YouTube，2007—2019》。

一份新工作，在你正式上班之前，你的雇主就会清楚地知道你10年前是否在得克萨斯州的拉伯克①有过非法左转的记录。在一个连花边信息都会被无休止地复制、登载和传播的世界里，所谓"庭审记录保密"的旧观念基本上就是一种幻想。在欧洲，一项新的"被遗忘的权利"被列入人权清单，旨在保护人们不必永远背负着年轻时的每一次轻率行为，负重前行；但在美国，言论自由权仍然占主导地位，所以这些相互矛盾的权利之间的冲突是无法避免的。在"比特"世界里，要想跨越大西洋，只需几微秒的时间。

美国拥有数以百计的电视台和广播电台，以及数以百万计的网站，而美国人也喜欢各式各样的新闻来源，但同时对于没有更加具有权威性的新闻来源，他们也感到不安。

关于比特的公案

"比特"的举止行为奇怪异常，它们可以瞬间移动，而且几乎不需要任何实际的储存空间。为了更好地理解"比特"是什么，我们就必须使用一些实际存在的事物来打比方。例如，我们把它们比作"会爆炸的炸药"或是"流动的水"，甚至，我们还会用一些社会隐喻，比如我们会说两台计算机在一些比特上"达成一致"，或是说人们"入室盗窃"了一些比特。总而言之，找到一个正确的隐喻很重要，反之，去了解这个隐喻存在的局限性也很重要，因为一个不恰当的隐喻能误导人们的程度，丝毫不亚于一个恰当的隐喻所带来的启发。

---

① 纳什维尔（Nashville）是位于美国中南部田纳西州的首府；拉伯克（Lubbock）是位于美国西北部得克萨斯州的城市，这里主要强调的是两个城市分属不同州，且距离较远，但仍然不会遗漏任何被记录的信息。——译注

克劳德·香农（Claude Shannon）

克劳德·香农（1916—2001年）是信息与传播理论无可争议的奠基人。第二次世界大战结束后，他在贝尔实验室工作，其间写了一篇具有深远影响的文章《通信的数学理论》（*A Mathematical Theory of Communication*），这篇文章在很大程度上预示了后来数字技术的发展。这篇发表于1948年的文章孕育出了现在人们普遍接受的认识——"比特"就是信息的自然单位，以及对这个术语的使用。

*此图片已得到诺基亚公司和美国电话电报公司档案库的许可，特此使用。

接下来，我们会告诉你关于"比特"的7个真理，我们也把它们称为"公案"，因为它们本身就是悖论，就像禅宗的字谜一样，可以引发冥想和启迪。这些公案都是进行了高度简化和概括的，共同描述了一个正在发展，但又尚未完全成形的世界。即使到了今天，它们所传达的主题也比我们通常能体会到的要更为真实。而这些主题也将贯穿在我们对于数字大爆炸的叙事中。

公案1："一切都是"比特"

你的电脑和你的智能手机（其实就是另一台电脑）成功地为你制造了一种错觉，即它们只是包含了许多照片、信件、歌曲和电影而已，但其实它们真正包含的只有"比特"——许许多多的比特以一种你看不见的方式进行排列。你的电脑被设计成只能存储比特单位，所有的文件、文件夹和不同类型的数据其实都是计算机程序所创造的假象。当你通过网络发送了一条附有照片的信息时，处理这条信息的计算机其实并不知道它正在处理的是一个"文本"和一个"图形"。同理，电话里的信息也只是"比特",这也激发了新一轮的竞争:传统电话公司、移动电话公司、有线电视公司和基于IP的语音传输(VoIP)服务提供商可以通过"比特"之间的相互变换来完成通话。互联网也是用来处理"比特"数据的,而不是软件工程师们发明出来的电子邮件或者附件。我们的生活离不开这些更为直观的概念,但它们都是假象,而这一个个假象背后,其实都是"比特"。

这一条公案的影响或许会比你所想的更加重要,下面就来看看美国支持堕胎权组织(Naral Pro-Choice America)和威瑞森无线公司(Verizon Wireless)[①]之间发生的故事吧!美国支持堕胎权组织想要申请一个短信服务,便于向其成员群发信息,但威瑞森公司却以这些信息可能包含"有争议或令人不愉快的"内容为由,拒绝其使用该功能[②]。然而,威瑞森允许政治候选人向其支持者发送短信,却不允许某些组织发送它认为有争议的政治内容。如果该支持堕胎权组织只是需要一般的电话服务或是800号业务[③],那威瑞森就只能点头答应。电话公司从很久以前就被称为"公共运营商",也就是说它们和铁路公司一样,法律禁止其自己任意挑选客户。在"比特"的世界里,其实短信和无线电话并没有什么区别,它们都是比特数据,通过无线电波在空气中进行传播。但是法律还没有和技术发展同步,它并不是对所有"比特"都一视同仁,因此适用于"携带语音信息"比特的规则也就并不适用于"携带文本信息"的比特。

---

① 美国支持堕胎权组织,其全称为National Abortion Rights Action League Pro-Choice America,是美国一个通过各项政治活动以支持堕胎权的非营利性组织;威瑞森无线公司是美国最大的无线通信服务供应商。——译注

② 亚当·利塔克:《威瑞森限制堕胎权利组织的短信服务》(《纽约时报》,2007.9.27)。

③ 800号,是指企业或个人申请的付费业务,人们拨打以800开头的电话,费用通常由接听该电话的企业或个人支付,也称免费电话号码。——译注

排他性和敌对性

经济学家们常常会说，除非以某种方式加以控制，否则"比特"往往就是非排他性的（一旦少数人拥有了比特，就很难不传播到其他人那里）和非敌对性的（当有人从我这里得到比特时，我这里的比特数量并不会减少）。在托马斯·杰斐逊谈论思想本质的一封信中，他极具说服力地道出了这两者的特性："如果自然能使得有一件事在排他性方面不受到任何影响，那便是思考的能力，我们也称之为思想，只要一个人不将其思想告诉他人，那他就可以一直独占着；一旦这个想法被泄露出来，它就会强迫每一个人去占有自己，而其接受者也无法摆脱掉它。其独特之处就在于，并没有任何一个人拥有的会少一些，因为每个人都得到了全部。"[①]

最后，威瑞森无线公司在支持堕胎权组织的案子上做出了让步，但不是其原则使然。因为在决定发送哪些人的信息时，电话公司的原则是做出一切它认为能使其利润最大化的事情。然而，在文本信息、电话和其他任何通过数字电波传播的"比特"之间，其实并没有明显的编码差异。

公案2：完美才是常态

犯错乃人之常情。在古代的缮写室[②]和中世纪的修道院里，人们只能费时费力地用手抄写书，于是每一个手抄本里面都有错误。计算机和网络的工作方式则截然不同，它们的每一个拷贝都堪称完美。当你用电子邮件给朋友发送一张照片时，他并不会收到一张比原件模糊的照片，其拷贝的效果是完全一模一样的，反正我们用肉眼是无法察觉到任何不

---

① 安德鲁·A.利普斯科姆，阿尔伯特·埃勒里·伯格编：《托马斯·杰斐逊选集》第一卷，第八部分，第八篇：《托马斯·杰斐逊致艾萨克·麦克弗森的信》（托马斯·杰斐逊纪念协会，1905年）。

② 缮写室（scriptoria）是指欧洲中世纪人们专门制作手抄本书籍的地方。——译注

同的。

当然，电脑也会出故障，网络同样也会有崩溃的时候。如果没有备用电源，那一切都无从谈起。因此，我们才会说"其拷贝是完美的"这个说法是相对的。数字拷贝只有在发送者和接收者两端完全接通的时候才会是完美的。的确，从理论上讲，有时发送一条消息可能只有其中一两个字被传达到——但还有可能是突然一座火山在你脚下喷发，你就压根没办法收到这条消息了。要知道数字信息的错误传达概率可比自然界发生灾害的概率要低得多，而这对于我们的生活实际来说已经足够了。

数字网络不仅仅是将"比特"从一个地方传输到另一个地方，它们还会对比特数据在传输过程中的完好性进行检查，如果发现数据被破坏了，它们就会进行纠正或者重新上传数据。正是因为有了数据的监测和纠正机制，所以实际情况中发生数据错误（例如电子邮件中的一个字符错误）的概率是非常低的，大可不必担心。若有那份闲心，还不如担心一下我们的电脑会不会被流星击中，尽管流星精确撞击一个物体也是不太可能的。

"完美拷贝"的现象也彻底改变了法律，在第六章"被打破的平衡"中我们会继续讨论。回到听音乐还要使用录音磁带的那个年代，青少年们并不会因为擅自拷贝歌曲而被起诉，因为他们的拷贝版本没有原版的音质那么好，更不用说二手的拷贝版本了。如今人们不再听拷贝音乐了，而是更喜欢直接购买音源，其原因就在于现在的数据拷贝是完美的——不仅与原版音乐的音质一样好，而且就是和原版一模一样，所以"原版"这个概念也变得毫无意义了。数字大爆炸对"知识产权"的影响并未止步于此，比特还有一个奇怪的属性，一旦释放它们，那所有人都能够拥有；但就算我给了你属于我的比特，我也并没有丝毫损失。

公案3：信息泛滥中仍有匮乏

放眼今日，全球的数据存储量是如此之大，在两年后，这个数字将会是现在的两倍。然而，矛盾的是，信息爆炸的同时也意味着我们失去了那些没有存储在网上的信息。就拿我们之中的某个人举例，他常常去一家诊所看病，已经有几十年了。某一天，他在诊所里见到了一位新来的医生，这位医生给他看了一堆血液检测报告图，而这些数据都是从病人自己的家庭医疗设备上传到诊所电脑里的，要是在5年前，恐怕任何专家都不可能存有这么多数据。接着，医生就问他是否曾经做过压力测试，测试结果如何，等等。病人只好解释说，所有记录应该都在医疗档案里的。可是，这些信息都在纸质文档里，医生就无法查阅到，因为这些数据没有被储存在诊所的电脑中，而这位病人的"内存"又只是一个差劲的替代品。或者说，那些数据可能早就不存在了，毕竟它们没有被数字化。

即便信息已经被数字化了，可如果没有读取的设备，那也是无用的。当我们的数据存储技术快速发展，就意味着那些存储在过时设备上的数据实际上已经不复存在了。如图1.1所示，这是公元12世纪英国的《末日审判书》(*British Domesday Book*)[1]，而它在20世纪的数字化版本再过15年之后（仅仅是其岁数的1/60）就会变得没什么价值了。

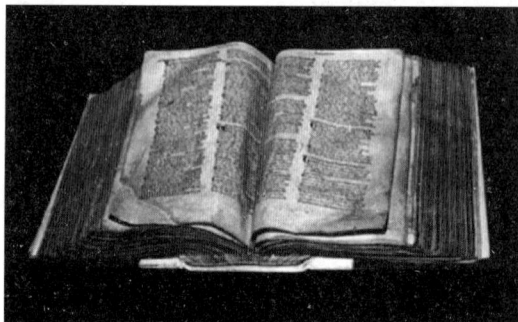

图1.1　1086年的《末日审判书》，其诞生900周年的数字纪念版再过15年便无法读取数据了。[2]

---

[1]　《末日审判书》又称为《土地赋税调查书》，是英国国王威廉一世下令进行的全国土地调查情况汇编的书籍，据称"末日审判书"这个名字是指其所记录的情况不容否认，犹如末日审判一样。——译注

[2]　罗宾·麦基和凡妮莎·索普：《〈末日审判书〉只有15年寿命，而非1000岁》(《卫报》，2002.3.3)。

还包括"搜索"，我们在之后的第四章"网络中的'看门人'"中也会说到。起初，像谷歌这样的搜索引擎只是少数人为了特殊目的而使用的便利工具，但随着万维网的发展和网上信息的爆炸式增长，搜索引擎便成为许多人查找信息时的第一选择——甚至优先于查找书籍或是询问朋友。对于网络公司来说，搜索结果显示的信息有效性已经成为一个生死攸关的问题。如果在搜索结果的第一页或第二页找不到我们想要购买的商品主页，那我们就会转而去其竞争对手那里购买；如果我们不能在网络新闻中快速找到关于某件事物的信息，我们就会认为它没有发生过；如果某件事不能被"迅速地"在网上找到，那它就好像根本不存在一样。

况且，有一些信息也并不是真实的。所有能够传播和储存真实信息的机制，同样也适用于虚假信息。丑陋和残忍，也像美丽和善良一样容易被储存到比特中。但当我们每个人都能成为"出版者"，且不需要任何"编辑"时，信息的市场经济就会发生变化——错误信息、虚假信息和垃圾信息的洪流将淹没真理和美丽。因此，与自由社会相比，权力社会或许能够更为有效地管理比特信息的流动，而自由社会则可能会被其允许的言论自由所削弱。

公案4：数据处理就是生产力

计算机的速度通常是由其一秒钟内能完成基本操作的数量来计算的。比如说"加法运算"，在20世纪40年代早期，世界上最快的计算机每秒钟可以执行5次加法运算，而今天最快的计算机可以进行大约1万亿次运算。购买过个人电脑的人都知道，在今天看来运算速度很快的电脑等过一两年之后就会变慢。

在至少30年的时间里，数据处理器的速度呈指数级增长。计算机每隔几年也会提速一倍，而这些增长都是摩尔定律的结果之一。

摩尔定律

英特尔公司的创始人戈登·摩尔（Gordon Moore）曾经观察到，集成电路的密度似乎每隔几年就会翻一番，由此这个发现被称为"摩尔定律"。当然，它不像万有引力定律那样是一条自然规律。相反，它是对编程技术不断进步的一种实证观察，同时也是对工程师们要继续创新的一个挑战。在1965年，摩尔曾预测这种指数增长将会持续相当一段时间[①]。后来它持续了40多年，这确实是一个伟大的工程奇迹，因为历史上再没有任何其他技术能够长期维持如此高的增长率了。

自从2001年以来，数据处理器的速度就再没有遵循摩尔定律了。事实上，可以说其增长速度几乎就没有再加快过了。但是，这并不意味着计算机就不会再继续变得更快。现在新型的芯片设计都会在同一个芯片上安装多个处理器，因此数据处理工作就可以被拆分为多个部分同时进行。这样的创新在于其在原始处理器速度继续提升的同时，也能达到同样的运算效果。同样，技术的进步让计算机变得更快，也让它们变得更加便宜。

数据处理能力的迅速提升意味着技术发明非常快地走出了实验室，并进入消费领域。10年以前，机器人真空吸尘器和自动泊车的可行性还只停留在理论上，但现在它们都已经成为消费品。那些在今天看来似乎只能由人类完成的工作已经不再只是某些企业或学术实验室的研究主题，而是都被纳入了消费产品行列中：人脸识别和语音识别如今就在我们眼前；电话能分辨是谁打来的电话；监控摄像头也不再需要人来进行监视。而权力不仅来自比特本身，还来自能够使用比特做些什么。

---

① G. E.摩尔：《在集成电路中塞入更多的元件》（《电气与电子工程师协会86会议论文集》，1998年，第1期）。

公案5：量变能成为质变

所谓的"爆炸式"增长就是指数式增长——以稳定的速度不断加倍。想象一下，如果你的储蓄账户里每年能获得100%的利息：10年之后，你的钱就会增加1000倍以上；20年之后，这个数字就会增加100多万倍。在实际生活中更为合理的储蓄利率是5%，而它最终也能达到同样的增长数值，只是会慢了14倍。流行病最开始也是呈指数级传播的，因为每一个被感染的个体会继续感染其他的人。

当某件事物是呈指数级增长时，在很长一段时间内可能看不出它有什么根本变化。如果我们没有去持续关注它，那我们就会觉得它好像是趁我们不注意的时候突然爆发了一样。

这就是为什么很多流行病往往在一开始会被忽视，尽管它们暴发之后带来的灾难是巨大的。假设一个病人会感染两个健康的人，那么第二天，这两个病人就会感染另外两个人，再过一天，这4个病人会继续感染另外两个人，以此类推。因此每天新感染的人数就会从2人增至4人，再增至8人。一周之后，在一天内就会有128人感染这种疾病，而现在的患病总人数就是这个数字的两倍。但当把他们放到1000万人口中来看时，是不会有人注意到的。即使是在两周之后，每1000人中也只有3人会患病，但接着再过一周之后，就会有40%的人口患病，于是整个社会就崩溃了。

指数级的增长实际上是很平稳的，但它只需要很短的时间就可以从毫不起眼的变化增长到令人咂舌的程度。任何事物的指数级增长都可能瞬间让整个世界变得完全不同于它原来的样子。一旦超过某个阈值时，原来"只是"定量的变化就会看起来像定性的变化。

还有另外一种方法能帮助我们看待指数级增长的突发性——它的瞬间爆发力，那就是想想我们能对此做出应急的时间（从研究疫苗到正式投产的时间）有多短。在前面我们假设的流行病只需要3周时间就能席卷全部人口，那是在什么时候，它产生的破坏力才只有一半呢？答案显然不是"一周半"，而是在其倒数第二天。假设我们只花一周的时间来开发和接种疫苗，然后一周半之后发现了疫情，那就有足够的时间来防止灾难的发生。但这一切的前提是，当每1000万人中只有2000人被感染时就要能发现疫情的苗头。

信息大爆炸下到处都是未察觉的变化，接踵而至的便是混乱不堪的信息轰炸。有先见之明的人会比其他人早一点注意到信息爆炸，从而获得巨大的利益；而那些行动缓慢的人可能就会被信息时代的洪流淹没。数码摄影就是个生动的例子：

1983年的圣诞节，人们就可以购买数码相机，然后将其与IBM个人电脑和苹果II家用电脑[①]进行连接使用了。当时数码相机的发展潜力是显而易见的，它并不是隐藏在某些企业实验室里的秘密，但是数码行业并没有就此"起飞"。从经济上和实际用途上讲，似乎都是不太可能的——数码相机太过笨重，无法轻便地放进口袋里；而数码存储器又太小，容纳不了太多图像。但14年之后，电影摄影仍然是一个发展强劲的行业。在1997年年初，柯达的股票创下了历史新高，季度利润增长了22%，据一篇新闻报道所称，这一切都"得益于其胶卷和相纸的销量……以及其他相关的电影业务"[②]。也是在这一年，柯达8年以来首次提高了其股息。但到了2007年，随着数字存储器的内存变得越来越大，数字处理器变得又快又小，且两者也越来越便宜，所以相机就变成了微型电脑。如今，这家曾经作为"摄影"代名词的公司早已大不如前，它宣布要将员工人数削减到3万人，只有20世纪80年代末经济繁荣时期的1/5[③]。到了2018年，这一数字再降至5400人。可以说，是比特抢夺了人们90%的工作机会，看来摩尔定律的发展速度要比柯达快得多。

---

① IBM（International Business Machines Corporation），即美国的国际商业机器公司，是全球最大的信息技术和业务解决方案公司；苹果II电脑是苹果公司早期制作的第一种普及的微电脑。——译注

② 《数码公司公布强劲的季度业绩——柯达，通用电气》（《亚特兰大宪政报》，1997.1.17）。

③ 克劳迪娅·H.多伊奇：《柯达的衰败之痛》（《纽约时报》，2007.2.9）。

在这个瞬息万变的世界里，即使是很小的变化也值得我们去注意，并且对此行动起来做点什么。

公案6：什么都不会消失

25000000000000000000000

根据某个行业的估计，这个数字是2019年每一天里创建和存储的比特数量。其磁盘的内存量就遵循摩尔定律，每2—3年就会翻一番，况且在各种电子设备中还有更多的数据被不断创建，只是没有被存储下来而已。

在美国金融行业，现在的联邦法要求人们要保存大量的数据，以协助审计和反腐败调查。而在其他许多行业，经济竞争力促使企业要保存它们收集到的所有数据，并且还要进行其他新数据的收集和保存。沃尔玛商店里每天都有数千万笔交易，且每笔交易都被记录了下来：日期、时间、商品、商店、价格、消费者，消费方式——信用卡、借记卡、现金或礼品卡。这些数据对于商店规划其供应链是非常有价值的，以至于他们还会花钱从顾客那里获得更多的数据。这正是超市和其他商店所进行的"忠诚度大调查"：顾客们会认为商店之所以给他们打折扣是为了感谢他们的长期惠顾，但实际上商店花钱只是为了知道顾客们的购买习惯。因此，我们以后最好要考虑一下"隐私税"：我们照旧支付商品正常的价格，除非我们同意公布自己购买食品、酒类和药品的信息；为了不让别人知道我们的购买习惯，我们可以支付额外价格。

如此庞大的数据库正在挑战我们的期望值，因为我们无法预知这些数据的用途。就拿我们入住酒店这样简单的事情来举个例子：当你在前台登记入住时，你会得到一张房卡，而不是一把金属钥匙。事实上，还有些酒店甚至会更先进一些，直接让你用自己的手机作为房间钥匙。使用房卡的原因是，一方面，它可以立即停止使用，人们就不用担心在丢失钥匙之后需要承担的巨大风险，只要你及时向酒店人员报失；另一方面，酒店可以通过房卡记录掌握一些能够精确到秒的数据，比如你每次进入房间、使用健身房、去商务中心或是三更半夜进入后门的时间，这个数据库甚至还可以记录你在房间里消费的每一种鸡尾酒和牛排，你什么时候给哪个房间打了电话，以及你在酒店礼品店里买了什么牌子的卫生棉条和泻药，等等。这些数据可能还会与数十亿比特的其他数据进行合并，接着被分析，然后被传输到总公司，而后者则坐拥餐馆、健身中心和酒店。当然，这些数据也可能会丢失、被盗用，或者在法庭上被作为呈堂证据。

当信息的储存变得便利，就意味着人们会要求更多的信息。在过去，一张出生证明上就只包括孩子和父母的姓名、出生地、生日以及父母的职业等信息。但现在，电子出生记录上还会包括这位母亲在怀孕期间喝了多少酒，抽了多少烟，她是否患有生殖器疱疹或者其他各种疾病，以及父母双方的社会保障号码。我们会发现，能进行数据研究的机会变多了，但同时，会造成破坏甚至灾难性的数据意外丢失的机会也变多了。

而且，这些数据将会被永久保存，除非有相关政策来清除这些数据。至少就目前而言，这些数据仍然会一直存在。由于数据库里的数据都是"故意"复制的——为了安全而备份，或者是为了进行有用的分析时共享——因此，即使我们希望这些数据能够被永久删除，但也很难确定它们是否会被永久删除。要知道互联网是由数百万相互连接的计算机组成的，一旦数据泄露出去，就再也不可能回收了。就像那些身份被盗窃的受害者一样，他们每天都经历着不得不从各种记录中删除错误信息的痛苦——它似乎永远都不会消失。

公案7：比特的移动速度超乎想象

其实互联网在个人电脑出现之前就已经存在了。它出现在1970年，比用来将网络连接在一起的光纤通信电缆出现得还早，那时它被称为阿帕网，主要用来对一些大学和军事用的计算机进行连接。在那个时候，也从没有人想象过居然会有一个连接数千万台计算机的网络，而且能在眨眼之间将信息传遍世界（事实上，根本没有人想到居然会有这么多的电脑存在）。即便是在当时负责设计网关（用于连接计算机）的工程师，也还记得他对搭建互联网这个想法的反应："看起来是一个简单的编程工作，我们当然可以做到，但我无法想象为什么会有人想要这样的东西。"[①]随着数据处理能力和存储容量的增长，互联网计算机的数量和数据远距离传输（无论是从太空到地球，还是从服务提供商到个人家庭）的速度都呈指数级增长。

互联网也使商业行为发生了巨大的变化。目前，美国的客户服务电话被外包给了印度，但这不仅仅是因为那里的劳动力成本低廉。要知道，印度的劳动力成本本来一直都很低，但在过去国际长途电话是很贵的，而如今你拨打的机票预订和内衣退货等电话都是印度的接线员回答，是因为现在将你的声音信息传输到印度几乎不需要花费任何时间和金钱。同样的原理也适用于其他专业性服务行业：当你在爱荷华州一家当地医院接受X光检查时，负责看X光的放射科医生很可能远在地球的另一端，这是因为数字X光在世界来回移动的速度比一张打印出来的X胶片在医院楼层之间实际移动的速度还要快；当你在快餐店的"免下车"通道点单时，接单的人可能身在另一个州，他只需按一下接单键，菜品就会自动出现在厨房的电脑屏幕上，离你的车只有几英尺远而已，但你却一点也察觉不到。这样的发展正在给全球经济带来巨大的变化，因为各个行业都在想办法做到将他们的雇员留在一个地方，但却能遍地发展业务，就像比特一样。

在信息瞬时流动的比特世界里，有时候距离似乎根本就不重要，且其影响可能是相当惊人的。我们之中有一位是美国一所大学的院长，他曾经目睹了一位父亲在收到女儿死讯那一刻的震惊。这个故事听起来是那么悲伤又熟悉，但是它有一个惊人的转折——这对父女当时都在马萨

---

① 哈里·R.刘易斯：《新科技的诞生》（《哈佛杂志》，2020年9—10月）。

诸塞州，但在父亲得知女儿去世的消息之前，他就已经从大半个地球以外的地方收到了唁电。任何消息，即使是最为私密的消息，一旦传了出去，就会飞快地在比特世界里传播。

当每一个人都可以通过互联网和其他人一直保持联系时，人们就可以前所未有地组织起自己的圈子。那些患有罕见疾病的人或是有着比较小众爱好的人，都可以通过按几下键盘，互相分享自己的经历，尽管他们隔海相望，或许永远都不会见面。而那些因某一个公共事件而团结在一起的人也可以团结起来表达自己的不满。

如果政府的监控失败，他们就会直接封闭互联网。2019年，伊朗、刚果、孟加拉国和其他十几个国家相继发生了20起类似的网络封闭事件①。在美国，1934年出台的《通信法案》中的第706条就授权总统在"国家或战争威胁"的情况下可以关闭"有线通信设施"——这是一项非常笼统的法律授权，所以迄今为止还没有被援引以支持可以对互联网进行操控的做法。

大量的信息能进行瞬时交流会给人们造成一种假象——有这么一个叫作"网络空间"的地方，它是一个没有边界的土地，世界上所有的人都可以连接在一起，就像他们是来自同一个小镇的居民一样。然而，这一想法早已被世界上的各个法院用行动果断地驳斥了。你会发现，国家和州之间的边界仍然很重要——而且是非常重要。如果一本书是在英国的网上购买的，那其出版商和作者将会受到英国诽谤法的约束，而不是他们国籍所在国的法律；在英国，法律规定被告必须自证清白，而在美国，却是原告需要举证。数字大爆炸及其在世界范围内的信息流动会带来的一个不好的负面影响就是，即使在受到法律保护的地方，某些信息也可能会变得难以获取（我们会在第七章"你不能在互联网上那么说"再次谈论这个话题）。或许就会有"信息遗忘权"这样的法律出台，并要求某些信息从此消失——这不仅仅存在于

---

① 塞缪尔·伍德姆斯和西蒙·米格里亚诺：《2019年关闭互联网的全球损失》。

那些可以申请从电子记录中删掉个人过去的一些不当行为的国家，而是在任何地方。但这样的法律似乎没有办法执行下去，拿谷歌这个跨国公司来举例，如果他们有员工违反了任何一个地方的法律，那他们就会随时被问询或是逮捕。同样，出版界也深受影响。过去，在有严格语音编码规则的国家，人们或许就只能出版某一本书的删节版或是某一份报纸的编辑版，但现在，这些书籍或报刊可以很容易地就从审查更为宽松的地区流向其他地区。所以人们或许会选择更为简单的做法——去出版一个在任何地方都可出售的版本，但是它所删减的内容可能也会在某些地方引发诉讼。

好与坏，机遇和风险同在

数字大爆炸同样也带来了很多可供人们争夺的东西，而"谁"能抢夺它们则与我们所有人都息息相关。数字技术如何改变了我们的生活方式，我们又如何去使用数字技术，以及数字信息广泛传播的后果，等等，这些都不仅仅是技术专家们的事情，政府、企业、大学和其他社会机构统统都有发言权，而这些机构同时又需要对所有的公民负责，因此公民们同样也有决策权。每一年，在政府机关、立法机构、选民大会、警察局、银行和保险公司的办公室、连锁商店和药店的采购部门，都会有很多重要的决策被确定下来。所以，我们其实都可以参与其中，共同提升话语和认知水平，并确保这些数字技术的决策符合一定的道德标准。

我们认为主要有两种基本道德准则：第一，信息技术本身没有好坏之分，它既可以用来做好事，也可以用来作恶；既可以用来解放我们，也可以用来束缚我们。第二，新型技术会带来社会变革，而变革总是风险和机遇同在。因此，我们所有人，以及所有的公共部门和私人机构对于以上的这两点都有发言权，即数字技术究竟是用来造福人类还是引火烧身，以及究竟我们是成为其风险下的牺牲之羊，还是其机遇中的腾飞之龙。

科技没有好坏之分

任何的科学技术都是一把双刃剑，既可以行善也可以作恶，特别是数字技术，它可以"同时"兼有善的一面与恶的一面。例如，核反应既可产生电力资源，也可以成为大规模杀伤性武器，虽然这两种用途截然不同，但它们的核心原理是相同的。然而，在数字大爆炸后的世界却并非如此。

加密技术可以让你放心地给朋友发电子邮件，因为没有窃听者能够破译你的信息，但同样也可以让恐怖分子在不被发现的情况下暗自策划袭击事件；互联网技术可以让教育资源广泛地造福偏远地区的贫困学生，但同样也会导致大规模的侵权事件；各种修图技术可以让你的照片更为美观，但同样也可以让一些色情摄影者用来逃避起诉。

同样地，还有一些科技也可以用来监视个人行踪，记录他们的行为，并控制他们能接收的信息；搜索引擎所显示的搜索结果也不一定是毫无偏见的；许多网页浏览器的用户也并不会意识到他们访问的站点会对自己的浏览操作进行存档——当你在浏览一些服装店或书店的商品、药品销售、会提供关于避孕或药物过量建议的网站时，很可能就会生成一系列详细的记录，包括你所访问过的内容和时间。而有心之人就会有许多机会利用这些信息达到自己的目的，有一些是有侵入性但相对无害的，比如市场营销，但也有更多怀有不良动机的，比如列入黑名单和进行勒索。

在促进经济增长的同时，我们还能把控好科技所带来的关于伦理和道德影响的关键就在于，我们要在不禁止或者限制科技创新的情况下去管控科技的使用。

鲜少有法规会要求人们披露某些信息的收集情况或是限制某些数据的使用情况。《美国爱国者法案》和其他联邦法律赋予了政府机构广泛的权力——可以从大部分正常的数据中筛选出潜在恐怖分子的"可疑迹象"，并在此过程中发现一些程度较轻的违法行为。尽管万维网已进入千家万户，但关于它的规章制度并不比旧西部一个无法无天的边疆小镇好多少。

新技术带来风险，也带来机遇

通过大型的存储媒体，任何人都可以对数以百万计的棒球数据进行分析，但同样地，只要能接触到这些机密信息，任何人都可以破坏其数据的保密性；通过互联网获取到航拍地图，犯罪分子就可以制订盗窃高档住宅的计划，但同样地，那些拥有先进技术的警察也懂得通过查询记录进行破案。

像Facebook和Twitter这样的社交网络工具不仅让它们的创始人变得非常富有，也成就了成千上万的友谊、婚姻和其他事业。但是，这样的"紧密联系"也产生了令人意想不到的副作用。例如，在英国的一名女性就通过Facebook的好友推荐列表发现她的未婚夫居然早就结婚了，因为这位推荐的好友正是她未婚夫的妻子[①]；2019年，马萨诸塞州的一名大学生从某个停车场的四楼跳楼自杀，而在两个月前他一直收到女友发来的约4.7万条短信，其中许多短信都涉嫌侮辱性语句，最后其女友被指控犯有过失杀人罪——如果她是在边开车边发短信的时候撞了他，那她可能也会被指控同样的罪行[②]。试问在这样一个致力于将言论自由作为一种合法权利的国家，究竟哪些网络之恶是属于犯罪，哪些又属于无心之失呢？

庞大的数据网络使得人们可以把工作转移到有人的地方，而不是把人转移到有工作的地方。因此，一方面企业家们通过新技术和遍布全球

[①] 《Facebook的好友推荐让三个孩子的母亲发现了未婚夫出轨的双重生活》（《太阳报》，2017.9.7）。

[②] 茱莉亚·琼斯：《据检察官称，波士顿一大学生的女友被指控谋杀罪，因其曾"数百次"让其男友自杀》。

的新兴企业创造了数不清的商业机会，而另一方面，许多本地工作岗位因产业外包而流失。

对于我们工作的地方或是机构，我们每一个人所能改变的，就是在合适的时候对于一些新的技术创新会带来的风险提出我们的疑问，或是指出在不久的将来可能会出现的机遇（尽管它们放到几年前是完全不可能发生的）。

此次"数字之旅"将从我们的隐私以及一个被大爆炸摧毁的社会谈起。当我们享受无处不在的信息带来的种种好处时，我们也察觉到曾经保护着我们的隐私正在消失，而且我们也不知道自己想在它的位置上创造些什么。当有关我们的信息四处传播时，科技本身的善与恶、机遇和危险就会交织在一起，在这个后隐私时代，我们仿佛就站在正午耀眼的阳光下——有时居然会感到一阵奇怪的愉悦。

第二章

暴露在阳光下

毫无隐私可言

1984年到了，而我们很喜欢它

2018年的春天，在人气爆满的玫瑰碗足球场，泰勒·斯威夫特举办了一场个人演唱会。粉丝们只见她从一团云雾中登台，并演唱了新专辑《举世盛名》中的热门歌曲。演唱会现场还布置了一个展厅，用来播放斯威夫特早前表演和排练的一些片段集锦，这样一来，当粉丝们进入会场时，就能进入展厅观看他们最爱的这位歌手的幕后花絮了。但是，他们所不知道的是，这个展厅也在"注视"他们。展厅里面安装了一个摄像头，可以将观看者的图像传回纳什维尔的一个"指挥中心"，而在那里，面部识别软件会对这些人脸图像进行一一扫描，并与数据库中曾经跟踪过斯威夫特的人脸进行匹配[1]。那最后这些图像是被保存下来，还是已经被安全删除了呢？我们无法得知，就像我们不知道每天到底有多少摄像机拍下了我们。像斯威夫特演唱会上出现的此类扫描仪已经充斥在我们的生活中，被设置在体育场馆、音乐厅和其他娱乐场所的入口处。但公众通常对它们的存在一无所知，也不知道

---

[1] 索潘·戴布和娜塔莎·辛格：《泰勒·斯威夫特密切关注其跟踪狂》（《纽约时报》，2018.12.15）。

是否有相关政策来管控这些图像，其他获取的数据将被如何进行使用、存储或是共享。

乔治·奥威尔的《1984》出版于1948年。在随后的几年里，这本书成为"一个永远被监视的世界"的代名词，即一个没有隐私、没有自由的社会：

> ……除了四处张贴的海报，这里似乎什么颜色都没有。那张蓄着黑色胡子的脸在每一个角落里往下凝视着。在房子的正对面就有一个——老大哥正在看着你。[1]

真正的1984年早在几十年前就来了，然后又走了。时至今日，老大哥的双向电视荧幕可能就是业余爱好者的玩具而已。奥威尔在书中想象的伦敦到处都有摄像头，而现在这座城市至少有50万个摄像头，可以说在英国，每10个人的头顶就有一个监控摄像头，一位普通伦敦人平均每天都会被建筑物侧面和电线杆上的电子眼抓拍几百次。

然而，在如今的数字世界中有很多东西是奥威尔不曾想象到的。他没有预料到摄像头并不是当今最为普遍的跟踪技术，除此之外还有几十种其他类型的数据源，而它们产生的数据都可以被保留和分析。因此，通信公司不仅知道你拨打了什么号码，还能知道你把手机带到哪里去了；信用卡公司不仅知道你把钱转给谁了，还能知道你把钱花在什么地方；对你非常和善的银行会保存你的交易电子记录，不仅仅是为了保持你的收支平衡，还因为当你进行大额提款的时候，它必须要上报政府；当你去一家餐馆或一家商店消费时，你的手机软件会一直悄悄追踪你的位置，然后询问你对此的满意度，并将你的回答输入它的推荐引擎中。

数字大爆炸将我们的生活炸成了无处不在的"比特"：我们所穿过的

---

[1] 乔治·奥威尔：《1984》（图印经典出版社1977年版，第2页）。

衣服，我们所使用的肥皂，我们走过的街道，我们开过的车以及我们到过的地方。尽管奥威尔的老大哥有摄像头，但他没有搜索引擎帮他把获取的数据拼凑起来，以便"大海捞针"。无论我们走到哪里，我们都会留下电子足迹，而容量惊人的计算机则会根据这些足迹来推断我们的行踪。计算机通过重新组合其获取的线索，就能全方位地还原我们——我们是谁、我们在哪里做什么、我们在和谁讨论什么问题。

也许，这些都不足以让奥威尔感到惊讶。如果他知道电子微型化，他可能会猜到我们将会发明出一系列惊人的跟踪技术。但1984年的世界与今天的现实世界仍有一些根本的区别，那就是我们已经爱上了这个"一直在线"的世界，我们宁愿失去自己的隐私，以换取生活中的高效、便捷和一些小折扣。

在过去的10年里，人们对此的态度发生了变化。根据2007年皮尤/互联网的一份报告显示，60%的互联网用户"并不担心自己的信息在网上曝光"，但到了2018年，这一比例发生了逆转，超过60%的用户"希望能采取更多措施来保护自己的隐私"，仅有9%的人认为他们对网上能搜索到的个人信息有"很大的控制权"[①]。虽然我们越来越担心个人信息的泄露，但我们并不知道自己能做些什么。

在比特的世界里，老大哥变得"既大又小"。技术发达的国家拥有了前所未有的能力来观察我们，而且他们运用这种能力的频率超出了我们的想象。很多公司也一样，他们通过收集无处不在的数据开展新的业务，而其中大部分是直接面向我们的营销。商业数据同样也成为政府可以挖掘的丰富矿脉，这是一个公私合作的监控伙伴关系。

我们，当然也是整个监控网中的一部分，在密切关注着我们自己和其他人。我们使用各种应用程序来记录我们的行踪，我们使用智能助手来记录自己的对话，我们还记录下自己的心情变化以及和朋友的聊天内

---

① 李·蕾尼：《在一个担忧隐私泄露的时代，美国人对于社交媒体的复杂感受》，皮尤研究中心。

容，我们还和朋友、陌生人一起拍照。大约70%的成年人都在社交网站上建立了个人账号，然而，大多数人并不认为自己所发布的信息能受到一定的隐私保护[①]。

有一定迹象表明，或许关于隐私的主流看法将会有所改变，即我们不再愿意为了数字世界的好处而牺牲自己的隐私。一些监管机构正在给我们提供一些新的保护措施（尽管往往不是来自政府监管系统），而一些公司现在也把隐私保护作为一大特点来进行推销。

藏在魔方里的比特：斯诺登文件

2013年6月，29岁的爱德华·斯诺登在香港的米拉酒店大厅和一些记者见了面，并告诉他们去找一个拿着魔方的人[②]。记者们最后找到了这个人，并获得了一堆机密的文件和幻灯片，里面全是关于美国政府大规模地监控人们通信的资料——为记者们提供了一系列的头版素材。作为美国国家安全局（NSA）的系统管理员，斯诺登提取了数千兆字节的资料，并将其复制到了比魔方贴纸还小的存储卡上。

斯诺登的爆料引发了《纽约时报》《华盛顿邮报》和《卫报》在2013年的一系列头版报道。这些爆料的文件显示，美国国家安全局进行了非常广泛的通信监控——其对象不仅包括外国人和恐怖分子嫌疑人，还包括守法的美国公民。如果你使用了雅虎邮箱、谷歌搜索引擎或者其他流行的网络服务，那么你也逃脱不了这样的"拉网式大搜查"。虽然美国宪法和相关法律就政府可监视的权力范围对美国公民和"外国人"做出了明确的区分，但似乎比特信息并没有做出这样的区分，这些美国公民最终也被置于同样的境地。

在2001年9月11日的恐怖袭击之后，美国国会通过了新的法律，以扩大政府的监视权。值得注意的是，《美国爱国者法案》授权了国家安全

---

① 李·蕾尼：《在一个担忧隐私泄露的时代，美国人对于社交媒体的复杂感受》，皮尤研究中心。

② 爱德华·斯诺登：《永久记录》，大都会图书出版社2019年版。

信函，这是对通信记录的秘密要求；因此它们可以对涉嫌从事恐怖活动的外国人进行未经授权的窃听；可以随时收集公民信息，而且从中获取外国情报信息是整个监控系统的"一个重要目的"。一些公民自由组织在当时表达了对该法案的担忧，因为它的这些监控行为并没有受到司法部门的制衡[①]，但该法案最后以98∶1在参议院通过。斯诺登的文件恰好显示了美国国家安全局对这些监控权的实施程度有多么的深。

美国国家安全局利用了电子通信的几个特性。随着电话、电子邮件、搜索和存储等集中式电子服务的普及，只要对这些网络进行监听，那就能捕获到重要的信息。而互联网的全球性则意味着，这些监听到的内容只要通过几个植入点便可到达世界各地。只要向威瑞森无线公司要求出具一份"商业记录"，他们便可以收集到数百万美国人的电话通信资料[②]，然后"上游端"会对国内主要的光纤电缆网络上的所有内容进行复制。其他未经授权的绝密数据收集工具包括 Xkeyscore 10[③] 和 EgotisticalGiraffe[④]。

为该监控系统辩护的美国官员说，他们只是在收集元数据，而非具体的通信内容——只包括信封和地址，并没有里面的信件内容。然而，联系网络本身就提供了非常丰富的信息。"我们能根据这些元数据杀人。"美国国家安全局和中央情报局的前局长迈克尔·海登将军如是说[⑤]。另一位前国安局告密者威廉·宾尼在该局撤销了一个用于保护隐私的搜索项目后离职。

我们在生活中留下的指纹和脚印也只是一切新事物中的一部分，我们还总是会留下一串数字信息——税务记录、酒店预订、长途电话账单等。的确，现今我们的足迹要比以往任何一个时候都更加清晰、完整。

① 凯文·班克斯顿：《EFF 对美国爱国者法案条款的分析》，电子前沿基金会。

② 格伦·格林沃德：《美国国家安全局每天收集威瑞森公司数百万用户的电话记录》（《卫报》，2013.6.6）。

③ 迈卡·李：《美国国安局的"X密钥系统"的内部运作方式》（《拦截者报》）。

④ 汤姆·鲍曼：《为什么美国国安局要养着"任性的长颈鹿"？这是最高机密》，美国国家公共电台。

⑤ 大卫·科尔：《我们根据元数据杀人》（《纽约书评》，2014.5.10）。

但仍有一些事情发生了变化：人们能利用计算机将各种数据关联起来，将不同的点连接起来，将散落的片段拼凑起来，将本来毫无意义的碎片还原成具有凝聚力的、详细的图片。数字大爆炸不仅仅是把一切炸得粉碎，就像原子弹爆炸一样，它也会把很多东西炸到一起。收集各种细节，连点成线，把拼图的各个部分组合起来，于是一幅清晰的图画就出现了。

计算机可以对人类肉眼无法检验的庞大而枯燥的数据库进行分类。当任意几个小点无法产生意义的时候，它们可以将数以百万计的小点组合成五颜六色的点彩画。当联邦法院公布了在腐败审判中获取的50万封安然公司电子邮件时，计算机科学家们迅速识别出了安然员工中有欺诈嫌疑的人员，或许还有一些阴谋，而他们所利用的数据就只有"谁给谁发了邮件"的模式（详见图2.1），而同样的聚类算法也适用于电话呼叫的模式。通过知道谁在给谁打电话或发邮件，你就可以推断出很多东西，即使你不知道他们彼此说了什么内容——特别是当你还知道他们交流的次数，这样就能将它们与其他事件发生的次数联系起来。

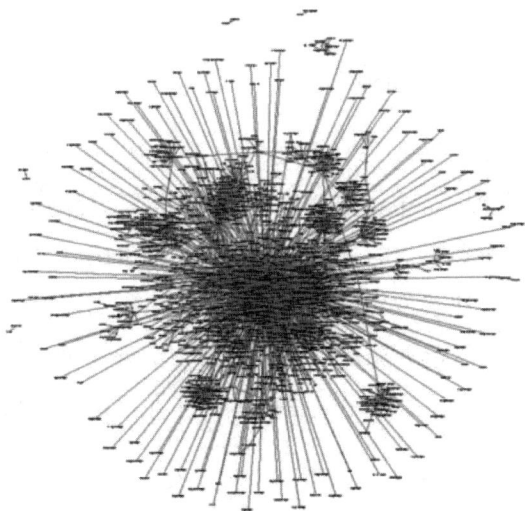

图2.1 安然电子邮件集群的图表，显示了哪些员工与其他员工进行大量通信，图中明显的"斑点"就可能是诈骗团伙的范围。

*图片来源：安然，杰弗里·希尔

斯诺登和美国国家安全局的故事，其实就是本质相同的两个比特故事。数字通信使得美国国家安全局仅从几个站点就能收集到大量信息——数以百万计的电话和电子邮件——当然，若我们还是通过常规的电话和纸质信件交流的话，这也是不可能做到的。而斯诺登只需要把所有的资料都拷贝一份，就可以将相当于数千个文件柜的信息装在自己的口袋里了。

而面临这种由政府主导的监控，我们又能做些什么呢？斯诺登选择了"曝光"，其目的是支持人们对这些监控系统发起诉讼，并向国会议员施压，要求他们控制美国国家安全局。当他打开这张"潘多拉存储卡"里的文件时，他给我们留下了希望：数学是行得通的。美国国家安全局或许拥有世界上最好的密码专家和密码分析师，但用来加密的基本数学原理仍然是有效的。自从斯诺登泄密以来，在基本的互联网和网络协议[①]以及基于这些协议运行的应用程序中[②]，加密的使用率大幅增加。端到端加密使得我们至少能够让一些隐私幸免遇难，不像那些因未进行加密而被暴露的信息一样。

第四修正案与科技"合理的隐私权"

在以前，技术变革与隐私问题一直是相互冲突的。1928年，美国最高法院审理了第一宗电话监听案件，而那时总统的桌上还没有电话，一些兜售私酒的小贩（当时处于禁酒令[③]时期）出庭质疑有人对他们进行监听，并且还是执法部门的人员[④]。这些小贩们声称他们的电话线被人窃听——因为有鳄鱼夹夹在其房子和办公室外的电线上——最高法院的大多数法官都同意将这宗电话窃听案件（在当时属于高科技）纳入物

---

① 斯蒂芬·法雷尔和汉斯·丘福尼：《无处不在的监控是一种攻击》，互联网工程任务组。
② 《网络中的HTTPS加密》（《谷歌透明报告》）。
③ 美国禁酒令（Prohibition），是美国于1912年通过的一项禁酒法案，其规定凡是制造、售卖乃至于运输酒精含量超过0.5%以上的饮料皆属违法，该法案后来于1933年被废止。——译注
④ 奥姆斯特德诉美国案：《美国判例汇编》第277卷，1928年版，第438页。

理入侵和非法侵入的范畴来考虑。最后法院裁决，这里没有涉及非法侵入，也就不存在需要"搜查"的地方或是"扣押"的嫌疑人，因此不需要搜查令：

> 我们的观点是，如果一个人在他的房子里安装了连接电线的电话设备，其目的就是让声音能传递给在房子之外的人，那么在他房子之外的电线以及通过这根电线所传递的信息就不会受到第四修正案的保护。而且，拦截了信息的人并没有侵入谈话双方的家。

但布兰代斯法官却不同意这种说法，并反驳道：

> 只要电话线是被窃听了，那在电话线两端的人的隐私就会受到侵犯，他们之间关于任何话题的所有谈话，无论是正常的、私人的，还是特许保密的，都可能被窃听。此外，窃听某一个人的电话线就意味着还能窃听到其他任何拨出或打进来的电话。

然而他毕竟属于少数，于是几十年来，像这种未经授权的窃听都是合法的。

最高法院对于Olmstead v. US一案的裁决，使得更多人的电话信息受到了警方的窥探，但同时它也向大众暴露了这是一种侵犯隐私的情况。罪犯、法官和普通民众都知道他们的谈话很容易就会被窃听。随着电话的使用越来越广泛，这项法律规定引发了人们的讨论。因此，美国各州通过了有关反窃听的法案来保护人们不被宪法所保护的权利。1934年，美国国会将反窃听禁令写入《通信法案》的第605条。

1967年，当一位叫查尔斯·卡茨的人出庭并反驳说他在公共电话亭的谈话内容（关于非法赌博的）被窃听时，我们会发现时代、科技和法律都发生了变化。电话成为人们日常生活的一部分，既可用于私人的亲密交流，也可用于合法或者非法的生意交谈。曾经公众和法官们都愿意去粉饰自己对于电话作为一门科技的看法，当被再次提及"公共电话亭是否属于宪法保护区域"时，法院终于说，这是一个错误的表述：它的问题不在于地点，而在于具体情景。如今，电话的使用需要得到更多的法律保护，即使是在相对"公共"区域里的玻璃电话亭里。最终哈兰法官同意对查尔斯·卡茨一案不予受理，并阐述了第四修正法案对于隐私保护的定义："首先，个人要表达自己对于隐私权的真实（主观的）需求；其次，这个需求能被社会认为是'合理的'。"[①]

位置，位置，位置

只要买一辆装有导航设备的汽车，它就能接收到卫星发出的精确信号以及它们在太空中的具体位置，全球定位系统（GPS）就是根据卫星的位置和接收到信号的时间来计算位置。24颗卫星在离地球1.25万英里的高空旋转，才使得你的汽车可以在25英尺内进行定位，而其价格如此之低，以至于大多数新车都将其作为一项标准功能。曾经属于军事机密的东西，现在却能在每一部智能手机里免费使用。

如果你的手机附带有GPS功能，那么只要你愿意，你的朋友就可以随时找到你。如果你租的车上有GPS功能和一台无线电发射机，那么不管你愿意与否，你总是会被找到。很多汽车租赁公司正在考虑在车上添加一些应答器（包括自动防盗装置），这样就可以远程收回租出去的车辆，甚至都不需要派任何回收人员去到现场，而那些拖欠租车款的人可能就会突然发现自己无法使用车辆上下班了。

GPS可以让你在地球上的任何一个地方进行定位，甚至是非常低端的手机也可以作为一个基本的定位系统。假设你在一个安全的区域里（有手机信号覆盖的地方）四处走动，那你其实是在从一个信号塔的范围移动到另一个

---

① 卡茨诉美国案：《美国判例汇编》第389卷，1967年版，第347页。

信号塔的范围，而这些信号中的三角定位就可以用来确定你目前所在的位置。这样的定位精确度确实会比GPS系统要低——仅仅限于10个城市街区之内，但事实上，手机可以通过各种方式来还原你的行为轨迹，就像你所拍摄的照片会附带很多的信息——在何时、何地、用什么摄像头拍摄的。

蒂莫西·卡朋特作为一名犯罪嫌疑人，正是被他手机里的比特数据给出卖了，后来法律给了他第二次机会。在2011年4月，美国底特律地区发生了针对睿侠（Radio Shack）和T-Mobile两家商铺的连环抢劫案，最后4名男子被捕[①]。其中的一人供认不讳，并向联邦调查局提供了其他同伙的手机号码；他还允许执法部门收集他手机上最近拨出的电话号码。有了这些证据，检察官接到了一项指令，要求无线电话运营商提供这些被呼叫号码的信息和其手机信号站点的历史位置。然后他们发现，在这4家商店被抢劫时，有一部登记在蒂莫西·卡朋特名下的手机位置就正在这4家商店附近。最后，卡朋特被送上法庭，在审讯时，几个同伙都做证说他就是这次抢劫行动的头头。在蜂窝基站数据映射图的佐证下，卡朋特被判了100多年的监禁。

卡朋特后来向美国最高法院提出上诉，他认为使用蜂窝基站的位置数据相当于"搜查"[②]，而这样的搜查行为要有基于合理请求下批准的搜查令才行，并不是仅仅靠检察官用来获取无线电话运营商记录的命令就行了。

在2018年，法院同意了卡朋特的观点：因为"手机的定位信息是详细的、完整的、无须费力编辑的"，它就相当于一个长期的数字"尾巴"，所以个人是可以合理地要求保留其隐私权，即他们的定位历史记录不能在没有搜查令的情况下被泄露出来。我们的手机里都带有详细的位置追踪器，它们会将我们的定位数据传输到第三方以便更好地运行，但这并不意味着执法部门就可以自动访问我们的历史位置。就像在之前提到的卡茨案件，法院表示，新型科技所拥有的能力不应该打破执法部门和公

---

① 埃里克·桑迪：《最高法院案件起源于密歇根州和俄亥俄州的无线电窝点抢劫案》（《底特律地铁时报》，2017.11.28）。

② 卡朋特诉美国案：《美国最高法院汇编》第138卷，2018年版，第402页。

众之间的平衡。比特可能会追踪到我们的一举一动，但警方仍需要有司法部门颁发的搜查令才能看到。

律师和技术专家们就各自学科之间的平衡问题争论不休。在斯诺登的爆料之后，他们在思考的是，我们是否可以相信政府会对自己行使的权力进行监督，或者，那些本应只能通过向中立地方法官申请搜查令而获得的记录，是否会被上交或是被大批次地收集起来。2013 年，爱德华·斯诺登披露了一个名为"棱镜"的项目——专门大规模收集各种秘密数据，而美国国家安全局认为，只有对这些记录进行搜索，才能有效地"收集"这些记录，即使这些记录是存在于数据库中的。你可以对自己的对话进行加密，但要想隐藏你的数字足迹的元数据却是更为困难的事（Tor 洋葱路由器[①]https：//www.torproject.org 是一个最佳选择）。为了保护这些活动的隐私，而这些活动要么是必须公开才能有效用的，要么是必须依赖于一些我们并不认为会保守秘密的人之间的互动交流的，因此我们需要法律和社会规范的帮助。

黑匣子：不再是飞机专用

2007 年 4 月 12 日，新泽西州州长约翰·科尔津正打算回到普林斯顿州的州长官邸，以调解发生在备受争议的电台主持人唐·艾莫斯与罗格斯大学女子篮球队之间的一场争论[②]。

科尔津州长的司机是 34 岁的州警罗伯特·拉辛斯基，当时他正沿着花园州高速公路向北行驶，但为了避开另一辆车，他突然扭转方向盘，于是州长的雪佛兰萨博班就直接被掀翻了。州长科尔津没有系安全带，所以摔断了 12 根肋骨、一根股骨、锁骨和胸骨，而车祸的具体情况尚不清楚。在被询问时，拉辛斯基说他并不知道自己开得有多快，但是我们知道——

---

① Tor 洋葱路由器是一个免费的软件，可以保护你不被威胁个人自由和隐私而免于网络监视，其名字的由来是由于它的保密途径采用了"分层"的方式，就像洋葱一样。——译注

② 艾伦·梅斯默：《黑帽子：研究人员称，用于保护 Xbox 360 和其他产品的处理器被黑客攻击》（《网络世界》）。

他在时速65英里的区域开到了91英里。虽然周围没有警察带着雷达测速器，也没有人在记录他的速度，但是我们可以知道他在车祸发生时的准确速度，因为就像美国其他3000万辆车一样，这辆车上有一个黑匣子——数据记录仪（EDR），它记录下了事故发生前的每一个细节。数据记录仪就是汽车上的一种"黑匣子"，就像飞机上的黑匣子一样。

数据记录仪开始出现在汽车上大约是在1995年，而现在几乎所有类型的车上都有。如果你发生了事故，那你的保险公司就能通过授权获得你的行车数据。然而，大多数人并没有意识到数据记录仪的存在，直到他们的保险公司向他们提议说只要同意授权车辆的实时数据，就不用支付更高的保险费。

数据记录仪可以记录车辆的行驶车速、刹车时间、转向灯状态、安全带等信息，而这些信息都是还原事故现场、明确责任或证明无过失所需要的信息。比如，美国CSX铁路公司曾在一起轿车乘客的死亡事件中被免除了全部责任，因为该车辆的行车记录仪显示它在被火车撞击前就已经停在了铁轨上。警方通常会在下载行车记录仪的数据前取得搜查令——但也不一定都是如此；在某些特殊情况下，他们可以不用这么做。2003年10月18日，一位叫罗伯特·克里斯特曼的人驾车撞死了一名行人，纽约州的一位骑警罗伯特·弗罗斯特便从事故现场的车上下载了相关的行车数据。该数据记录仪显示，克里斯特曼在限速为30英里的区域开出了38英里的速度。当这些数据在审讯中作为呈堂证据时，克里斯特曼却声称州政府侵犯了第四修正案赋予他的权利，因为州政府在收集这些数据之前并没有征得他的许可或是获得了搜查令。最后纽约州的法院裁定，这些许可是不必要的。从一辆车里收集数据和从一间房子里取证是不一样的，所以并不需要搜查令①。

就这样，比特介入了我们的日常生活。要想在生活中不留下任何的电子脚印，就如同我们在走路时不碰到地面那样困难，而且即使我们在

---

① 克里斯特曼公诉案：《西北判例汇编（第二辑）》第861卷，2015年版，第18页。

生活中不用走路，我们也会在不知情的情况下留下指纹。

位置搜索

从谷歌或脸书下载你的位置历史记录，然后再看看其绘制的图片信息。上面有会让你感觉紧张的内容吗？你会觉得某些内容很难去解释吗？你是否曾经修改过这些信息的默认设置？你觉得应该这么做吗？

节省时间：电子收费器和车牌识别器

对于那些上下班要通过收费公路或者桥梁的人来说，其风险和回报其实并不是同等的。时间就是金钱，而且坐在车里等待的时间也意味着焦虑和沮丧。如果可以在车上安装一个收费应答器，想必许多司机都会愿意，即使这种设备要多花费几美元。能够在一长串等着排队缴费的汽车旁呼啸而过不仅仅是一种解脱，它实际上还给司机带来了一种自我满足的光环。

这种可以安装在车内风挡玻璃上的应答器是一种具有无线射频识别功能的设备，由电池供电，当驾驶员开车疾驰而过时，它就会向几英尺外的传感器发送信息。传感器同样也可以安装在狭窄的车道上，那里曾经可能是一个有人工收费员的收费亭。或者，它还可以安装在红绿灯的吊杆上，这样驾驶员甚至都不需要改变车道或者减速了。那这样的做法会有什么危害吗？每一辆通过传感器的车都会被记录下来，于是人们就可以使用借记卡里的余额支付过路费。若借记卡中的余额不足时，驾驶员的信用卡可能就会自动扣款，这样的操作会让整个收费更加便捷——人们再不用笨手笨脚地找零钱，或是做其他事情来支付费用。

举个例子，通过马萨诸塞州快车道的每月账单，你可以知道自己何时何地行驶到了高速公路，而且时间会精确到秒。账单上还会记录你在高速公路上行驶了多远，以及你在哪里下了高速。你还会被告知自己行驶的里程数，而这是另一项有用的服务，因为马萨诸塞州的驾驶员如果在州内的收费公路上使用一定燃油，就可以获得一定燃油税的退款。所以，你并不需要取得一个博士学位，就能明白国家也有记录知道你何时离开了，且精确到秒，并且只要通过简单的加减法运算，计算机就可以知道你当时是否超速。其实，从技术上来讲，州政府还可以在每月账单的底部打印出相应的超速罚款单，并在收取过路费的时候自动从你的信用卡扣除相应数额的罚款，这是非常简单的事情。但是这样有点太图方便了，目前还没有哪个州会去这么做。

然而，现在收费应答器的记录还能在一些离婚和儿童监护案件中发挥作用。你从没去过她家附近5英里的地方吗？你确定是真的吗？你为什么多次在高速公路附近的出口驶出高速呢？你说自己可以成为孩子更好的监护人，但事实并非如此，正如一位律师所言："当一个人说：'哦，我每天都5点回家，然后每天晚上都和我的孩子们一起吃晚饭。'可当你传唤他的电子收费记录（E-ZPass）时，你会发现他其实每天晚上8点半还在过桥，唉！"这样的记录在家庭纠纷案件中被传讯了数百次。它们也被用于雇佣纠纷案件中，以证明那些声称自己正在工作的雇员（的车）实际上离工作地点非常远。

但我们中的大多数人都不会想要欺骗我们的配偶或是老板，所以失去隐私似乎也不算什么损失——至少与节省下来的时间相比是划算的。当然，如果我们真的想要欺骗他们，那我们就会变得非常匆忙，可能还会为了节省这几分钟而冒一些风险！

马萨诸塞州的收费公路在2017年就不再设置人工收费员了，驾驶员们可以通过在车上安装应答器来节省一些钱，但如果他们没有应答器，也不用担心——"我们会向你收费的"，该州在高速公路沿途的广告牌上如是说。而且现在也没有现金收费通道了，安装了应答器天线和车牌自动读取器的台架会记录下每一辆经过的汽车或卡车。如果你不想泄露自己的信息，你就只能走非高速道路了。

车牌上的信息比你想象的要多

2018年6月，负责南加利福尼亚州很多购物中心运营的尔湾公司被发现非法收集进入其停车场车辆的车牌号码信息。佐伊·惠特克罗夫特是该购物中心的一名客户，她深挖了尔湾公司的"隐私政策"，发现它不仅在收集车牌信息，还将其分享给执法部门，并将其存储在一个数据库中，移民和海关执法局（ICE）的特工可以访问该数据库[①]。此消息传出后，尔湾和另一家数据库公司Vigilant回应说，实际上他们的隐私政策所覆盖的范围是很窄的，且管理要求也是很严格的，只是他们没让顾客知晓自己的购物之旅并不会成为其监控目标。

自动车牌识别是一种可以大规模进行监控的系统，它有着更为便宜、更为高端的摄像头、软件和网络功能。自动摄像机会拍下车牌照片，然后将车牌号码转换为明文字符，然后在传输和存储每个记录之前，它都会标注好时间、日期和GPS的位置信息。而这些数据流是可以实时查询的，就像搜索通缉犯或是被盗车辆那样；而且，通过一段时间的检索之后，它还可以绘制出购物者的人口统计信息或某些特殊购物者的出游方式。

"言"多必失的运动App？

Strava是一款健身测速应用软件，它可以连接任何具有GPS功能的智能手机、手表和Fitbit运动手环，以便让用户记录下自己的跑步、骑行路线和其他活动。Strava将这些数据组合成可视化的"热图"[②]，并将10亿以上的活动记录聚合成地图上的彩色条纹。Strava团队在他们的博客上传了一些可视化的图片——从夏威夷开始游泳，到不列颠哥伦比亚省的惠斯勒骑山地自行车的铁人三项记录，然后有一位研究人员注意到该图片

---

① 泰勒·海特麦克：《加州的购物中心正与ICE相关的一家数据库共享车牌数据》。
② 热图（heatmap）是指用热谱图展示用户在网站上的行为。——译注

里还标注了阿富汗军事基地的轮廓，于是他便在推特上上传了这个截图，并提醒人们"或许关闭数据共享会是一种好选择"①。随后，Strava的首席执行官发表了一篇博客，向大众解释了其隐私设置的问题，并承诺他们仅仅与军方和政府官员一起合作"处理一些潜在的敏感数据"②。

当然，对于身处一些敏感位置的士兵来说，他们确实应该关闭自己的位置追踪——而这意味着他们首先需要知道自己的设备和应用程序里有这样的设置，然后才能想到其后果。但Strava"热图"或许是可以最清晰和最及时记录我们的行动轨迹的工具了。我们的手机在向附近的发射塔发送信号时，就会绘制定位地图；我们经常访问的网站会生成浏览该IP地址的日志（网站操作员可据此绘制出相应的地理位置图）；许多移动的应用程序都会收集用户的位置信息以进行精准的广告投放。一个个数据点看似没有什么坏处，但随着时间和空间的累积，这些被收集的数据点就可以描绘出我们的出行轨迹，或是家庭生活的详细图景，甚至还可以描绘出一些秘密的军事战略设施。

识别公民身份，再不需要身份证

在恐怖袭击事件时时威胁民众的时代，一些国家正试图采用数字监控系统来保护自己，但是这却与个人自由的传统信念产生了激烈的冲突。在美国，实行国民身份证的想法引发了自由论者的强烈反对，而他们所在的党派通常不会为了捍卫个人自由而如此直言不讳。根据美国2005年出台的《真实身份法案》（REAL ID Act），各州颁发的驾驶执照将实行统一的联邦标准。尽管国会未经辩论就通过了这项法案，但至少有18个州都反对这项法案。由于多方阻力，该法案的实施时间多次被推迟。13年

---

① 托马斯·布鲁斯特：《为什么Strava的健身记录会让人担心》（《福布斯》）。
② 詹姆斯·夸尔斯：《给Strava用户的一封信》。

后，也就是2018年，仍然只有37个州同意实施《真实身份法案》。最终，到了2019年，各州被告知该法案的延期时间即将到期，这也就意味着到2020年10月，联邦政府将只会接受符合《真实身份法案》里规定的统一标准作为人们的身份证明。再后来，新冠疫情就暴发了，这个最后期限也就再一次被延长。然而，即使在美国全面实施该《法案》，它也远远达不到那些希望用来打击犯罪和防止恐怖主义的人所期待的"真正国民身份"的效果。

在美国，关于国民身份证的争论还在继续，但联邦调查局正在利用新兴技术让这个争论变得无关紧要。如果政府能收集到美国人足够多的生物特征数据，即他们的指纹、虹膜、声音、步态、面部特征、伤疤和耳垂形状的详细记录，那么任何人都将不需要携带身份证。只需要收集在公共场所行走的人的测量数据，在数据库里进行查找，连点成线，然后就大功告成了！——他们的名字就会出现在电脑屏幕上。人们不再需要携带身份证，这些生物特征数据的组合可以完美地确定他们的身份。

当然，目前这个做法还不够完善，但技术正在不断地改进。已经有很多数据被收集，并且被储存在了位于西弗吉尼亚州克拉克斯堡的联邦调查局刑事司法信息服务数据库的电子资料室里。该数据库已经保存了大约7500万套指纹，联邦调查局每天还会处理10万份指纹匹配的申请。美国有90万联邦、州和地方执法人员，而他们都可以向该数据库发送一套指纹，并要求联邦调查局进行身份识别。如果身份匹配成功，那么这个人的犯罪历史就可以在数据库中被查询到。

但是指纹数据采集却没有那么容易，其大部分都是在抓捕罪犯时收集到的。而该做法的目的是需要获得几乎所有人的身份信息——并且是在不能过于打扰到人们的情况下。例如，可以在机场安检处设立一个简单通知告诉旅客，当他们通过机场安检的安全区域时，会被拍下一张详细的"照片"。这样乘坐飞机的人就会知道发生了什么，然后可以选择拒绝（也就是待在家里）。正如一位电子身份研究人员所说："这就是关键所在，你已经选择了它。你已经选择承认：'是的，我想让这个地方认出我是谁[1]。'"该做法消除了关于《真实身份法案》的争议，因为收集的所有数据至少在某种意义上来说都是人们自愿提供的。

作为科技发展的中心，加利福尼亚州的旧金山则采取了截然相反的措施，它禁止执法部门使用面部识别技术[2]。因为该州的监事会听说这些技术有一定的偏见、缺乏透明度，并且以及可能会被政府滥用。然而，与此同时，基于数据的身份识别技术却在一些私人企业手中蓬勃发展。正如PatronScan公司声称，他们的数据库包含了共200个城市的6000万以上去过酒吧的人的身份证。它的扫描软件不仅可以检查去酒吧的人是否达到了法定饮酒年龄，而且还能自动生成一个标记有"不良行为"顾客的黑名单[3]。

"大家族"之间的友好合作

事实上，我们的生活中有两个"老大哥"，而且他们还经常一起工作。总的来说，我们很高兴他们在"注视"我们——如果我们能意识到这一点的话。但偶尔我们对他们的伙伴关系感到担忧。

第一个"老大哥"就是奥威尔所说的——政府，而另一个"老大哥"则是我们大多数人所知甚少的行业：对每天以电子方式发生的数十亿笔个人交易（包括金融或其他方面）进行合计、合并、分析和报告的业务。当然，进行商业数据聚合的公司并不会从事间谍业务，他们并没有非法获取数据。但他们确实很了解我们，所以他们所知道的对于企业和政府来说都是极有价值的。

还有一个会威胁到人们隐私的问题是，计算机可以从数十亿看起来

---

[1] 艾伦·中岛：《联邦调查局准备着手庞大的生物识别数据库》（《华盛顿邮报》，2007.12.22）。

[2] 凯特·康格等：《旧金山禁止使用面部识别技术》（《纽约时报》，2019.5.14）。

[3] 苏茜·卡格尔：《这家身份扫描公司正在收集数百万去酒吧的人的私人数据》。

毫无意义的数据中提取出重要的信息，就像采矿技术可以从低质地的矿石中提取出贵金属后从中获利一样。计算机可以将政府数据来源与私人和商业数据来源连接起来，创建出关于数百万人的全面数字档案。凭借其庞大的数据存储和处理能力，它们通过"蛮力"而不是"创造力"就能在数据之间建立连接。甚至，计算机还可以识别出数据中一些非常细微的痕迹——而这些痕迹可能会有助于追踪给恐怖分子支付的款项、设置保险费率，或者只是帮助我们确保自己的新保姆不是一名性犯罪者。

接下来，我们继续谈一谈政府和数据聚合公司之间的关系。

安客诚（Acxiom）是美国最大的一家客户数据公司，它的业务是将世界各地读卡器刷卡的交易数据进行汇总。2018年，它一共汇总超过了1000亿笔交易[1]。该公司利用其关于金融活动的大量数据，为信用卡行业、银行、保险公司和其他消费者提供有关人们消费方式的信息。不出意料，在反恐战争之后，五角大楼也对安客诚的数据以及该公司收集和分析数据的方式表示感兴趣。如果可以追踪到资金是如何到达恐怖分子手中的话，那就有可能会找到恐怖分子所在位置，并对他们的一些袭击进行阻止。

ChoicePoint是美国另一家主要的数据聚合公司，它的客户数量超过10万家。它主要的业务是帮助客户筛选应聘者，比如说，确定应聘者个人是否具有良好的投资潜能。

安客诚和ChoicePoint在操作规模上与旧的数据分析操作有所不同。还记得我们在第一章里说过，量变会引发质变。所以发生改变的并不是技术本身，而是有了更为丰富的数据源。在40年前，信用卡里还没有磁条，人们付费的时候仍是一种机械操作；信用卡片上凸起的数字通过复写纸留下了印记，这样你才能获得收据，而复写纸最上面的副本则会给发卡公司。今天，如果你使用CapitalOne的信用卡进行消费，那你的付费数据不仅会立即传输到CapitalOne公司，而且还会传到安

---

① 《2019年联邦储备支付研究》，联邦储备系统理事会。

客诚和其他数据聚合公司那里。可以在无穷无尽的商业数据源中进行搜索的能力——不仅包括信用卡交易数据，还包括电话记录、旅行订票和银行交易等，再一次向我们证明了相同的"量"也可以创造出一些新的东西。

当然，隐私法确实也是存在的。对于银行或数据聚合公司来说，如果在自己的网站上发布相关财务数据是非法的。但隐私在法律中还是一个需要不断完善的领域，它和商业以及政府的利益大有关系，且通常是以我们无所得知、大吃一惊的方式存在。

美国在隐私法上的重大突破是由曾经的总统理查德·尼克松（Richard Nixon）促成的。尼克松利用自己的总统职权去收集关于他的政治敌人的一些信息，用当时的白宫顾问的话来说，他就是"利用现有的联邦机制来对付我们的政敌"，而这一做法也被普遍认为是一种恶劣的总统权力滥用。尼克松所使用的伎俩之一便是让美国国税局对"政敌名单"上每个人的纳税申报单进行审查，其中包括国会议员、记者和民主党事业的主要贡献者。虽然利用国税局来实现这一目的着实令人愤怒，但它没有违法，后来就决定禁止这种做法。

美国在1974年出台的《隐私法》提出了一些宽泛的指导方针，规定了联邦政府何时以及如何去收集那些没有涉及犯罪行为的公民的档案。政府必须告知公众它想要收集什么信息以及为什么要收集这些信息，而且必须只能基于该法案中列出的原因才可以对收集到的信息进行使用。

该《隐私法》限制了政府对于公众个人信息收集的权力，同时也限制了政府保存其相关的记录。具体地说，它阐明了："任何机构不得向任何个人、机构以任何方式披露任何包含在系统记录的信息，除非提交了相关的书面请求，或者书面同意书，除非……"如果有政府不当地披露了公民个人信息，即使只是将其告知了其他政府机构，那该公民就可以向民事法庭提出赔偿要求。《隐私法》所提供的隐私保护是全面的——尽管没有看上去那么全面。首先，不是每个政府部门都属于"机构"，例如，法院就不属于机构。该法案要求各机构在使用这些信息时必须通知公众其用途，但这些通知很有可能被"掩藏"在《联邦公报》中，除非有新闻媒体碰巧报道了出来，否则公众可能永远都不会看到。此外，还有一些"除非"的情况，包括很多重要的例外情况。例如，该法律不适用于以统计、档案或历史用途的信息披露，民事或刑事执法行为，国会调查，以及合法的《信息自由法》的要求。

尽管该法案有如此之多的例外，但政府的做法还是因此发生了一些重大变化。然而，在25年后，911事件发生了。在对该恐怖事件进行调查之后，人们总是说美国的执法部门本该早就预见到这一切的发生，因为发现原来有很多可循之迹分散在了不同的政府机构手中。如果各个调查领域当初能够相互沟通，那么这一切就都可以避免。他们本应该能把这些线索联系起来，但他们没有这样做。有一部分的原因是《隐私法》限制了跨政府部门之间的数据传输。但是，美国急需一个对策。美国国土安全部的成立是为了解决一些部门之间的沟通问题，但政府重组还只是一个开始。

2002年1月，也就是在美国世贸中心惨遭袭击几个月后，美国国防高级研究计划局成立了信息监控办公室（IAO），其主要任务是：设想、开发、应用、集成、演示和过渡信息技术、组件和原型、闭环信息系统，通过全面掌握有用的信息来对抗非对称威胁，实现先发制人、国家安全预警以及国家安全决策。美国所面临的最严重的非对称威胁是恐怖主义，这种威胁的特征是由一些组织松散的人所组成的难以识别和定义的神秘网络组织。信息监控办公室计划要开发一种技术，以理解这些神秘网络组织的意图、计划，并可能制定破坏或消除其威胁的机会。为了有效和高效地实现这一目标，我们必须促进共享、合作和推理，将模糊的数据转化为知识以及可行动的方案。

一位名叫约翰·波因德克斯特的海军中将领导了后来被称为"全面信息监控办公室"（TIA）的组织。许多庞大的私人数据公司不断涌现，便为它们提供了一种便捷的方式来逃过《隐私法》中的许多禁令。根据

1974年出台的《隐私法》，美国国防部是无法从美国国税局获得任何数据的，但是政府却可以从私人数据聚合公司那里买到相同的数据！在2002年5月，道格·戴尔中校给波因德克斯特中将发了一封电子邮件，并在其中讨论了与安客诚的谈判内容：

安客诚的珍妮弗·巴雷特是一名律师和首席隐私官。她已经在国会做证并表示愿意向我们提供帮助。她提出的一个重要建议就是，人们会反对像"老大哥"一样覆盖面极广的数据库，但他们不会反对将相关数据用于我们双方都赞同的一些特定用途。我们不应该以获取所有数据为目的，我们应该以追踪恐怖分子以避免其袭击为目的，然后确定所需要的数据（尽管我们不能定义出所有需要的数据，但我们有关于恐怖分子的计算机文档创建模板就是一个好的开始）。显然，这样的操作指导已经塑造了我的思想。

最终，美国可能会需要覆盖全球或者美国以外的某些地区的庞大商业交易数据库。这些信息具有一定的经济效用，因此也就解释了很多其他国家也对此感兴趣的两个原因。安客诚可以建立出一个像这样的大型数据库。

《纽约时报》在2002年10月的时候报道了这一事件。正如波因德克斯特在他的演讲中所解释的那样，政府必须"剪破"这条分隔各个机构的"紧身裤"，并且要学会熟练地用100万个微小的数据去创造出一幅宏伟图景，因为这些数据单个看都是没有任何意义的。《纽约时报》的报道引发了美国电子隐私信息中心和一些民主自由人士的一系列反应，所以国会在2003年对该办公室进行了撤资——但这并不代表这个想法就到此结束了。

全面信息监控办公室的关键任务是挖掘数据：在不同的数据存储库之间寻找联系，寻找可以识别出恐怖分子或其他不良分子的数据模板或者"签名"。美国问责总署的数据挖掘报告（GAO-04-548）对128个联邦部门进行了调查[①]，其报告显示在其199项独立的数据挖掘工作中，有

---

① 美国政府问责总署报告GAO-04-548。

122项均使用了个人信息。

虽然信息监控办公室和全面信息监控办公室都已经不复存在，但是国土安全部的ADVISE项目仍在继续进行大规模的档案管理系统开发。最终，国会要求对涉及该项目的隐私问题也同样要进行审查。在2007年6月的报告（OIG-07-56）中，国土安全部监察长理查德·斯金纳表示，"在实施这三个试点计划之前，该项目的经理并没有解决关于隐私的影响问题"，于是几周之后，该项目也被关闭了。但ADVISE也只是当时国土安全部正在进行的12个数据挖掘项目中的一个。

类似的对于隐私的担忧也导致美国五角大楼的TALON数据库项目被取消。该项目的任务是创建出一个数据库，以记录有关国防设施受到潜在威胁的报告，它属于另一个更加庞大的美国国内反间谍计划的一部分。

尽管存在这些对隐私问题的担忧，但正如爱德华·斯诺登所披露的，实际上许多监控和数据挖掘都只是在秘密进行的。

政府启动新的项目，媒体和民众自由人士提出他们对于隐私问题的严重担忧，于是该项目被取消，但是接着又会有新的项目取而代之。这个循环似乎是永无止境的。尽管美国人历来都怀疑政府会对他们的私人生活进行监视，但他们对于自身安全的担忧，以及政府官员认为自己有责任去使用现有的最好技术来保护整个国家似乎一定会导致这种循环的发生。在很多数据库公司收集到的信息里，通常都有政府感兴趣的人的最佳情报。

数据的收集与泄露

如今数据的存储是很便宜的，但数据的安全保障却非常困难。数据泄露是数字时代一件令人沮丧的常事。如果一个客户的数据库被外泄，那其用户的账户或者信用卡就会一直被盗用，直到数据漏洞被修好为止。现在美国许多州的数据泄露通知法提供了一定的透明度，并鼓励数据存储公司及时清理数据，以避免集体诉讼。

在众多数据泄露事件中，艾可菲公司和美国人事管理局可谓是"脱颖而出"。艾可菲是一家大型的征信公司，其主要业务是储存用户信用卡账户消费的历史记录。如果你想申请汽车贷款或抵押贷款，那么贷方就会通过艾可菲查询你的信用评分。在2017年9月，艾可菲宣布自己遭遇了严重的数据泄露事件——包括姓名、出生日期、社会保障卡号码、电脑的物理地址和其他个人信息，而这些信息很可能会导致人们遭受身份盗用和欺诈。此次泄露事件涉及1.47亿的用户，其人数超过了美国全体成年人总数的一半[1]。因此，美国联邦贸易委员会对其投诉称，艾可菲未能采取基本的网络安全措施，包括在接到访问控制漏洞的通知之后，未能及时地更新数据库的软件。尽管该公司的一项隐私政策承诺说，它将实施"合理的物理性、技术性和程序性的保障措施"来保护消费者们的数据，但该事件还是无法避免地发生了。最后，艾可菲与联邦贸易委员会达成和解，并同意支付至少5.75亿美元，很可能会高达7亿美元的赔偿金。作为和解协议的一部分，所有遭受损失的消费者都得到了免费的信用监控服务。然而，那些想要退出该数据库的消费者们却被告知："你无法选择退出这个数据库。"[2]

作为美国政府的人力资源部门，美国人事管理局收集了人们大量的敏感信息：身份识别、背景调查和指纹记录。2014年，美国人事管理局的数据遭到了泄露，导致超过2100万条的记录被盗。当人们的信用卡被盗时，他们会换新卡；当他们的社会保障号码被盗用后，他们可以登记参加信用监控服务；但是你绝不可能重新录用一套新的指纹[3]。

新数据来源的数量——以及旧数据来源之间的扩散和联系，是数字大爆炸粉碎我们隐私的一个组成部分，而这项新技术的另一个组成部分则是关于所有的数据是如何组合在一起的。

---

① 《艾可菲将支付5.75亿美元，作为与FTC、CFPB和各州就2017年数据泄露事件和解的一部分赔偿》，联邦贸易委员会。

② 《艾可菲数据泄露事件的解决方案》，联邦贸易委员会。

③ 美国人事管理局，网络安全资源中心。

存储容量、处理速度和通信速度的指数级增长已经将旧事物统统变成了新事物。鲁莽、愚蠢、好奇、恶意和偷窃并不是什么新鲜事，但是一个国家中的任意一个人的私人数据都可以被装进一台笔记本电脑，这便是一个新现象；在互联网中可以大海捞针也是一种新技术；方便地连接"公共"数据源，曾经被存储在阿尔伯克基和亚特兰大的文件抽屉中的资料，现在却能以"公共"数据源的形式，让人们轻松地在阿尔及利亚通过电脑访问——这也是一种全新的体验。

培训、法律和软件都能为我们提供帮助，但真正的问题是，作为社会的一个整体，我们真的不知道该如何去处理数字大爆炸带来的后果。技术革命的速度，正在超越整个社会对于身边理所当然的变化的适应速度。

有时，甚至公共信息也存在泄露的可能性。在美国马萨诸塞州，团体保险委员会（GIC）负责为州政府的员工购买健康保险。在支付的保费上涨了一年之后，团体保险委员会会要求每一位患者提供详细的病史记录。而这样的做法是有充分理由的：各种医疗保健费用一直在以惊人的速度增长。为了公众的利益，国家有责任了解自己是如何花掉纳税人的钱的。但是团体保险委员会并不想知道病人的具体名字，它也不想去追踪某个人，或是让人们认为他们被追踪了。事实上，追踪个人的就医记录是违法的。

因此，团体保险委员会收集的数据里没有姓名、地址、社会保障号码、电话号码——没有任何的"唯一标识"记录，以免团体保险委员会办公室里某个淘气的新员工发现某某确实患了某种疾病。用官方的行话来说，这些数据是被"去识别化"了，也就是说，他们无法被识别具体身份。虽然这些数据确实包括性别、出生日期、邮政编码和有关个人医疗索赔的一些事实，以及他们寻求医疗救治的原因，但它们并不是为了刁难任何一个人，而是为了了解这背后的规律。例如，如果数据显示伍斯特的卡车司机多数都有背伤，那么该地区的工人可能就需要针对如何抬起重物进行更好的培训了。美国的大多数州都对州政府工作人员的身份数据做了与此几乎相同的分析。

这是一项很有价值的数据收集，不仅是对于保险委员会，对于马萨诸塞州其他研究公共健康和医疗行业的人也是如此。举个例子，相关学术研究人员可以将如此庞大的医疗数据用于流行病学研究。团体保险委员会认为，由于所有信息都已被去识别化，所以让其他人看到这些数据也没有什么坏处。事实上，这些数据非常的有用，甚至一些私营企业，例如卫生管理部门，还可能会为此付钱。这样一来，当团体保险委员会把数据卖给了企业，纳税人甚至还可以"赚上一笔"：这些数据的收益将为国家提供新的收入来源，从长远来看，医疗行业可能会变得更为健全，而且运行得更有效率。

但是这些资料真的达到去识别化了吗？

拉塔尼亚·斯威尼曾经是麻省理工学院的一名研究员（她先后在卡内基梅隆大学和哈佛大学担任教授）。她想知道，对于拿到已被去识别化的数据的人来说，要"重新识别"身份以便了解某个州的工作人员（例如英联邦州长）的医疗问题会有多难。

当时，威尔德州长住在马萨诸塞州的剑桥市。和其他许多自治市一样，只要收费15美元，剑桥就会向人们公开选民名单，而候选人和政治组织则免费。在某些特定的区域，你也只需花75美元就可以获得名单。因此斯威尼花了几十美元，然后就拿到了剑桥的选民名单。而其他人当然也可以这么做。

根据剑桥的选民登记名单，在剑桥只有6个人的出生日期与威尔德州长相同，其中只有3人是男性，只有一人是住在威尔德州长所在的邮政编码区域。斯威尼可以结合出生日期、性别和邮政编码等信息识别出州长的医疗记录；因此，她也可以识别出州长的家庭成员的记录，因为这些数据均是由工作人员整理的。像这种类型的再识别很简单，事实上，在剑桥，仅用出生日期就足以确认超过10%的人口。而在全国范围内，通过性别、邮政编码和出生日期就可以确定87%的美国人口。

而收集的数据中包含的远不止性别、邮政编码和出生日期这些信息。

事实上，如果是在1997年，凡是拿到这些数据的58个人中的任何一个，都可以识别出数据库中13.5万人中任意一个人的身份。马萨诸塞医学协会主席约瑟夫·海曼医生说："患者并没有隐私可言，所有东西都一去不复返了。"①

读到这样的故事，相信你会大叫一声："简直倒霉透了！"但实际上你很难找出到底是谁犯了错（如果有人犯了错的话）。考虑到医疗费用是所有企业和机构的主要支出，收集相关信息当然是正确的做法，而团体保险委员会在公布这些数据之前已经很努力地做到了数据的去识别化，虽然它可能不应该向其他国家机构公布这些数据。数据是一种有价值的资源，而一旦有人对数据进行了收集，那么政府希望将其用于公共利益其实是完全正确的，禁止数据共享就像是在说每个政府部门都应该各扫门前雪。有些人可能会反对将数据出售给政府之外的企业——但也只是事后诸葛亮而已。如果这些数据真的能被更好地去识别化，那么无论谁决定出售这些数据，都很可能帮助政府降低运作成本。

也许这里的错误就在于人们太容易拿到选民名单了。然而，公众其实可以知道谁有资格投票，以及谁投了票，这是我们公开选举制度中根深蒂固的传统。而选民名单也只是美国人口数据公开的渠道之一。知道在马萨诸塞州的米德尔塞克斯县有多少位21岁的夏威夷原住民男性吗？在2000年时，只有4位。任何人都可以浏览美国人口普查局的数据，有时它还可以帮助我们补充一些个人信息：只需登录 fact-finder.census.gov 即可。

错误之处还在于，人们以为团体保险委员会的数据做到了真正的去识别化，可其实并没有。但是，面对如此多的可用数据源，以及如此强大的计算能力（可用于数据之间的链接），我们无法知道到底哪些信息是

---

① 迈克尔·拉萨兰德拉：《调查小组称医疗记录的公布损害了患者隐私权》（《波士顿先驱报》，1997.3.20）。

需要从数据库中舍弃，才能让其真正地变得匿名。将零散的数据聚集到更大的数据库中肯定会有所帮助；按5位邮政编码来公布数据，会比按9位邮政编码发布而泄露出的信息要少。但是，一旦数据越粗糙，它所揭示的具有价值的信息也就越少了。

物联网

我们已经发现，即使是那些很有隐私意识的人也会为了图方便和节省一点小钱而选择放弃自己的隐私。这一规律在电灯开关、冰箱和门铃（我们说的物联网）中体现得最为明显。事实证明，当我们让互联网发展到可以融入一切我们接触到的东西（以及我们不再需要去接触的东西）时，我们牺牲的就不仅仅是隐私了。网络中所有东西的安全性都是可能受到威胁的。

2016年10月21日，美国东海岸曾出现国家规模的互联网中断。许多和工作及娱乐有关的热门网站，例如Twitter、Netflix、GitHub和Reddit，都无法进行加载[1]。后来才发现是因为最主要的互联网服务受到了来自互联网其他地方的大量机器的攻击。这些机器同时发送非常多的请求，以至于域名服务器（互联网流量管理基础设施的关键组件）的负载过重。回应这些恶意请求就会干扰他们对来自用户们的合法请求进行回应。没有相应的域名服务器来进行指引，那发出请求的电脑就无法找到这些网站，因此对于所有用户来说Twitter就会处于"关闭"状态，尽管该服务器本身是仍在运行的。

调查研究人员和工程师们发现，这些恶意请求来自大量的"智能"家居设备：联网的婴儿监视器、灯泡和路由器。这些设备的拥有

---

① 马诺斯·安托纳卡奇斯等：《对于Mirai僵尸网络的理解》（《第26届USENIX安全研讨会论文集》，2017年）；《Mirai物联网僵尸网络共犯承认罪行》，"克雷布斯安全"网站。

者并不是有意这样做的，他们大多数根本都不知道这件事。这些智能的小工具已经被恶意软件感染，并加入了一个叫Mirai的僵尸网络。于是这些在家庭互联网连接上运行的计算能力较弱的设备统统连接在了一起，并形成一股强大到足以扰乱全球互联网服务的力量。这个恶意软件利用了一些常见的安全漏洞——未更改的默认管理密码，未打补丁的、直接暴露在互联网上的过时软件——先感染一台设备，然后再将自己复制到其他设备上（一种被称为蠕虫的感染模式）。一旦这个恶意软件安装好了，它就会把每台设备变成一个随时待命的"机器人"，等候指令。

不幸的是，这种大规模的攻击已经变得非常普遍，以至于它还有了一个名称和缩写：分布式拒绝服务攻击（DDoS）。

2016年10月21日，此次恶意事件的操控者便指示这些"机器人们"发送快速的域名请求流，于是就导致了公开访问域名服务器的流量激增，包括一些主要域名服务提供商Dyn和DNS。Dyn的报告称，在这次攻击中，它收到的请求量是正常请求量的10—20倍，据估计这些请求应该来自10万个恶意或已经受感染的终端设备[1]。这些恶意请求，再加上很多无法使用网站的真人终端用户一次次发送重试请求，最终使得Dyn的防御系统彻底崩溃，而该公司的服务器也无法对合法请求作出响应。

什么是新的？规模、控制、连通性和互操作性

物联网承诺可以像比特网连接计算机和数据那样与我们的物理世界进行连接。有时，这就意味着可以把通用的计算机置入一些曾是

---

① 斯科特·希尔：《Dyn对于10月21日星期五发生的网络攻击进行分析总结》，甲骨文公司，2016年。

"哑巴"的设备中，比如冰箱。一台智能冰箱不仅会在你的牛奶快用完的时候提醒你，还会直接联系你常去的杂货店，让他们把牛奶送到你家里，然后自动用你的信用卡付款。在其他时候，"智能"就意味着打开一个接口，通过这个接口，人们可以远程读取和控制传感器（能看到、听到或以其他方式感知环境的设备）和执行器（能做一些事情的设备，比如关闭烘干机）。举个例子，当有人在房间里时，运动探测器就可以触发智能恒温器来打开暖气或者空调。这些可以联网的事物，为自动化工厂及其供应链、智能住宅和城市以及自动驾驶汽车的发展都提供了可能。

随着传感器、驱动器和芯片的价格越来越便宜，它们的数量也在不断增加，并且它们还会向价值链的下游"繁殖"。当芯片价格很贵的时候，把它们放在一些昂贵的设备上，比如飞机，是可以说得通的，但今天它们居然出现在门铃上。即使是低端的智能手机现在也足够智能，也可以成为家电网络的控制中心。以前只有工厂才能购买、由专家才能使用的一些特殊功能，现在也已经向公众开放了。有时候，由于市场原因，智能小工具的很多功能都被简化了，但其实它们能做的要比购买者能想到的还要多。与此同时，安全性、可靠性和其他不太受市场欢迎的特性也被忽视了——制造商们总想为自己搞错的性能优先级找借口，并说设备必须要保持小尺寸和低功率运行。

灯泡或者恒温器经常"被设置完，然后就被遗忘了"，一旦这些设备开始运作，其主人就会认为它们仅仅是一件电器，而不是一台需要进行安全监控和软件更新的小型计算机。此外，这些设备的廉价卖家也只将其视为没有后续支持服务的一次性商品，所以那些想要更新其软件的用户也只能无奈地发现自己别无选择。另一种选择则是购买一套可以进行集中管理的设备，但从金钱和客户隐私方面来说，这种选择的代价似乎更高。并不是每个人都愿意分享自己的照明和温度偏好，更不用说婴儿监视器里的音频和视频了，况且专门会有一家公司将这些数据存储起来，然后没人知道会存储在什么地方，用于什么用途。

　　许多物联网的设备总是处于待机状态，就等待着主人打开开关照亮房间的那一刻。所以对于一些编写恶意程序的人来说，这些设备很具有吸引力。最为聪明的恶意软件并不会去干扰设备的正常功能，相反，它会潜伏在无形之中，等待着"攻击"的命令。

威胁：一对一vs一对多

　　当你的家里有一台智能冰箱时，它的行为只对于一小撮人来说是有趣的、重要的[①]。一个黑客可以利用这台智能冰箱浪费一加仑的牛奶，或是把厨房弄得一团糟，还可以通过下单购买鱼子酱而不是牛奶（如果没有设置正确的限额）而把银行账户里的钱都花光，又或者造成局部损坏，导致整个房子的电路短路。然而，如果把这些设备成倍增加，它们就可以被用来破坏一整个社区。DDoS的第一个D代表distributed，即分布式的意思。由数千个分布式的设备进行"攻击"的不断复制就可以产生极大的累积效应。拒绝该服务请求的形式可以有很多种：看似合法但发送量很大的服务请求，需要很长时间才能完成的请求，格式不正确，且会导致其服务器被禁用或崩溃的请求。例如，当镇上所有的高中生在同一个周五午餐时间打电话到当地的一家比萨店询问一片比萨的价格时，会发生什么情况呢？一位真打电话来想点一份比萨的顾客很可能在几次嘟嘟声后就挂断了电话。

　　能让物联网成为"互联网"的正是能让设备之间以及它们的控制器之间进行通信的标准协议、互联网协议、有特殊用途的Wi-Fi或者蓝牙通信的标准。标准接口使用户能够同时处理多个设备，例如将一个新灯泡插入现有的设置中，或将一个冷柜添加到智能冰箱中。互联网设计师们也许预料到了：一个联网的婴儿监视器可以与其祖父母分享实时内容，

---

　　① C.J.休斯：《公寓科技的最新进展：冰箱摄像头和机器仆人》（《纽约时报》，2017.12.15）。

或让保姆能够在遥远的家中听到婴儿声音；网络的连通性可以使冰箱自动查看天气预报，并在温度达到80华氏度时下单购买冰激凌。通过软件更新和新的交互可能性，其连接性可以使设备变得更加智能。然而，未加保护的连接可能会为像Mirai蠕虫这样的入侵留下机会，而设备中常见的接口和基本软件总能使恶意软件的发明者"只要攻破一次，就能在任何地方运行"。

2017年12月，在Dyn被攻击导致离线一年多以后，3名男子承认了自己计算机欺诈和滥用的罪行，并承认了Mirai的运行软件是自己编写的。这3名男子分别是帕拉斯·杰哈——新泽西州罗格斯大学计算机科学专业的本科生，以及他的两名朋友兼同事。根据他们的庭上答辩，他们最初的攻击目标只是热门游戏《我的世界》的游戏服务器，因为他们想通过打败服务器以获得游戏优势。后来，杰哈便开始销售计算机系统保护服务，并攻击了罗格斯大学的服务器，并嘲笑该大学应该记得购买DDoS保护。杰哈和他的同事并不是想要破坏Dyn和整个互联网系统，但在他们将软件源代码发布到网上后，其他人对其进行了修改并重新设计了软件，然后去攻击新的目标。

谁来负责物联网的安全？

当特斯拉Model 3电动汽车首次接受《消费者报告》的审查时，它在刹车方面的得分很低[①]。"特斯拉从60英里/小时到152英尺的停车距离比我们测试过的任何现代汽车都要差得多。"测试者写道。然而，在《消费者报告》发表一周后，该汽车制造商向全国各地的特斯拉汽车发送了无线软件更新，包括那些已经售出的汽车。于是，该车型的制动距离增加

---

① 帕特里克·奥尔森：《〈消费者报告〉称特斯拉Model 3不值得推荐》（《消费者报告》，2018.5.30）。

了19英尺，性能堪比其他的小型汽车，因此《消费者报告》对其又进行了升级评估①。特斯拉告诉《消费者报告》，它已经更新了控制Model 3防爆制动系统的软件。

关于无线更新可以改变车辆的性能，这早已经不是第一次了。当飓风"厄玛"正向佛罗里达州袭来时，特斯拉更新了其软件对于汽车电量的限制，使得车主能够在飓风行进路线上早一步得以逃脱②。这两个案例都说明了软件和硬件之间的模糊界限，以及产品边界的模糊轮廓。汽车的物理特性是通过远程软件的更新而改变的，而车主可能甚至都不会意识到这种改变，也就没有机会选择是接受还是拒绝它。不过很少会有车主拒绝续航时间更长的电量（除了在飓风"厄玛"的情况之外，这算是一个颇为昂贵的升级），但是如果更为稳定的刹车系统是以牺牲其他性能为代价的呢？一些车主觉得自己的车在升级后反而速度变慢了。那如果公共安全是以速度为代价的呢？此时用户应该拒绝更新吗？

人们在驾驶时还会产生一些"外部"问题。如果特斯拉的车主不能及时停下车，那就不只是车主在冒险；他们的车辆对于和他们同路的每个司机来说都要更加危险。我们对汽车实行一些安全标准和检查要求，就是为了减少此类风险，使得驾驶道路更加安全。同理，我们也可能会强制要求用户进行软件和硬件的升级。如果你的软件产品对其他人造成了风险，而此时也找到了更安全的替代方案，那么你就可能会被要求进行更新，即使这会给你带来一些不便或成本损失。然而，不只是像汽车这样昂贵且会带来明显的危险的商品需要引起我们的注意。一些廉价的玩具也可以是被Mirai僵尸网络控制的联网设备，但他们的一些供应商可能不会一直从事这项生意，那么这个更新的要求会改变其所有权的性

① 帕特里克·奥尔森：《特斯拉Model 3在更新刹车系统获得〈消费者报告〉推荐》（《消费者报告》，2018.5.30）。

② 安德鲁·利塔克：《为了让佛罗里达州的驾驶员逃离飓风厄玛，特斯拉提高了车辆的电量限制》，"边缘"网站。

质吗?

布鲁斯·施奈尔将物联网称为"和世界一样大小的机器人",其传感器和驱动器遍布全球[①]。他预测,随着这个机器人能造成伤害的能力——以及造成伤害的实际事例发生——不断增加,对于其进行监管和负责的需求将随之而来。除非开发这些技术的人也制定了保护措施,否则政府和制度监管部分很可能会提出一些生硬的对策,包括禁止连接或使用设备,或者对设备的使用进行大范围的限制。更为糟糕的是,没有考虑到互联网的架构以及其激励因素的监管可能根本无法保护我们。

智慧城市:效率、个人选择、隐私和系统风险

在纽约一间公寓里的一位老人抱怨说,他的房东在大楼大堂入口处安装了由一款应用软件控制的"智能锁",所以他几乎属于被囚禁在自己的家里。93岁高龄的托尼·迈萨克一只眼睛失明,因此无法使用解锁所需的智能手机应用程序。而托尼的妻子玛丽·贝思·麦肯齐也反对将她出入这栋大楼的记录交给Latch公司,即这把智能锁的生产公司。该公司的应用软件隐私政策(变更后)指出,Latch公司可能会将其记录用于营销目的,该应用还会收集GPS位置信息,并向大楼管理人员提供门禁记录和照片。当托尼的妻子向房东索要一把实体钥匙时,房东笑了笑,只给了她一张智能卡。于是,托尼和他的妻子,还有一群租户不得不对他们的房东发起诉讼,因为他们想要争取自己可以使用钥匙而不是应用程序的权利[②]。

这些租户们对大楼前门的数字化也有一些抱怨。对于一些人来说,这可能是一种可用性的变化,从他们熟悉的一把实体钥匙过渡到一个

---

① 布鲁斯·施奈尔:《点击一下便杀死所有人:超级互联世界中的安全和生存》(诺顿出版社2018年版)。

② 阿尔弗雷德·吴:《一群租客赢了官司——法官要求房东将智能锁换成实体钥匙》,CNET科技资讯网站。

全新的应用程序。但对于另一些人来说，这代表了隐私，他们的进出——甚至是他们的旅行——都将被跟踪和记录，而记录这一切的竟然不是一位容易出错的门卫大叔，而是一个人们甚至都无法看见的数据库公司。这个新系统的功能——比如人们再不需要在门垫下面放一把钥匙才能让客人或管理员进入大楼，显然不足以弥补租户们被打乱生活的损失。

把这种"智能"的规模再扩大几个数量级，你就会看到一个"智能城市"，里面充满了各种嵌入式和网络化的传感器。为了提高效率，交通灯可以根据通行的汽车和公共汽车数量进行协调；电能表可以与电网实时通信以满足人们的需求。

加拿大的多伦多市曾计划"从互联网开始"的项目，以振兴其滨水工业区。在该城市和谷歌/伞形公司旗下的"人行道实验室"的合作下，其新码头区将会被建设成一个"智能城市"。但就在他们处于令人眼花缭乱的未来主义想象时，他们的声明却引发了很多人的反对，这让他们很是意外。人们抱怨这将让他们的生活毫无隐私、安全、控制可言。在建成这座数字化基础设施之后，谁会看到所有的数据？谁又能据此作出决定？遗憾的是，我们无法知道答案。2020年5月，多伦多和谷歌取消了这个项目。该决定是在新冠肺炎疫情期间作出来的，但可以说应该归功于那些隐私倡导者。

"对于那些为保护加拿大的民主、公民和数字权利而奋斗的、有责任感的公民来说，这是一个重大的胜利。"该项目的一位反对者如是说。"多伦多将作为监视资本主义中最令人不安的试验之一而载入史册"①——这是一本商业畅销图书的标题。

---

① 罗伯·吉利斯：《谷歌旗下公司叫停多伦多智慧城市项目计划》（《美国新闻和世界报道》）；肖莎娜·朱伯夫：《资本主义监视的时代》（公共事务出版社2019年版）。

信息的互联互通给人们带来了新的隐私和安全问题。谁会通过观察你家里电力使用表的变化来确定你何时不在城里呢？谁会知道你现在是和朋友在一起，还是在洗热水澡呢？通过监控你家庭设备的电源信号，就可以知道你早上什么时候开始喝咖啡，或是收看晚间新闻。

比特流、存储容量和信息分析所需的处理能力都倾向于增加个人相对于政府和公司的权力劣势。而隐私权是我们可以夺回控制权的一种方式，是我们拥有自主权的一片区域。在奥威尔想象中的伦敦，只有奥勃良和核心党的其他成员可以逃脱那块电幕的注视。而现在，我们可以利用数学和法律的保护来屏蔽"老大哥"的那双注视的眼睛——至少大多数时候是这样。

第三章

谁掌握着你的隐私

个人数据的商品化

你是哪种蔬菜性格

当亚历山大·科根将"这就是你的数字生活"作为Facebook的一款自我测试应用程序推出时，它并没有引起人们的惊讶。所谓的自我测试应用程序就是Facebook营销的主要手段，它吸引用户参与其中，然后收集可用于营销的数据。而这些十分诱人、运作高效的应用程序催生了一系列由测验营销工具和专家组成的子产业。

约有27万名Facebook用户安装了科根的这款应用程序，并参加了它上面的性格测试，在此过程中，该应用程序可以访问他们的联系人，并主动邀请他们也参与进来。科根的表面动机是做学术研究——研究表情符号是如何用来传达情感，但他对收集到的所有数据所做的却截然不同。通过科根的应用程序，剑桥分析公司收集了5000多万人的数据。剑桥分析公司利用这些信息帮助当时的总统候选人唐纳德·特朗普的竞选活动——向目标受众投放数字广告和筹款通知、模拟选民投票结果、确定电视广告投放的市场甚至计划特朗普的出行。剑桥分析公司声称，该公司的"心理特征"分析有助于识别特朗普的潜在选民，以及会使得他们投票给特朗普的话语类型[①]。

　　但是，下载这款应用程序的人数仅25万人，又是如何变成5000万人的数据泄露的呢？答案就是通过Facebook应用漏洞百出的隐私模式。安装了这款应用的25万名用户平均每个人都有200个好友。"这就是你的数字生活"的性格测试结果更多地是基于用户曾经"点赞"的历史记录，而不是他们做的那次测试。所以说，这个测试只是为了获取用户和他们的联系人"点赞"记录的一个借口而已。2015年，Facebook准许这些数据的泄露——尽管它表示，科根与剑桥分析公司分享了用户的个人数据，违反了该项目的相关条款。

　　你的隐私并不属于你自己，即使你没有使用这款应用程序，但你的朋友——或者他们安装的这款应用程序——都可能会泄露你的信息。当然，这在"非数字世界"也同样会发生（想想那句老话："只有死人才能守住秘密"）。但是在线下生活中，你可能会有更好的直觉。你会知道不要和八卦的邻居随便分享自己的故事，除非你已经准备好可以在超市里接受陌生人的访问。而在网上，你要花很长时间才能弄好Facebook的隐私设置——让你的账号不会受到过多的监控，直到剑桥分析公司的丑闻事件之后，Facebook才停止其应用程序跨越社交图谱，收集用户好友的相关数据。

不要干涉我

　　关于科技和媒体会侵犯个人隐私的问题，早在一个多世纪以前，就有两名律师为我们敲响了警钟：

　　　　即时摄影和新闻行业已经侵入了个人和家庭生活的神圣领域；无数的机械装置扬言要实现一个预言："人们私下耳语的事都将被袒露

---

① 马修·罗森博格，尼古拉斯·孔费索来，卡洛尔·卡德瓦拉德：《一家利用数百万用户的数据帮助了特朗普的公司》（《纽约时报》，2018.3.18）。

在阳光下。"

这一声明摘自1890年《哈佛法律评论》中有关隐私的一篇重要文章，由波士顿的一名律师塞缪尔·沃伦及其合伙人路易斯·布兰代斯一起撰写，而后者成为美国最高法院的一名法官（就是我们之前在Olmstead v. U.S.一案中提到，认为要捍卫隐私权的那位法官[①]）。沃伦和布兰代斯还说道：

> 流言蜚语已不再是闲人和恶人们的谈资，而是成为人们"孜孜不倦"、厚颜无耻地从事着的一种交易。为了满足一些好色之徒的口味，有关人们性关系的细节描写在日报专栏上大肆传播。为了让懒人们有事可干，一页页的新闻报道中充斥着八卦消息，而且这些八卦都是通过侵入人们的家庭生活才能打探到的。

新技术使得这些"垃圾"更容易被生产出来，然后供给又创造了需求。那些偷拍的照片和八卦专栏不仅仅是毫无品位，还满肚子坏水。就像一些现代批评家批评愚蠢的真人秀节目一样，沃伦和布兰代斯对此非常愤怒，他们认为，我们的社会正因为这些东西的传播而走向地狱。

很多流言蜚语看起来无伤大雅，但如果广为流传，同样也会造成恶果。它们会对事物进行贬低和扭曲——通过颠倒事物的重要性来贬低一件事，从而使人们的思想或是志向变得渺小不堪。当人们的八卦消息获得了与新闻报道同样的高度，并占据了社会真正感兴趣的一些话题的可用空间时，我们就不难理解，为什么很多无知和轻率的人会错误地认为它们如此重要。因为八卦消息很容易被理解，而且它还利用了人类自身

[①] 塞缪尔·A.沃伦，路易斯·D.布兰代斯：《论隐私权》（《哈佛法律评论》，1890年，第5期）。

的弱点——这个弱点也不会因我们邻居的任何不幸的遭遇而完全消失，所以它占据了我们能对其他事情感兴趣的头脑，这一点也不足为奇。而这些琐碎的八卦能立刻摧毁人们坚固的思想和细腻的情感，在其摧残之下，再没有热情能够肆意绽放，再没有慷慨的冲动能够生存。

沃伦和布兰代斯所想到的问题是，人们很难去界定某个侵犯隐私的行为是不合法的。在某些个别情况下，你确实可以说出一些合乎情理的东西，但是对于个别人的法律裁决并不属于一般政体的一部分。法院当然已经对诽谤（发布虚假的恶意流言）实施了法律制裁，但如果这些恶意流言是真的呢？一些其他法院也会对公开发表私人信件的人进行惩罚，可按照物权法，你会发现马匹被偷走才是侵犯了权利，而信件中的文字其实并没有被偷走。但是，这似乎并不是一个正确的类比。是的，沃伦和布兰代斯的结论是，这种理论根本没有触及关键。当你的隐私被公开时，你的某些东西就已经被拿走了，你就是这次盗窃的受害者——从你身上偷走的东西就是代表你个人身份的一部分。事实上，他们认为隐私就是一种权利，一种"属于个人不受干涉的一般权利"。这一权利长期以来一直是法庭裁决的背景，但新技术使这一问题达到了顶点。在阐明这项新权利的时候，沃伦和布兰代斯声称，它是基于"人格不可侵犯"的原则，代表着个人身份的神圣性。

隐私和自由

沃伦和布兰代斯将隐私作为一种不能干涉的权利，这样的表述很具有影响力，但它从未真正实现过。在整个20世纪里，实在有太多不得不去干涉人们的合理原因，也有太多的方式让人们愿意被干涉。在美国，第一修正案的权利与隐私权是相互矛盾的。一般来说，政府不能阻止一个人说真话，尤其是它无法阻止我说出自己通过合法途径知道的关于他人的私事。但是沃伦和布兰代斯对于隐私的定义曾在很长一段时间里发挥作用，究其原因，正如罗伯特·法诺所说："技术进步的步伐在很长一段时间里足够缓慢，使得社会可以慢慢学习如何才能利用好新技术，并防止其被滥用，于是整个社会能在大部分时间维持其平衡。"①到了20世纪50年代末，新兴的电子技术，包括计算机和通信技术，便打破了这种平衡。由于监控技术发展得太快，社会再无法慢慢进行相应调整。

结果，纽约市律师协会对隐私进行了一项具有里程碑意义的研究，并最终得以在1967年出版——它就是艾伦·威斯汀的《隐私和自由》②（法诺在评论威斯汀的书时，描绘了快速的技术变革如何导致社会的不平衡）。威斯汀提出了一个关键的重心转移。

布兰代斯和沃伦把隐私的侵犯视为一种人身伤害，认为这种伤害可能会严重到"造成精神上的痛苦和沮丧，远远超过了纯粹身体上的伤害"。但个人必须承担起保护自己的责任。"每个人要对自己的作为和不作为进行负责"，但是法律还得提供一些可以抵抗隐私侵犯的"武器"。

而威斯汀则认识到，根据其他个人所有的言论自由权以及社会上的一些合法数据收集行为，布兰代斯和沃伦的定义太过于绝对。真正的隐私保护可能不是来自一个防护盾，而是来自对于个人信息用途的控制。威斯汀写道："隐私是个人、团体或机构自行决定何时、如何以及在何种程度上与他人交流的权利。"他接着提出：

> 隐私……需要的是一个结构化和理性的权衡过程，需要有明确的标准，供公共和私人机构比较用新技术设备进行监控、泄露信息与隐私保护之间的区别。由此，我建议以下的步骤作为这一过程的基本步骤：先衡量进行监控的必要性；再确定是否有可供选择的方法来满足这个需求；确定监控仪器的可靠程度；确定被监视者是否真正同意；在允许监视的情况下，估测清楚监视的限制和控制能力。③

---

① 罗伯特·法诺：《回顾艾伦·威斯汀的〈隐私与自由〉》（《科学美国人》，1968年）。

② 艾伦·威斯汀：《隐私与自由》（阿森纽出版社1967年版）。

③ 艾伦·威斯汀：《隐私与自由》（阿森纽出版社1967年版）。

因此，即使政府或其他一方通过合法的方式知道了你的一些信息，你的隐私权也可以限制知情方对于这些信息的使用范围。

这种对隐私更为细致的理解源于隐私本身在社会中所扮演的社会角色。隐私并不像沃伦和布兰代斯所认为的那样，是一种被社会孤立的权利，相反，它是一种可以让社会进行正常运转的权利。

法诺还提到了隐私的三种社会角色。第一，"维护个人人格隐私的权利可以被视为自保权的一部分"——如果你在青春期犯下的错误选择和人际冲突会对你在社会中的最终地位造成重大的影响，你就有权将它们保密。第二，考虑到世界上并没有一套社会规范可以放之四海而皆准、永久令人满意，而且社会的进步也需要进行社会实验，所以隐私是社会允许人们可以不按某些现行社会规范行事的一种方式。第三，隐私对于独立思想的发展至关重要，它能使个人在一定程度上与社会脱钩，这样思想就可以在有限的圈子内相互分享，并在正式公开之前进行多次预演。

哲学家海伦·尼森鲍姆同样认为隐私是建立在社会存在的基础上，并将其描述为"语境的完整性"[①]。隐私取决于数据流与信息产生和其共享环境的期望、规范之间的匹配程度。当Facebook邀请你添加你的心理治疗师或是病友为好友时，这就是一种语境侵犯。网络空间为我们提供了多重语境：你在Instagram上的表现是一个样，而在教室里又是另一个样。但网络空间同样也面临着语境崩溃的威胁，就像斯泰西·斯奈德在使用MySpace的过程中发现的那样，她只是在一个社交帖子发了自己的一张照片，并配文写着"醉酒的海盗"，结果却让她失去了一个师范教育学位[②]。

数字技术的爆炸性增长从根本上改变了我们对于什么才是隐私的期

---

① 海伦·尼森鲍姆：《环境中的隐私：技术、政策和社会生活的完整性》（斯坦福法律出版社，2009年）。

② 《法官支持学校以一张"醉酒的海盗"的配文图片开除实习老师》（《高等教育纪事报》，2008.12.4）。

望，也改变了我们对于什么应该是隐私的思考。它让侵犯隐私变得更加容易，而且可能会发生得更多。的确，在10年前要是发生了隐私侵犯事件，我们会震惊不已，而如今我们对这一切都习以为常，这样的变化着实令人惊讶。与保密不同的是，并没有单一的技术事件导致这种变化（没有任何技术突破粉碎了隐私的存在）——只有一些技术前沿的持续进步，然后最终超过了一个临界点。

随着传感器设备变得更便宜、更好、更小，现在微型相机、GPS设备和麦克风已经从间谍博物馆中陈列的物品变成了人们日常携带的普通物品。一旦它们成为有用的消费品，我们似乎就没那么担心它们还可以作为监视设备来使用。我们并没有试图想出一个可以囊括隐私及其价值的统一理论，而是发现我们将自己在大量丰富的信息中感觉到的种种不适和遗憾拼凑成了所谓的"隐私"。当我们把间谍带进自己和朋友的家里，并且用自己的隐私和欢乐、便利交换时，这一切就变得更难了。

拍照时请微笑

"老大哥"有自己的电幕大军，而今天的伦敦金融城也有了自己的监控大军，但如果就纯粹的摄影普及性而言，想必没有什么能与我们每个人手上拿着的手机相提并论了。下面，让我们来看看另外一个小故事。在美国国庆日之前，海伦一个人坐上了飞机。在飞机上，有位女士想要和自己的男朋友坐在一起，于是便向海伦提出了互换座位的请求。海伦答应了，然后在前面一排的座位上坐了下来。当海伦开始和她的新同座一起聊天时，她却没有意识到，坐在后排的这对情侣全程拍下了她和这位邻座男生的"恋爱经过"。这对情侣还在推特上发布了标签为#PlaneBae的帖子，很快，这个故事便登上了各大电视的早间节目。看起来，这或许是一次毫无恶意的玩笑，但对海伦来说，却并非如此，她（通过律师）表示：

在没有征得本人同意的情况下，飞机上的其他乘客擅自拍下了我的照片，并记录下了我与邻座的对话。他们在社交媒体上发布了相关的照片和录音，并对我的私人行为进行了错误的揣测。

从那以后，我的个人信息在网上被广泛传播。基于这些明显的错误信息，很多陌生人公开讨论我的私人生活。

我因此被诅咒、羞辱、侮辱和骚扰，甚至在网上和现实生活中，都会有偷窥狂来找上我。[①]

廉价相机和网络使用的大量普及，使得一种人们私自进行治安维持的正义——一种无处不在的"小兄弟主义"，成为可能。在这种主义里，人人都可以成为侦探、法官和狱警，就像很多博客主可以瞬间将全世界的目光导向一些普通民众那样。

在每一个瞄准目标的镜头的后面，都有更多无人看管的镜头存在：公共和私人的观察和监控。走在大街上，各大商店橱窗里都有安保摄像头，也有警方设置的监控摄像头（其中有一些还可以允许公众查看）。在林荫小巷里，多亏了门铃和警惕的邻居们形成的安全网络，再加上自动面部识别系统，说不定都可以为我们所有人建立一个进出记录档案了。

如今，在网上看图片已经成为人们的一种休闲活动，任何人都可以在任何时间、任何地点这么做。只要使用一下谷歌街景，通过谷歌摄像头的拍摄（也许是几个月前的），你就可以坐在塔吉克斯坦的咖啡店里，查看到是哪一辆车停在我们家的车道上；在首尔，你也可以看到在皮卡迪利广场或拉斯维加斯的大街上发生的一切，它们每隔几秒钟就会更新一次。这些图像都是一直对公众开放的，但是相机加上网络就彻底改变了"公众"的定义。

在生活中，我们会有很多乐意去做的事情，但有些时候，这些事情

---

① 泰勒·洛伦兹：《"飞机宝贝"事件匿名女主人公的声明证实了最糟糕的情况》（《大西洋报》，2018.7.13）。

会给我们带来一些副作用，它们通常都是我们无法看见和意想不到的，最后就会导致我们的隐私被泄露了出去。虽然第四修正法案可以保护我们免受政府过度的监控，但在美国，对于收集私人信息的相关法律仍然是有很多漏洞的。很多公司还是会对个人信息进行收集和推断，然后再利用这些信息设计他们的产品和广告。就像那句俗话说的，如果你不花钱买东西，你就是要出售的商品。

脚印和指纹

无论我们是在处理日常事务，还是在享受个人生活时，我们都留下了自己的脚印和指纹。在户外，我们会在泥地、沙子和雪地上留下自己的脚印。如果有人费心地将这些脚印和我们的鞋进行比对的话，那就能确定，或是猜测出我们曾经去过哪些地方。而每个人的指纹都是不同的。当我们开门，或是用玻璃杯喝水的时候，恐怕我们都没有想到自己已经留下了指纹。那些做贼心虚的人可能会担心自己到处留下指纹，但其他人却往往不会在意。

在数字世界里，我们同样会留下电子的脚印和指纹——这些数字痕迹包括我们有意留下的，以及我们根本不知道，或是无意识留下的。数据的身份鉴定会有助于法庭进行科学取证，但鉴于我们大多数人都不是罪犯，所以我们也不会去关心这个问题。然而，我们往往没有想到的是，我们在数字世界里留下的各种痕迹，很可能会被其他人利用——他们会利用我们留下的数据赚钱，或者试图从我们这里获得一些东西。因此，我们必须要弄清楚自己是如何，以及在哪里留下了这些数字化的脚印和指纹。

多余的凝视

杰弗里·罗森（Jeffrey Rosen）在其《多余的凝视》（*Vintage*，

2000）一书中，详细描述了法律制度是如何在生活中的多个方面让我们失去隐私的。

追踪纸张的来历

当我们发了一封电子邮件，或者下载了一个网页时，我们就会留下一些数字足迹，这已经不是什么新奇的事了。毕竟，比特数据必须传达到我这一端，于是就会有人通过系统中的数据知道我在哪里。在过去，如果我想要匿名的话，我就可以写一张便条，但是，我的笔迹可能会被认出来，而且我的指纹（油性的那种）很可能也会留在纸上。除此之外，我还可以用打字机打字，但就像《梅森探案集》里常常上演的那样，人们可以将字条和嫌疑人打字机上的独特"签名"进行比对，因为上面会有更多的指纹。

所以，现在的我会选择戴着手套，用激光打印机打印信件。但即使是这样，仍然不足以让我匿名。普渡大学的研究人员开发了一种新技术，可以将激光打印机打印出的内容与特定的打印机进行比对[1]。他们会分析打印的纸张，并检测每个制造商和每台打印机的独特之处——同样上面也会有指纹，就像每台旧打字机的键盘上都有沾上一些污迹，以此来匹配输出端和源头端。然而，我们也没必要把信件一一放在显微镜下，以确定它是什么型号的打印机打出来的。

电子前哨基金会已经证实，许多彩色打印机几乎都会隐蔽地，在打印出的每一页纸上对打印机的序列号、日期和时间进行编码（详见图3.1）。因此，当你打印一份报告时，你就不要再认为没有人能知道是谁打印的了。

---

① 埃米尔·维内勒：《打印机取证技术协助国土安全局追踪货币伪造者》，普渡大学。

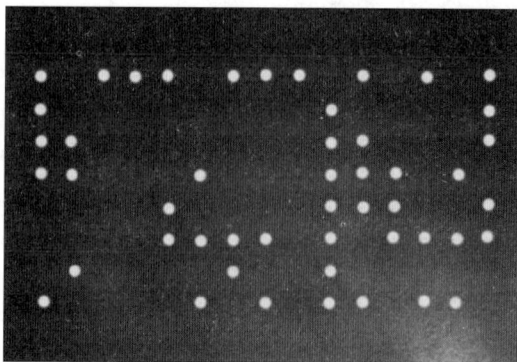

图3.1 这是一张富士施乐DocuColor型12色彩色激光打印机留下的"指纹"照片。我们很难用肉眼看到图中的这些微粒,所以照片是在蓝光下进行拍摄的。这些微粒是对日期(2005-05-21)、时间(12:50)和打印机序列号(21052857)进行编码后的图案。

*图片来源:电子前哨基金会

这项技术的背后,存在着一个合理的理由,那就是政府想要确保自己办公室里的打印机,不会被用来打印一套一套的百元美钞。于是,这项能追踪到彩色激光打印机打出的每一页纸的源头的技术,可以很好地用来打击货币伪造者。有用的技术,往往会带来意想不到的效果。

出于完全合法和正当的原因,有很多人会想要保护他们的匿名权。他们可能是吹哨人,或者持不同政见的人,也许,他们可能只是想抱怨一下工作中的一些不公平的事。那么,在政治话语中会削弱匿名权的技术,会因此而扼杀人们的言论自由吗?在一个健康的民主社会中,能够保持匿名是至关重要的。在美国,自从独立战争以来,匿名权的保护一直是促进言论自由的一种武器,而现在,我们选择使用会留下指纹的通信技术,那就意味着我们完全放弃了匿名权,相信总有一天,我们会因此而感到遗憾的。

但真正的问题,并不仅仅在于我们会到处留下自己的指纹,而是在于,没有人告诉我们,它们究竟是怎么被留下来的。

曾经，美国国家安全局的一名合同工蕾乐蒂·温纳向《拦截者报》（The Intercept）泄露了一些机密信息。在当时，这名泄密者可能认为，如果她发送出去的是纸质版文件，就可以在一定程度上阻碍安全局对此的追查①。为了核实文件的真实性，《拦截者报》将该文件分享给了美国国家安全局，几天之后，蕾乐蒂·温纳就被逮捕了。最开始，有一些报道纷纷猜测，她应该是通过打印机上的微粒图案被追踪到的，但事实却更为普通一些：据国家安全局的日志显示，只有包括温纳在内的6个账户曾经访问过这份文件，而温纳在此之前，还曾经使用过个人账户联系《拦截者报》②。

广告

在波士顿乘坐地铁的时候，你会看到很多关于大学和研究生项目的广告海报。这些广告上面都会附有电话号码和网址，比如说college.edu/recruiting/redline。这个网址并不是说该大学在Red Line方面有一个特别的入学项目，但它的确是在做另一个特别的"广告"——该网址末尾写的"redline"会让这所大学知道你是被他们投放的某一幅地铁海报推荐来的。而且，它还可以吸引你去看这幅广告海报上的其他入学项目，并跟踪这次广告投放的效果。

网络上的广告会使用推荐页面作为它的记号之一，而其他的广告就不会像地铁海报上的网址"后缀"那么显眼了。当你通过点击一个网络连接，在浏览器中打开另一个网页时，你的这一下点击就会触发一系列事件——首先，是对该网页的电子请求，然后，是对该网站以前可能设

---

① 迈克尔·M.格林本，约翰·科布林：《记者们纷纷害怕温纳被捕之后会带来的影响》（《纽约时报》，2017.6.7）。

② 杰克·斯韦林根：《〈拦截者报〉是否背叛了它在美国国安局的情报提供人？》（《纽约时报》，2017.6.6）。

置的任何cookie①的请求。除了最为简单的那种网页之外，所有打开的新网页界面都会触发更多对于子资源的请求：图像、字体、形成动态页面的脚本。一个商业网站的页面可能会有几十个广告和跟踪像素，或者叫"网络臭虫"——可以让你的电脑自动触发另一个网络来源，以跟踪你浏览活动的隐形程序。

网页如何知道你是谁（不完整列表）

1.**你自己告诉他们的。**当你登录谷歌邮箱，亚马逊或易贝网时，你就让他们知道了你是谁。

2.**他们在你之前的一次浏览中留下了cookie。**cookie就是存储在本地硬盘中的一个小型文本文件，它包含特定网站希望在当前会话期间可使用的信息（例如购物车里的信息），或者从一个会话跳转到下一个会话的信息。cookies可以为网站提供持久的跟踪和个性化信息。你的浏览器里会有一个能显示cookies的工具栏，如果你点开了它，你可能会惊讶地发现有非常多的网站都留下了他们的cookie文件。

3.**他们有你的IP地址。**网络服务器必须知道你所在的位置，这样它才能把它的网页发送给你。你的IP地址是一串数字，比如66.82.9.88，它就是你的这台计算机在互联网中的定位。IP地址可能每天都会变化，但在家庭住宅中，你的互联网服务提供商（简称为ISP，通常就是你的手机通信公司或者有线电视公司）可以知道你在什么时候被分配到了哪个IP地址，而且这些记录也经常在法庭上作为呈堂证供。

4.**你看起来像他们认识的人。**登录Facebook的用户经常会在网上分享自己生活和社交网络的很多细节，比如说朋友和家人、最喜

---

① 在计算机领域，cookie指的是网络或互联网使用者发给中央服务器信息的计算机文件，当我们用浏览器浏览网页时，网络服务端就会发送这样能写入我们电脑客户端的计算机文件，类似于本地缓存。——译注

欢的乐队和餐馆、政治倾向——而这些都是他们会有意提到，或者"点赞"的内容。Facebook甚至还会创造一些僵尸粉丝，就是将它只了解到很少信息的用户，与它已经收集到很多信息并且具有相同特征的用户进行关联。

5. 他们解锁了你的浏览器，并将其与你之前个人访问过的网站资料联系起来。 很多网站可以访问到你的浏览器里的许多看似无关紧要的细节（哪种类型、版本、图形编码、语言等）。而这些细节往往都保持着静止的状态，并且常常还能对浏览器实例进行唯一的标记。这种方法简单，但是非常准确、有效。

如果你想知道是谁在使用一个特定的IP地址，你就可以登录美国地区网络地址中心（www.arin.net）进行查找，还有类似whatismyip.com，whatismyip.org和ipchicken.com的网站，你也可以查找自己的IP地址。通过www.whois.net，你还可以查看某个域名的拥有者是谁。比如，我们查了一下harvard.com的域名，结果却发现它的拥有者是哈佛书店，一家就在哈佛大学对面街道上的私人书店。

不幸的是，IP地址信息并不能告诉你是谁在发送垃圾邮件，因为垃圾邮件的发送者往往会伪造他们的邮箱地址。此外，你打开的一个新网页和它的广告在你的浏览器上显示的时间差里，通常会产生一个"实时拍卖"，你眼睛的注意力（或者至少是你的浏览器页面上的广告空间）会被卖给出价最高的人。广告网络公司会通过追踪像素和页面上下文来收集信息，以确定要投放什么样的广告，以及要出价多少钱才能把它们放到这些拍卖中。

有时候，你会想：这双鞋为什么一直跟着我？也许是你在Instagram上看过它们，在品趣志（Pinterest）图片网站上给它们添加过标签，又或者你在自己最喜欢的零售商网站上搜索过一双新款运动鞋，也许你还把它们加入了购物车，尽管你现在并没有多余的预算。现在看来，你似乎都无法摆脱这双鞋子了：无论你是在看新闻还是和朋友们在Facebook上聊天，这双鞋子都会从广告窗中一路跟踪你，催促你赶快点击"购买"它。

在业内，这些广告就被称为"重定向"，它们是实时拍卖的一些产品。当你打开了一个浏览对话时，或者是要退出一次购物访问时，营销人员就会在你的浏览器中插入一个跟踪的cookie文件，它可以用来识别你是否对这双鞋子感兴趣，然后就会参与竞价，向你的界面投放相关的广告，希望能让你回心转意，购买这双鞋。如果你点击了当中的任何一个广告，营销人员就能获得一个"转化率"，并将此数据进一步纳入你的个人资料中，以获得未来的广告投放机会。

然而，网页浏览器的用户们并没有选择从容地接受这一切。《经济学人》将数据称为"新石油"，而那些不愿被视为"喷油井"的浏览器则下载了广告拦截器。到了2020年年初，所有的主流浏览器都已经加入了追踪拦截功能，或者宣布了会对第三方cookie进行限制的计划。

普林斯顿大学的阿尔温德·纳拉亚南和他的团队建立了一个网络评测实验室[①]，并发现了一些追踪浏览器的新技术。通过网络"蜘蛛"，他们发现了可以在实验室之外使用的追踪技术——可以识别潜在用户，并对那些自认为已经清除了之前所有互动的用户进行重新识别。网络隐私的一大矛盾就在于，浏览器可以通过它们独有的一些特性被识别出来，包括用户可能为了更好地保护自己隐私而启用的一些特殊功能，但这也同时意味着，开启了这些保护功能的用户会更加的鹤立鸡群。因此，在目前的这种情况下，只有这个群体开始壮大起来，那么想要保护自己隐私的那些用户就不会如此显眼了。对于隐私的保护来说，标准化的流程操作，以及经过深思熟虑的默认设置是非常有必要的。

塔吉特知道你怀孕了

2012年，查尔斯·杜希格在《纽约时报》上发表了一篇报道，说的是某天一名男子走进了明尼阿波利斯地区的一家塔吉特（Target）连锁商

---

① 《网络隐私——阿尔温德·纳拉亚南》。

店，愤怒地对这家店的经理说道："我女儿收到了这个邮件！她还是一名高中生，但你们却寄给她买婴儿衣服和婴儿床的优惠券？是想让她赶快怀孕吗？"

这家店的经理为他们犯的这个低级错误向那名男子道了歉，但几周之后，这位父亲也亲自回来道了歉，因为他的女儿，确实已经怀孕了。所以，早在这位父亲发现自己女儿怀孕之前，塔吉特的预测模型就已经判断出这名女高中生的怀孕情况了。虽然塔吉特并没有能获取这位女高中生私人信息的权限，但他们拥有数据分析工具和现成的数据。

与很多其他拥有积分卡或用户账户的商店一样，塔吉特也建立了关于用户消费行为的统计模型，以预测在存货和定价方面的热门产品，并给出相应的建议。塔吉特建立的用户消费历史记录，是基于客户创建的一个内部ID，以及其购买物品的外部数据。从这些记录中，该公司的统计人员就可以总结出一些规律，比如，可以注意到在怀孕中期的女性经常会购买无味的保湿乳液和营养补充剂。在这种模型的多次观察之后，塔吉特就可以预测到该女性用户会购买婴儿衣服和尿片的可能性——并在这位准妈妈需要进行大量购物的时候，给她推送一些广告，于是，在还没有意识到自己的购物需求之前，这位客户就已经被提前满足了。

我们的隐私问题都是来源于很多新技术的发展，但是，当这些新的技术发展本身都没什么问题的时候，我们又要怎么做才能保护自己的隐私呢？

你负责为麦克风买单，我们就负责偷听

对于联邦当局来说，在一些黑社会大佬谈话的地方安装微型麦克风曾是一项危险的工作。而现在，我们有了更为安全的选择，因为大多数人都会随身携带装有无线电的麦克风，或者在家里安装各种语音识别助手，比如亚马逊的Alexa、苹果的Siri、微软的Cortana或者谷歌语音

系统。

　　许多手机都可以远程进行重新编程，所以手机其实是一直在传输信号的，而其麦克风也一直是处于打开状态的，即使你认为自己已经关闭了它。在2004年的时候，联邦调查局就使用这种新技术对约翰·托梅洛和他所在的有组织犯罪集团其他成员的对话进行了监听。最后，一家联邦法院裁定，这种经过授权安装的"漫游窃听器"可以成为一种合法的窃听形式。如果约翰·托梅洛将他的手机电池取下来的话，应该就不会落此下场了，所以，现在有很多做贼心虚的企业高管也经常这样做。

　　在装有安吉星系统的通用汽车上，其麦克风也可以进行远程激活，而这个特点在即将要发生交通事故的时候，能救下驾驶员一命，因为安吉星的接线员会在第一时间通知驾驶员。安吉星曾向它的用户发出过警告："在涉及有关执法和其他机构的刑事调查时，安吉星将积极配合法院的传讯。"事实上，联邦调查局已经使用过这种方法来窃听人们在车内的谈话了。在其中一个案例中，联邦法院否决了这种收集证据的方式——但并不是基于隐私的原因，而是因为联邦调查局安装的"漫游窃听器"导致安吉星系统无法正常运行，因此法院认为联邦调查局干涉了车主与安吉星接线员聊天的使用权利。

　　来自俄勒冈州波特兰市的丹妮尔是亚马逊回声（Amazon Echo）语音服务的一位用户。有一天，她丈夫的一个同事突然打电话给她，说道："马上拔掉你的Alexa设备，你的系统被黑了。"[①]可这个小装置原本应该只在提到"Alexa"时，才能开始进行录音，但它一定是在丹妮尔的对话中同时听到了"Alexa"和"发送信息"的指令，所以，丹妮尔的一段关于硬木地板的聊天内容，就阴差阳错地变成了一位她认识的客户的语音留言了。这真是一件奇怪的事，但是，当我们把像这样联

---

　　① 《亚马逊的Alexa语音一不小心就将你的谈话录音并发送出去》（《名利场》，2018.5.24）。

网的微型录音机带进生活中的各个角落时，它可能就会一次次地不断上演了。比如，德国政府就禁止使用一只会说话的玩偶"我的朋友凯拉"①，因为担心它可能会被间谍用来进行数据情报收集。为了能和小孩子们进行更好的交流，"凯拉"会把她听到的声音都上传到互联网上，所以，很多的德国父母都被要求毁掉这个"非法间谍设备"。与此同时，在美国，你的智能电视也可能会根据你的观看习惯来进行广告投放。Vizio（美国高清电视品牌）的首席技术官曾在一次国际消费类电子产品博览会（CES）上表示，如果没有广告的收入来源，那么电视机的售卖价格可能就会更高②。

Venmo应用：将所有交易都记录了下来

在前面，我们讨论到了信用报告机构和数据分析公司会对人们的信用卡使用记录进行跟踪，而现在，还有一些更为先进的支付技术可以直接向你出具消费记录。Venmo就是这样一款简单快捷的手机支付应用，人们可以通过它转账，还可以在上面输入对方的电话号码，进行账单的分摊。当你通过Venmo给你的朋友或室友转账时，你可能并没有注意到，你的这些支付记录都是向所有用户"公开"的，包括你在支付时写下的任何备注。一名叫Hang Do Thi Duc的研究人员就看到了这些公开的记录，于是便知道了某个学生吃快餐的习惯，某个大麻小贩的销售记录，甚至是某段正处在萌芽中的爱情故事，而这些记录，还只是由数百万笔交易记录组成的"Venmo日志"中的冰山一角而已③。也许，你并不会介意这些记录透露了自己对于某种嫩玉米的喜好，但是，如果它透露的是你购买大麻的记录，即使你所在的州允许大麻交易，那你可能就不会那么欣然接受了。虽然Duc没有揭露更多的细节，但他指出，任何访问者都可

---

① 凯蒂·柯林斯：《聪明玩偶竟然可能是间谍，父母高呼，要毁掉！》（《科技资讯网》）。

② 本·吉尔伯特：《你的新智能电视价格如此低廉，原因很简单：它收集并出售你的使用数据，为你提供广告》（《商业内幕》）。

③ Hang Do Thi Duc：《默认的"公开"设置》，2017年Venmo日志。

以在Venmo的公共API（应用程序接口）中看到所有的交易记录（除了具体的金额数量）（在Duc自己创建的网站publicbydefault.fyi上，他鼓励Venmo的用户将其默认设置改成"非公开"，这样一来，就只有发送方和接收方能查看这些交易记录了）。

DNA：终极版的数字指纹

2018年4月，加利福尼亚州就几十年间发生的多起谋杀和强奸事件，即"金州杀手"案件，对约瑟夫·詹姆斯·迪安杰洛进行传讯。直到有一名调查员将犯罪现场发现的嫌犯DNA上传到了一家公共家谱网站GEDmatch上，这个悬案才终于水落石出。为了能把这个身份未知的DNA上传到网站上，这名调查员为其创建了一个假的档案，而当GEDmatch将这个DNA与现有的数据库进行比对之后，便发现了该DNA与数据库中一些人的部分基因吻合，因此这些人很可能就是嫌犯的远亲。结果发现，这些人的名字都属于同一个家谱。于是，通过系谱学的方法，进一步对人口普查记录、讣告、墓地、商业和犯罪记录等数据库进行追溯，终于找到了嫌疑犯的名字。之后，调查人员又通过追踪该嫌疑犯，从他在霍比罗比停车场停车时留在车门上的皮肤细胞中提取了另一份DNA样本，最终证实了他们的怀疑是正确的[1]。

迪安杰洛并没有在该基因网站上传过自己的DNA，但由于父母会将大约一半的基因遗传给孩子（尽管在此过程中会发生一些突变），所以迪安杰洛的大部分基因就可以通过其亲属的基因被揭示出来。如果你的家人在GEDmatch上传了他们的基因档案和家谱信息，那这可能就会暴露你和他们共有的一些基因信息。因此，你明明什么也没做，但你的隐私也会像这样被泄露出来。虽然美国的《反基因歧视法》禁止雇主或医疗保险公司因人们的DNA信息而对其歧视，但该法律却并未限制DNA在其他

---

① 阿维·塞尔克：《警方用巧妙而"反乌托邦"的DNA技术抓获了"金州杀手"嫌疑人》（《华盛顿邮报》，2018.4.28）。

许多方面的用途。

而"金州杀手"一案，开启了DNA家谱研究用于法庭取证的热潮。截至2018年年底，通过GEDmatch网站的基因比对，已经有十余名暴力和性侵事件的罪犯身份得到确认。但该网站也引起了一些人对于隐私泄露的担忧，所以改变了一些服务条款。现在，如果用户并不是自愿上传自己的基因信息，那么执法人员就不能在数据库里进行DNA比对。

公平信息实践原则

20世纪60年代，在满是磁盘驱动器的政府和企业大楼里，兴起了一场信息革命，并引发了一次关于隐私权现实意义的深刻反省。其反省的问题是，在生活实践中，那些拥有着巨大数据库的人们，在收集、处理数据并将其提供给他人时，应该要考虑些什么？

于是，在1973年，美国卫生教育福利部发布了一些"公平信息实践原则"，其内容如下：

公开原则：任何个人数据记录的保存系统都不应该是秘密存在的。

信息披露原则：每个人都有权了解自己被记录了什么信息，以及这些信息将会作何用途。

二次使用原则：未经本人的同意，任何以第一目的记录下来的信息，不得擅自以其他任何目的进行使用。

修正原则：人们有权对可识别自己身份的信息进行相应的纠正或修改。

安全原则：任何机构在创建、维持、使用或分发可识别个人身份的数据记录时，必须确保该记录在其预期用途上的可靠性，并且必须采取一些预防措施，防止该记录被误用。

以上的这些原则，是针对当时美国医疗数据的使用而提出的，但是它们却从未被采纳实施过。不过，它们却为许多公司制定的隐私政策奠定了基础。1980年的经济合作与发展组织（OECD）和1995年的欧盟组织（EU）也都以这些原则为蓝本，在进行了相应修改之后，将其编入国际贸易协定的条款当中。在美国，这些原则还可以在一些州的法律中找到呼应，但是联邦法律则通常会根据具体情况，或者按照不同"类别"来处理隐私案件。例如，在1974年颁布的《隐私法》就只适用于联邦政府之间的跨部门数据传输，对私人机构的数据处理则没有限制；《公平信用报告法》也仅适用于消费者的信用数据，不适用于医疗数据；《视频隐私法》仅适用于录像带租赁的情况，而不适用于电影下载的情况，并且在该法案通过时，后者的这种情况也并不存在；最后，也很少有联邦或州法律是适用于城镇中档案柜和计算机系统中的庞大数据库的。美国政府实行的是分权制度，因此，其对于数据处理的方式也是进行分权的。

美国的隐私法并不少，只是它们各自的立法并不一致，令人困惑，而且总会参考一些技术方面的意外事例。对于应该保护什么隐私，以及如何实施隐私保护，整个国家并没有达成共识。所以，如果对于隐私的利与弊没有更深刻的集体判断，相信美国目前的立法大杂烩只可能会变得更糟。

美国和欧洲在数据隐私标准方面的差异，对美国参与国际贸易的机会构成了威胁，因为欧盟有这么一项禁令：凡是不符合欧洲隐私保护"适当性"标准的国家就不能向其传输任何数据。在2000年，欧盟委员会为想要进行跨国业务的美国企业建立了一个关于隐私保护的"安全港"，但最后欧洲法院却宣布，这并不足以保护欧洲数据作为主体的权利。2016年，美国联邦贸易委员会提出了另一种替代方案——"隐私盾"（Privacy Shield），并在隐私保护实践方面产生了显著的差异："虽然加入隐私盾体系是自愿的，但一旦有符合资格的公司公开承诺会遵守该体系的要求，那么该承诺就将依据相应的美国法律变成有法律效应的条款。"①

2020年，欧盟法院（CJEU）裁定，即使隐私盾体系没有达到其"适当性"的标准，但因为欧洲公民在美国的数据将受到美国政府的管控，所以仍然可以在欧洲进行使用。

隐私权是一项基本权利

如果你人在欧洲，那当你浏览网页时，你可能会注意到有大量的弹出窗口和横幅出现，而且似乎每个网站都希望你同意使用cookie和"处理你的数据"，以改善你的浏览体验。虽然欧洲法律将个人隐私视为一项基本权利，但欧洲的广告商们就如同美国的广告商们一样，非常热衷于收集人们的个人数据。根据欧盟的电子隐私法令，这些横幅是用来请求用户"同意数据处理"的一种手段。

2018年，欧洲联盟的《通用数据保护条例》（GDPR）确立了人们在个人数据方面的具体权利，并要求企业赋予个人（"数据的主人"）可以控制该数据使用的能力。因此，为了不侵犯人们的隐私权，那些收集或处理个人资料的机构必须获得同意授权，或者满足其他的一些"合法目的"。例如，当你在发送电子邮件时，电子邮件提供商只需要你提供联系人的电子邮件地址，而不是他们的个人家庭地址。并且，个人甚至还有撤销授权同意的权利，以要求电子邮件提供商删除他们收集到的有关数据。由于《通用数据保护条例》还包括欧洲以外的范围，所以欧洲公民身在何处，那些欧洲以外的提供商也要采用cookie同意请求，并调整他们的数据处理方式，以便能够满足他们的数据删除请求。

尽管欧洲法律做出了书面承诺，但截至2020年，其执行情况仍然不太理想。在此期间，总共只发生了一次较为重大的罚款，即谷歌公司被罚处了5000万欧元（约合5400万美元），约为谷歌一天广告销售额的

① 《简报：感兴趣的企业可以考虑欧盟—美国的隐私盾体系，欧盟—美国概况》，美国商务部。

1/10。在没有对欧洲公民向国家数据保护机构提出的数百起投诉进行调查的情况下，我们很难说是欧洲人的网上隐私得到了更多保护，还是只得到了更多可供点击的弹出窗口而已。

然而，不幸的是，当我们比较一下欧洲更为综合的管理方法和美国较为零碎的管理方法是否都达到了我们期望的效果时，我们就不难发现前者要比后者更有原则一些。美国1974年的《隐私法》向人们保证，那些晦涩的声明都将只会被放在《联邦公报》中，以便为大规模的政府数据收集计划发布必要的官方通知。虽然这只是在技术方面提供了狭隘的"开放"原则，但总比什么都没有好。大多数与公众有业务往来的大公司都会发布关于隐私条款的通知，但几乎没有什么人阅读过。举个例子，在2002年，就只有0.3%的雅虎用户阅读过它的隐私条款通知。同年，在铺天盖地的负面报道中，当雅虎改变了其允许广告信息发送的隐私政策之后，看过其隐私政策的用户人数也仅上升了1%。在美国，许多隐私法其实都没有阻止由政府制订的未经授权的窃听计划，也没有阻止美国主要电信公司与政府的合作。

事实上，由于另一项技术的发展，美国联邦政府和私营企业之间的合作在收集毒品走私和国际恐怖主义的信息方面，要比以往任何时候都更加重要。20年前，大多数的长途电话都是通过微波天线塔，或者地面与通信卫星之间的无线电波传输的，所以至少有一部分时间是在空中进行的，因此政府的窃听者就可以轻易地进行窃听。而现在，许多电话都是通过光纤电缆传输的，于是政府也开始利用这种私人拥有的基础设施。

隐私保护的高标准是有一定代价的，它们会限制公众对于数据的可用性。曾经，因为人们对于个人医疗信息的公开感到恐慌，所以国家为此出台了新的法律以补救其漏洞。《健康保险流通与责任法案》（HIPAA）的出台，致力于鼓励健康信息的电子数据交换，并对披露了"受保护的健康信息"的行为施以严厉的惩罚。这里"受保护的健康信息"指的是一个非常广泛的类别，不仅包括人们的病史记录，还包括医疗支付记录等，而且该法案还强制要求删除任何可以将人们的医疗记录与其信息来源联系起来的相关内容。然而，在无处不在的数据和强大的数据计算环境中，HIPAA的实施之路充满了问题。如今，将不同的数据来源进行组合，就可以掌握很多有用的信息，于是就使得HIPAA试图保证人们的匿名权变得极其困难起来。但是，HIPAA的合规顾问团队可以为人们提供帮助，虽然是需要付费的。当你在网上搜索HIPAA时，你可能就会看到它所提供的一些服务的广告。这些服务可以帮助你保护自己的数据，也可以让你免于牢狱之灾。

在HIPAA和其他隐私法对我们的个人信息进行保护的同时，它们也使医疗研究变得昂贵，有时甚至还无法进行下去。像弗雷明汉心脏研究等一些经典的研究——许多关于心脏病的公共政策都是基于该研究而来，很可能就无法在今天这样对隐私进行严格管理的环境中重现了。美国流行病学学院院长罗伯塔·尼斯博士曾说："有一种看法认为，HIPAA甚至都可能对公共卫生监测的实践产生负面影响。"[1]

你读过那些"我同意"的文件吗？

只要你表示了同意，那么任何公司就都可以使用你的信息去做任何他们想做的事情。我们似乎很难去反驳这一原则，但对于"同意"了该公司条款的消费者来说，却就不那么妙了。西尔斯控股公司是西尔斯、罗巴克和凯马特的母公司，它曾为其消费者提供了一个加入"我的西尔斯社区"的机会，并将其描述为"一个全新的、不同的……一个动态的、高度互动的在线社区……在这里你的声音会被听到，你的意见会变得很重要"。而当你上网进行注册时，其同意条款就会出现在屏幕上的一个小窗口中。

显示的窗口中，就只能看到10行文字，但整个协议却实际上

---

① 《科学家们说，隐私保护规则减缓了科学发现，并增加了研究成本》，匹兹堡大学健康科学学院；罗伯塔·尼斯，医学博士，公共卫生硕士：《美国健康保险协会隐私保护规则对健康研究的影响》（《美国医学会杂志》，2007年）。

有54行那么长。在条款中还会有一条不显眼的细节：你同意西尔斯在你的电脑上安装软件，"监控电脑上发生的所有互联网行为……包括……加入购物车、填写申请表，或检查……个人财务或健康信息"。所以，你的电脑可能会把你的信用卡记录和艾滋病检测结果全部都发送到西尔斯控股公司，因为你早就说了"我同意"！

公平信息实践原则（FIPP）的五项原则，以及其背后的公开透明和个人控制的精神，一方面，无疑是带来了更好的隐私保护实践，但是，从另一方面来看，它们已经被数字时代的信息大爆炸、整个世界的不安全感，以及在日常生活中发生的所有社会和文化的变化给淹没了。印第安纳大学的隐私问题学者弗雷德·H.凯特几乎将公平信息实践原则描述成了一次彻底的失败：

> 现代的隐私法通常是昂贵的、官僚主义的、繁重的，而且对隐私的保护作用也出奇地少。它们用个人对信息的控制（实际上也没怎么做到）取代了对人们隐私的保护，但在当前这样一个通过信息技术、跨国商务和快速旅行而迅速变得更加全球化的世界里，数据保护的法律则变得更加支离破碎，偏向贸易保护主义发展的这些法律已经脱离了它们的原则基础，而且这些原则也变得更加多样化和程序化了，以至于我们就算继续吟诵公平信息实践的咒语，也无法掩盖这样一个事实，即这位皇帝确实已经没有什么衣服可穿了。①

在全世界，也只有像阿米什人（Amish）这样的小部分人仍然不使用

---

① 弗雷德·H.凯特：《公平信息实践原则的失败》，简·K.温主编：《"信息经济时代"的消费者保护》（阿什盖特出版社2006年版）。

电力设备。如今，没有互联网的生活就是非常奇怪的，但你每天在网上搜索、登录和下载都会留下你的"指纹"。而因为数字通信的取代，甚至那种老式的"无线电视"都正在快速地消失。

数字电视带来了可以随时进行视频点播的优势，但同时也有很高的隐私成本，因为电视服务提供商会记录下你所观看的一切，以及观看时间。当我们想看电视的时候，我们就能立马看到我们想看的节目，这确实是非常的吸引人，所以我们对于过去那些没有那么方便的时候，以及所有电视台还要用他们的电波来轰炸你房子的日子，一点也不怀念。虽然那时的我们不能选择听广播的时间和内容，但至少，没人会知道你在听些什么。

隐私是个人信息控制的一项权利

目前，隐私问题变得非常复杂，而且还一直受到来自同行、我们自己使用的设备、政府和企业营销人员的狂轰滥炸。比特无处不在，我们根本无法封锁它们，而且也没有人真的想去这么做。由此，隐私的含义已经改变了，而且我们也没有一个合适的方式来对它进行描述。它并不是一项让人们与世隔绝的权利，因为即使采用了最为极端的措施，也无法将我们"数字化的那个我"与世界的其他部分割裂开来。我们没有权利将自己的私人信息只归属于我们自己，因为世界上数十亿多到如原子般的信息，早已不能简单、单一地划分为私人或公共的了。

那我们会更喜欢哪一种世界呢？是到处都会留下数字指纹、不断意识到自己在被跟踪的这个新世界，还是没有数字足迹、更有安全感、不会被窥探的那个旧世界？可是，现在我们的世界再也无法恢复到以前那个信息封锁的时候了，这个问题还有什么意义呢？

在这样的一个世界里，隐私已不再是筑在人们周围的一堵高墙，而是可以被用来监管那些不当使用我们信息的人的武器。如果我把自己裸体跳舞的视频上传到 YouTube，那我就得承担一些后果。因此，正如沃伦和布兰代斯所说，个人必须为自己的行为负责。但在过去，社会已经为我们划定了界限，通常哪些事会与哪些决定相关，又会与哪些不相关。或许，正因为隐私的界限感变得如此千疮百孔，那我们就只能增强其使用的关联性了。正如丹尼尔·维茨纳所解释的那样：

> 新的隐私法应该强调信息使用方面的一些限制，以防止人们因为一些公开的信息而受到不公平的对待。例如，某位潜在雇主可能会找到一段某求职者进入一家艾滋病诊所，或者清真寺的视频，尽管这位求职者可能已经选择公开了这些事实，但新的隐私保护措施可以防止该雇主因为这些信息而决定不录用他／她，并对此类的信息滥用施加真正的惩罚[①]。

滥用信息的责任原则仍然存在。一些正在进行的研究为我们概述了一种可能的新网络技术——可以帮助我们确保个人信息在公开的情况下是被正确使用的。也许，被用来连接网络信息系统中数据的自动分类和推理的工具，也可以被用来限制网络信息的不当使用行为。然而，一场关于隐私边界的"战争"，很可能会沿着现有的言论自由的"战线"继续下去：这条边界线的两边分别是我有说出关于别人的事实的权利和我有不让这些信息被用来伤害自己的权利。在隐私问题上，数字大爆炸使得一切都变得非常不确定。

因此，保罗·欧姆提出了一个叫"废墟数据库"的概念：

> 在发达国家，几乎每个人都能与计算机数据库中的至少一个事实产生关联，而不怀好意的一方就可以利用这些事实进行敲诈、歧视、

---

① 丹尼尔·维茨纳：《超越保密：开放信息空间的新隐私保护策略》（《IEEE互联网计算杂志》，2007年9—10月第5期）。

骚扰，或者财务和身份盗窃。①

我们必须通过法律、技术和行为规范的结合，找到一个可以避免人们相互侵犯各自隐私权的方法。

而一些希望之光就来自各地的州议员，尤其是加利福尼亚州的议员，以及工程师们日益注意到的一种隐私文化。有一些公司的隐私条款通知仍然是做做样子，但另一些公司则让人觉得隐私是一种特有的产品功能，旨在为用户增加使用价值，并回应他们的隐私需求。

一直在线的"电幕"

在《1984》中，这种无处不在的侵入性技术是可以被关闭的：

> 当奥勃良走过电幕的时候，他似乎有了一个念头。他停了下来，转过身去，按了按墙上的一个开关。突然咔嚓一声，电幕的声音停止了。
>
> 茉莉亚发出了一小声惊讶的尖叫，而温斯顿也感到很惊慌，吓得一句话也没说出来。
>
> "你居然可以把它关掉！"温斯顿说。
>
> "是的，"奥勃良回答道，"我们可以把它关掉，我们有这个特权。是的，一切都被关掉了，现在只有我们自己了。"

有时，我们也仍然可以把自己的"电幕"给关掉——而且也应该这样做。但大多数情况下，我们却并不想这么做。我们不想变得孤单，我

---

① 保罗·欧姆：《隐私承诺的违背：回应匿名化的惊人失败》，SSRN学术论文（社会科学研究网）。

们想要和外界联系。我们发现让它一直开着是很方便的，可以到处留下我们的脚印和指纹，所以当我们再回来的时候就会被识别出来。当我们再登录一个网站时，我们不想要一直重新输入我们的名字和地址；我们喜欢餐馆能记住我们的名字，也许是因为我们的电话号码会出现在来电提醒中，并与他们数据库中的记录关联起来；我们也很愿意让商店知道自己的购买记录，只为了能够以1.95美元/磅，而不是3.49美元/磅的价格买到葡萄。或许，我们只想让自己能看到这些记录，是因为我们知道一些罪犯可能会对它们加以利用。我们在被这些"电幕"看的同时，也提醒了我们它们也在被看，而被"看"就意味着我们在被监视着。

我们并不在乎别人对自己了解得太多，或许因为这就是人类社会在过去的生活方式：在亲属群体和小型的定居地，了解其他人的一切是一种关乎生存的问题，所以一直让"电幕"开着可能就与我们几千年前慢慢习得的这种天生的偏好产生了共鸣。但如今，对于一个来自乡村小镇的人来说，隐私所代表的含义是与一个来自曼哈顿上东区的人截然不同的。

我们不知道一直开着"电幕"的代价是什么，而自愿服从这一切的危险性，恰恰与那些限制个人自由的独裁统治一样令人不安。正如罗伯特·法诺观察到的那样，隐私允许一定限度的社会实验——偏离社会规范的行为，而对个人来说，在公众注视下的偏离社会规范的行为要承担更大的风险，但这可能是（在过去也常常是）一个不断进步的社会变革的开端。而因为它总是开着的，所以我们可能就不愿意去尝试任何非规范的、因集体不作为而导致社会停滞不前的事情。

但事实是，现在要关掉它已经太迟了。我们也许曾经有过关掉它的特权，但现在再也没有了，因此我们必须用另一种方式来解决隐私问题。

数字大爆炸正在打破人们对"谁能知道什么"的旧观念，因此比特传输速度快，成本低，而且还能有很多个完美的拷贝。在过去，相对而言属于是公开的信息，例如法院的记录，你购买房子的价格，或者小镇报纸上刊登的故事，到如今全世界的人都可以知道。那些曾经是私人的、几乎没有一个人能获得的信息，例如医疗记录和个人快照，也可能因为人们的粗心或恶意而同样弄得尽人皆知，而我们的社会规范、商业习惯和法律都还没有跟上这种变化。

第四章

网络中的"看门人"

这里谁说了算

谁在控制比特的传播

当加拿大的电信工人工会正在组织反对泰勒斯（加拿大西部第一大电信公司）的罢工时[①]，在一家由一名泰勒斯的员工所运营的支持该工会的网站上，出现了一篇关于罢工活动被破坏的文章。接着，突然之间，所有泰特斯的用户都无法对该网站进行访问。泰勒斯的用户们可以获取到来自阿富汗和津巴布韦等地的数据，甚至也可以获取到关于某些交响乐团和色情内容的比特数据，但他们无法看到这一篇关于人们如何抵制管理层对罢工活动进行破坏的讨论。而泰勒斯的立场是，因为传送比特的电缆属于自己的公司，所以它可以自由选择是否对比特进行传送。

由此，该工会被激怒了，而法律专家们也感到十分困惑。很显然，泰勒斯是不能随意切断工会或其支持者的电信服务的，但是相关的法律是在互联网出现之前制定的。在这种情况下，泰勒斯有权擅自切断人们的互联网服务吗？此外，该公司承认自己还屏蔽了另一家网站telusscabs.ca，因

---

① 伊恩·奥斯汀：《加拿大一电信公司的劳资纠纷导致网站被屏蔽和审查问题》（《纽约时报》，2005.8.1）。

为该网站刊登了一些在罢工期间仍在继续工作的经理和员工的照片。泰勒斯解释说，他们觉得自己有责任要保护这些人的安全，所以屏蔽了这个网站。但事实证明，泰勒斯所屏蔽的网站远远不止这两个。作为网络服务提供商，泰勒斯不仅为前面的这两家网站提供服务，其他的网站还有766个，包括一个非传统医学网站和一个为乳腺癌研究筹款的网站。而令人意想不到的是，泰勒斯在成功屏蔽了两个所谓"违规"网站的同时，也同样对其他网站进行了屏蔽。

在确定没有任何威胁性的内容发布之后，泰勒斯才将屏蔽撤回了。但这一事件——以及其他类似事件，引发了一个问题，而且即使到了今天，这个问题也还没得出一个明确和被普遍接受的答案：是谁在控制人们使用互联网做什么？

互联网是开放的吗？

没有人应该是来负责管控互联网的。甚至，互联网就不应该是人们可以拥有或者控制的东西。它更像是一门语言，可以让不同的人用自己能想到的任何方式进行交流，就像是背诵诗歌或者唱歌。互联网就像"以太"一样，是一种无形的空间物质。在过去，物理学家们都认为"以太"一定是存在的，因为没有了它，光就无法从一个地方到达另一个地方。因此，曾经的互联网被认为是一种可以让任何人与任何人、从任何地方到任何地方的通信成为可能的媒介，但是控制人们之间的交流被认为是不可能的，因为根本没有"地方"可以扼杀它。那时，任何想要加入对话的人都可以自由地加入——只要你说的是互联网协议下的"语言"。

我们来看看亚历克斯·琼斯是不是也是这样认为的。琼斯是美国著名的阴谋论者——或者，他自称是"反'老大哥'的思想罪犯"，他在YouTube、脸书、领英和其他社交网站上都拥有大量的粉丝。数以百万计的人关注着他的每一句话，并将他所宣传的每一个怪异的谣言设置了自动推送，这样他们就能够立即用手机看到了。但后来，很多网站却突然屏蔽了他，比如苹果公司停止向用户提供琼斯的应用程序。如果你去网上查找的话，你仍然可以找到他的网站，但"品趣志"图片网站却不会向你推荐他的相关内容。

或者，我们可以问问美国的喜剧演员哈桑·明哈吉。他的一档名叫《爱国者法案》的节目通过奈飞公司（Netflix）发行了，于是他对于沙特王储穆罕默德·本·萨勒曼的批评言论几乎在世界各地都能看到，却唯独不能在沙特阿拉伯（这些言论最能够产生意义的地方）收看到。沙特政府要求奈飞将该节目的视频进行删除，并援引了一项法律：任何"通过信息网络或电脑生产、准备、传播或储存侵犯了公共秩序、宗教价值观、公共道德和隐私"的行为就是犯罪。虽然奈飞回应说，它支持艺术的自由表达，但随后还是下架了视频[1]。由此，我们看出明哈吉的艺术自由始终敌不过奈飞员工的个人自由，因为他们可能会因定义模糊的"资料传播侵犯了公众"的罪名，而被判处10年或以上的监禁。

我们还可以问问那些卖东西的人们。要知道，90%以上的互联网搜索都来自谷歌的搜索引擎，微软的必应排名第二，占比3%。所以，如果你想卖一些小部件，但当人们在网上搜索"小部件"时，你的店却不在搜索结果的第一页，那就很难引起人们的注意了。正如律师加里·里贝克所说："谷歌就是万维网的看门人，是我们所知的互联网的看门人。如今，其作为看门人的重要性，丝毫不亚于约翰·D.洛克菲勒垄断石油的时候。"[2]而谷歌则为自己辩护说，它并不是垄断企业，因为亚马逊的搜索结果也会影响人们的购物结果（谷歌可能已经注意到，这一点尤其重要，因为亚马逊会给自己喜欢的产品标记"Amazon Choice"徽章）。然而，谷歌的这一番辩护只能说明，目前的"看门人"的数量还很少，即使肯定是大于一家

---

① 吉姆·鲁腾伯格：《奈飞向沙特审查者低头，以牺牲言论自由为代价》（《纽约时报》，2019.1.6）。

② 史蒂夫·克罗夫特：《谷歌是怎么变得这么有影响力的？》，CBS新闻。

的。也许世界上有1000家小型企业在制造和销售各种小部件，但是只有少数出现在第一页搜索结果页面上的企业，才有可能获得任何在互联网上的订单——他们正在与更大的一些公司竞争知名度。

或者，我们还可以问问在美国蒙大拿州布朗宁城里的任何人，看看他们是不是有人可以使用互联网与其他人交流。在那里的黑脚印第安人保留地，只有0.1%的人口拥有高速的互联网。这里的贫困率高达35%，且家庭年平均收入都不到2.2万美元[①]，最便宜的任何类型的网络连接速度只有10兆比特每秒，但花费却接近780美元一年[②]。而在美国的大多数城市，从互联网获取比特数据就像打开水龙头一样方便，芬兰和日本也是如此。在私人的互联网供应商有利可图的地方，或是将互联网建设作为公共政策的地方，互联网所提供的服务才是丰富多样的。而在布朗宁，这两种情况都不成立，所以那里几乎没有什么互联网服务。

抛开所有关于互联网的历史、理论和潜能，现实的情况是，少数的公司和少数的政府对于大多数人实际能在互联网上看到的内容，以及他们可以利用互联网做的事情，都施加了极大的控制。但是，如果这些企业和机构没有提供一个可以帮你传送信息的基础设施，或者他们一点也不重视你所看的广告，你所阅读的新闻，或者你所抒发的政治讽刺，那你就会像一个人在无垠的荒野中喊叫一样，即使有人可能会听到你在说什么，但可能不会有很多的人。而这一切都与互联网最初被设计的目的背道而驰——互联网已经从一个曾经由政府资助的、具有无限潜在用途的开放系统，逐渐发展成了一个由少数私人企业几乎垄断其各个主要方面的系统了。

在本章节中，我们将重点介绍三种类型的互联网"看门人"。第一类是比特数据在传送时，控制住了需要经过的数据管道的人，我们称之为

---

① 布朗宁城，蒙大拿州，数据美国网站。
② 《蒙大拿州布朗宁城的互联网供应商》，"今日宽带"网站。

"连接看门人"；第二类是控制住了我们用来在网络上查找东西的工具的人，我们称之为"搜索看门人"；第三类则是控制住了人们在网上的社会联系的人，而对我们很多人来说，互联网最重要的用途就是进行社会联系了，因此我们称之为"社会看门人"。

"连接看门人"控制着比特数据通过的物理媒介，而"搜索看门人"和"社会看门人"则控制着这些比特数据所表达的内容——也就是说，他们是"内容看门人"。但他们之间的区别并不像看起来那么明显，例如，"连接看门人"也可以对网络内容进行审查，或者挑选某些它更为喜欢的内容和客户；如果"内容看门人"认为抵制"连接看门人"的几乎垄断的控制对他们有利的话，他们也可能会进入"连接"的市场——不管整合"连接"和"内容"的控制是否会符合更广泛的公众利益；还有，"社交看门人"也可以在他们的社交平台上增加搜索功能，以削弱"搜索看门人"近乎垄断的控制。

在美国，所有这三种"看门人"的角色都主要掌握在私人机构的手中。而在世界的其他地方，政府则承担了一些"看门人"的角色。关于互联网应该是由私人机构提供服务，还是由公共机构提供服务的这场争论，令人感觉再熟悉不过了，因为几乎从互联网诞生之初就有了这样的争论。其中有一个熟悉的说法是，私人机构之间的竞争不仅可以压低成本，还可以提高互联网的服务质量；但其他人却认为，由政府进行整合的互联网服务能带来的规模效益，可以减少由于互相竞争而引起的负面影响；还有一种说法是，政府应该为人民提供普遍受益的基础设施，可以通过一般税收，而不是私人进行购买，它应该像公路和邮件的服务一样，平等地向所有人提供"以太"。但是，这种类比就只能带来一个问题，那就是互联网的服务是否真的像公共道路一样，即任何人都能在上面开车；或者它是否真的像有线电视或电影院一样，在城市的人会比农村的人更加便捷地使用，因为后者往往没人愿意支付相应费用。

对于这些问题，其各种可能答案的最终结果都是复杂的，并在某种程度上取决于公民和经济目标的基本问题。一方面，政府在美国以外地区对电网本身进行的大量投资，使得某些民主国家和不民主国家的网络连接性能都得到了很大的改善。而人们关于政府应该如何进行投资，以及如何对互联网进行监管的争论，并不会比政府参与邮政、电力、电话服务、教育或医疗服务的故事来得简单。在我们快速讲完了开放的互联网是如何落入一些"看门人"的寡头控制之后，我们要思考这样一个问题：我们将会身处于一个怎样的社会之中？如果我们能为此做一些事的话，又该做些什么呢？

接下来，先让我们从互联网是如何工作的开始讲起吧！

连点成线：可用于分享和生存的网络设计

如今的互联网起源于阿帕网（ARPANET），它是20世纪70年代美国国防部（DOD）的一个计算机网络项目。通过其高级研究计划署（ARPA，即后来的DARPA），美国国防部直接或间接地为许多学术实验室和国家研究实验室提供了当时最为先进的机器。然而，高级研究计划署却有两个担忧。

其中较为乏味的一个担忧是：他们在全国各地购买了一些又庞大又昂贵的计算机，但在一个地方未充分利用的计算机也无法满足在其他地方的研究人员的需要，所以每个研究人员都想要尽可能大的计算机，结果就有很多计算机根本没有得到最大化的使用。当然，科学家们还可以把自己的数据拷贝在磁带上，然后再空运到全国各地去使用计算机，但是这种不对"原子"进行运输就无法运输这些比特的方法还是太麻烦了点。因此，高级研究计划署就希望能通过将他们所资助的那些计算机进行联网，以提高其利用率。

而另一个担忧，则直指美国军事任务的核心。美国国防部一度很担心，如果在核战争中有一些关键建筑被摧毁的话，那身处偏远地区的基地和舰船可能就无法进行通信了。在20世纪60年代早期，人们担心的是当一些关键的通信交换中心被攻击之后，电话网络是否还能正常运作，因为这些通信交换中心是许多长途电话线相互连接的地方。

当时，研究人员保罗·巴兰研究了去中心化网络的性质。在这种网络中，有许多结点，每个结点只与少数几个其他的结点相连（相比之下，电话网络由少量中央交换站组成，它们与客户相连，就像把轮毂与轮辋连接起来的辐条一样）。在巴兰提出的网状网络中，任何两点之间都会有许多路径，因此去掉任何一个连接点都不会阻止其他点之间的通信。巴兰设想了一个不规则的连接点方案，就像他在1962年论文中的这幅插图所示[①]：

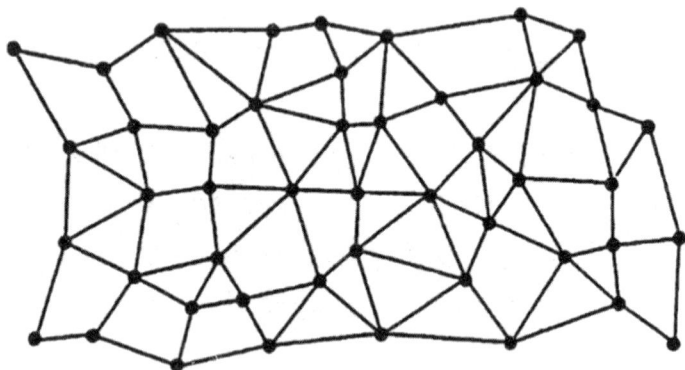

巴兰还提出了第二个很重要的想法：如果一个连接点被关闭了，那就可以找到另一条不经过它的路线，只要该连接点本身不是通信的终点。通过正确设置各个连接点的分布，两点之间的通信就可以建立在特定的路径上。但是，如果去掉该路径上的任何一个点就会中断此次通信，就算是任何一个中间点的普通硬件故障了也会如此。因此，即使某个网络组件以某种无法预测的方式故障了，那要如何保护个人通信的完整性就显得很重要了。

---

① 保罗·巴兰：《分布式通信网络》（兰德公司，圣莫妮卡，加利福尼亚州，1962年9月），此图片已经许可后转载。

巴兰提议将通信分割成小块的比特，也就是我们今天所说的"数据包"。除了"有效载荷"——通信本身的一个片段，该数据包会承载一些可以识别信息来源和目的地的信息（就像邮政信上的地址信息），以及一个序列号，以便目标节点可以再以正确的顺序进行重组（如果它们到达目的地时，顺序被打乱了的话）。而有了"信封"上的这么多信息，包含单个通信的数据包就不再需要遵循相同的路径。如果网络的一部分发生了故障的话，网络节点就可以将数据包引导到不同的路径上。要让所有的这些工作都能顺利地进行并不简单，比如说，网络节点要如何知道该往哪个方向发送数据包呢？但原则上来说，巴兰的网状互连和分组通信的想法已经可以满足国防部的军事需求了。

互联网协议：如何与陌生人握手

在阿帕网投入使用并连接了几十台计算机之后，人们开始清楚地认识到，真正需要连接的不是个人计算机，而是现有的计算机网络。不同的计算机联网方式可以共存，只要该网络是用一些共同的语言相互通信即可。

在20世纪70年代和80年代，不同类型的计算机网络确实存在，而且每一种都使用着不同的计算机公司的各自标准。国际商业机器公司（IBM）有自己的系统网络架构（SNA），迪吉多数字设备公司（DEC）有数字设备公司网络（DECnet），阿波罗计算机公司则将机器以环状连接起来，而不是以树枝状或网状结构连接。每家公司都吹嘘着其网络方案的优点，其中的一些声明对于特定的使用情况确实是有效的，但是没有任何一个制造商试图让他们的机器与其他制造商的机器进行相互操作——直到高级研究计划署宣布他们将不再购买任何计算机，除非它们可以互联。继阿帕网的成功，文顿·瑟夫和罗伯特·卡恩设计出了计算机网络互连协议[①]，换句话说，就是他们两个设计出了互联网。

---

① 文顿·瑟夫，罗伯特·卡恩：《分组网络内部通信协议》（《IEEE通信汇刊》，1974年第5期）。

互联网就是它本身的一种"协议"。互联网并不是一台机器，也不是各种机器的集合，它当然也不是什么软件，而是一套规则。任何个人或组织都可以创建出符合这些规则的硬件或软件，并让它们成为互联网的一部分。

　　这里的"协议"指的是相互通信的一种约定俗成。就像人们见面时都会握右手一样，让每个人都用握左手的方式互相问候也是同样有效的，但是用右手握手的既定惯例就使得陌生人不需要事先调整也可以互相问候。因此，互联网协议就是不同的网络互相"握手"，并将信息从一个网络传递到另一个网络的约定。每个网络都可以在内部按照自己的意愿运行，而只有当网络需要连接在一起时，互联网协议才会变得有意义。

　　将阿帕网变成分组交换网络的决定，大大地简化了互联网的设计。网络通过称为"网关"的多个连接点之后，就可以连接到互联网了。如果网关行为正常，信息就会通过它；如果它的行为不正常，也并不会造成任何的伤害，除了会在互联网中切断该网络的连接。计算机或者计算机网络并不需要任何许可才能加入互联网，如果它遵循了互联网的标准，那它就可以被其他网络所理解，同时也可以理解传输给它的信息。

　　当我们再来看今天的互联网时，会觉得它非常的多样化和复杂：如此多不同种类的内容，如此多不同种类的设备，以及如此多不同种类的连接方式，但是，它们统统都只建立在一个单一的协议之上，那就是众所周知的互联网协议（IP）。IP的工作就是将一个大约1000比特的数据包从通信网络的一端连接到另一端。而在这个过程中，传输的比特可能会包含一些错误，毕竟从实际上来说，没有什么东西是能一直完美地工作的，但是该错误是能被识别出来的，如果有必要的话，还可以对其进行相应的处理。为了使数据包通过网络，IP会以斗链式的方式被重复使用，当每个交换点接收一个数据包的时候，就会对其检查，然后再将它们发送到下一个预定的目的地。

　　互联网设计的简单性，使其在协议之上再构建新的协议成为可能，并可以扩展互联网的实用性。互联网最早是用来远程登录分时使用的计算机，以便将文件从一个地方传输到另一个地方，以及收发电子邮件。所有的这些服务都要求数据必须毫无错误地到达目的地，但不一定是即时到达。当时，没有人会注意到文件传输或电子邮件的传递是否会需要额外的几分之一秒，但是，在整个传输的过程中，一个比特从0转到1可能会带来灾难性的后果。因此，为了避免这种传输错误，人们便开发了一种新的协议，以确保从源头发送的数据包能被正确地接收，并且能按正确的顺序重新排列。考虑到网络中间节点的不可靠性，于是就需要在源头端和目的端都进行一些记录，所以，当一个数据包一旦被接受，就会从目的端向源头端发送一个特殊的数据包进行确认。而在源头端会运行一个计时器，如果在计时器归零之前都没有发送用以确认的数据包，那么源头端就会认为该数据包丢失了，于是就会重新进行发送。

这当中的细节是更为复杂的，但它们并不会影响我们对整个网络系统运作的理解。而结果就是，只要尽最大努力将数据包传递到目的地，那么发送出的任何消息都将以完美的顺序被接收到，而能够确保这种完美传输的协议，就被称为传输控制协议（TCP）。因为在网络中单个链路上移动数据包的底层协议是互联网协议，于是传输控制协议/互联网协议就成为使可靠通信在不可靠的网络上成为可能的一对合作协议的日常名称。

由于加入互联网并不需要规则，于是人们自然就会想到IP网络中"尽力而为"的数据服务是否能够做到。流氓行为者是否可以通过添加一些数据用来丢弃或误导数据包，而非将数据包传送到目的地的连接点来破坏整个网络呢？的确，这是有可能发生的，但是相邻的交换点最终会意识到该数据包没有被传送，然后就会开始避开有流氓连接点的路径。互联网路由通过学会避免麻烦点来进行自我修复——不仅是在硬件故障的情况下，而且还在遭到恶意攻击的情况下。因此，互联网是越大越可靠的，进而变得更加互联。

互联网之所以能发挥作用，是因为一旦有足够多的网络同意以既定的方式进行连接，由于危险分子的数量较少，所以它们实际上可能会被

"冻结"起来，无法进行破坏。

除了路由信息和有效负载，数据包中还会包括一些冗余位，以帮助错误的检测。例如，可以在每个数据包中添加一个额外的比特，这样一来，所有被传输的数据包中都会有奇数个数1的比特，而如果一个数据包是以偶数个数的1比特到达了目的地，那它就会被认为是在传输中被损坏了，然后就会被丢弃，以便发送方将其重新发送。这些额外的比特并不能保证被接收到的每个数据包都是完全正确的，但它们确实能在极大程度上保证数据的正确传输，而且从实际的角度来看，这一过程足以使传输源里出现未被发现的错误的可能性，小于会发生重大灾难的可能性，比如流星撞击地球。

作为"尽力而为"的数据包传输协议，IP也可以用于不那么完美，但是可以快速地传递消息的情况。举个例子，想想互联网会如何被用来传达语音通信，比如电话？语音信号可以被切成一个个时间小段，然后每一小段在数字化后通过互联网进行发送，但在这里使用的并不是TCP，因为它只能保证完成传输，而不能保证其及时性，所以这里使用了另一种协议，叫作用户数据包协议（UDP）。用户数据包协议可以接受一些数据包的丢失，以增快其传输的速度。因为我们说话时的语音语调的变化是非常缓慢的，所以就算电话通话的数据包被打乱了一些，甚至有些还被完全省略了，也不会导致通话内容变得难以理解——只要数据包是以正确的速度到达的。

还有许多其他的协议被设计用于其他目的，并在这些目的之上，使用传输控制协议和用户数据包协议一起执行更为复杂的通信任务。例如，超文本传输协议（HTTP），就是为了用户计算机上的网络浏览器与世界上任何地方的一台网络服务器之间的通信而设计的。超文本传输协议依赖传输控制协议基于位置信息（如 lewis.seas.harvard.edu）进行网页检索。因此，即使是在不知道TCP任何运作细节的情况下，任何人都可以建立起一个可以对相应网页发送请求的网络服务器。

谁来管理整个网络？

在互联网中，并没有网络警察会强迫任何人将他们的数据包格式化为传输控制协议、互联网协议、用户数据包协议或其他协议规定的格式，如果你把源头端的地址调换成了目的端的地址，也没有人会把你赶出互联网，反之亦然。如果你的数据包格式不符合标准，那它们只是不会被投递，或者即使被投递了，其信息也会被忽略掉。

然而，互联网确实存在一些管理机构，其中一个就是互联网工程任务组（IETF），专门为各种互联网协议建立相应的标准。互联网工程任务组是一个了不起的组织，任何人都可以加入其中，并且该组织会基于"粗略的共识和运行的代码"来作出决策。早些年，互联网工程任务组会在一个房间里开会，成员们会通过"嗯"一声，然后就确定了一个"粗略的共识"。对每个人来说，投票结果是显而易见的，而且某些个人的偏好在一定程度上也能够保持匿名，因为在这么一个庞大的群体中，人们很难分辨出是谁"嗯"了一声，而谁又没有。对于互联网协议的大多数改变，都是在做增强和添加工作，并不会改变任何已经在运作的东西，所以它们也很少需要在一定时间压力下作出正确的决定。有时，IETF也可以推迟某个决策，让人们修改好自己的提议后，再进行更多的讨论，以等待真正的共识形成。

因此，互联网的设计是"开放"的，任何人都可以参与其决策的过程。这是不是让你想起了20世纪60年代的公共乌托邦主义？那就对了。IETF早期的成员大卫·克拉克有过一句名言："我们拒绝一切的国王、总统和投票，因为我们相信粗略的共识和运行的代码。"——而这里的最后一个短语，表明了工程师们更喜欢概念验证而不是概念本身[1]。当然，一旦互联网被广泛使用，你就需要做很多说服工作，以改变一些对于大多数人来说已经是很重要的事情，这样才能达成共识。但是，如果你和我

---

① 皮特·雷斯尼克：《IETF中的共识达成与"嗯"一声的表决》，互联网工程任务组。

相隔半个地球，然后我们决定要为（比如说）跨太平洋的木琴二重唱开发属于自己的秘密协议，那我们就可以很高兴地为我们的电脑编程，让它们交换IP数据包，而其他人却不知道是怎么做的。IETF在一份宗旨声明中解释了它的作用：

> 当IETF获得某个协议或功能的所有权时，它便接受了该协议在所有方面的责任，即使有些方面的功能可能会很少或从未在互联网上看到。反之，当IETF没有对某个协议或功能负责时，它便不会试图对其施加控制，虽然有时它确实会影响到互联网。[①]

这是一个值得我们注意的声明，因为它说明了在互联网的应用中，"信息高速公路"是一个非常糟糕的比喻——如果互联网是一条高速公路，那么在这条公路上，机动车就要自愿遵守一定的交通规则，这样他们才可以安全地与别人共享这条高速公路，但是，骑自行车的人和滑滑板的人也可以使用这条公路——尽管他们要自己承担风险。

从另一个方向上来看，互联网也是开放的。正如IP作为整个协议层次结构的基础层，它本身是一个逻辑协议，而不是物理协议。互联网数据包可以通过铜线、光纤电缆或无线电波进行传输，就像当一个普通的个人电脑用户在亚马逊上买东西时，这些被下单了的包裹信息就会在你和亚马逊之间来回穿梭，从你的电脑到你的无线路由器，到你的网络服务提供商，再通过互联网，最后到亚马逊的企业网络和亚马逊的某一台电脑。每当工程师们想出了一种可以通过物理媒体移动比特的新方法时，他们也就可以开发出一种能在该物理媒体上运行的IP。理论上，甚至还有一种信鸽协议可以用来实现互联网协议。

互联网协议是一种可以让所有数据包都能通过互联网的格式，它的作用就像无处不在的120伏插座的设计一样，有三个特定形状和尺寸的

---

① 哈罗德·特韦特·埃尔弗斯特兰德：《IETF的宗旨声明》，互联网工程任务组。

孔。插座一侧的电源可能来自数百英里外的水电站，几英尺外的太阳能电池板或者蓄电池，但只要该电力是符合使用标准的，那插座就能发挥其作用，而插在插座上的设备可以是冰箱、牙刷、吸尘器或牙钻等。

只要这些设备配备了正确的插头，并且被设计成可以在标准交流电下运行的格式，它就能正常工作。同理，互联网协议就充当了应用程序和物理媒体之间的通用中介。

事实上，正是因为有了互联网协议的标准化，如今的互联网才能够有如此之多的用途，而且这些用途都是在最初建立互联网时没有预料到的。比如，视频会议软件（Zoom）和视频通话软件（Facetime）——通过实时音频和视频让人们可以进行交流的互联网应用程序，都是建立在互联网协议基础上的，尽管在最初的互联网设计中完全没有这类服务。互联网电话系统Skype的发明者——一小群斯堪的纳维亚和爱沙尼亚的工程师们，也只需要对IP稍作调整就可以达到他们的目的。而且，不需要向IETF或者任何其他权威机构申请许可，他们就能开始Skype，并鼓励其他人付费使用Skype。

互联网没有"看门人"？

很久以来，人们都会认为"互联网没有'看门人'"的说法是言过其实的，然而现在，这种说法似乎越来越贴切了。我们很快就会发现，在一些国家，政府是主要的"看门人"，而在其他一些国家，像美国私营企业则承担着"看门人"的角色。接下来，我们会从长期存在的一些"看门人"形式开始说起。

从姓名到电话号码：你的地址是什么？

首先，网络生活中的第一个事实是，如果没有人能够找到你，那你"上网"就没什么用处。每一个通过互联网的数据包都会有一个数字地址，所以一些实体必须将其符号名称（比如 cornell.edu 和 skype.com）转换成相应的数字，才能跟踪到哪些连接点带有哪些数字。

互联网名称与数字地址分配机构（ICANN）是一个负责规定互联网标识符系统的机构，比如，它可以规定哪些数字地址分配给康奈尔大学，哪一些又是分配给澳大利亚的。互联网名称与数字地址分配机构负责出版了一本电子数字地址号码簿，任何人都可以向 president@cornell.edu 发送邮件，或是通过检索某个网络页面，例如 http://anu.edu.au（澳大利亚国立大学的主页），从而知道正确的数字地址。而从字母到数字的转换表，就保存在域名系统（DNS）服务器上，其他的计算机在 IP 数据包进入互联网之前，为了查找到相应的数字地址并将其插入"目的端"字段，就需要查阅域名系统服务器。如果说互联网会有一个漏洞的话，那就是对域名系统服务器的控制了。那岛国图瓦卢有自己的互联网一级域名吗，就像澳大利亚的域名是 .au 一样？（确实是有的——而且还非常有价值，它的域名是 .tv。图瓦卢在过去是靠卖邮票赚钱，而现在，就可以通过允许像 twitch.tv 这样的视频网站使用其域名扩展名而获得一些收入）那又是谁来决定可口可乐（Coca-Cola）是否有权使用 cocacola.com 的域名，或者 cocacola.sucks 呢？而像此类高风险的问题引发了政府和很多跨国公司的强烈兴趣，倒是也不足为奇，毕竟这类问题一般没办法用匿名"嗯"一声，或者任何类似的具有包容性的方式来解决。

尽管如此，这些类似的"领土争端"也能在不用诉诸武力，或是破坏网络结构的情况下得到解决。事实上，从 1969 年第一批连接到阿帕网的计算机开始，互联网所连接设备的数量已经增长到了今天的数十亿台，而在原则上，它们中的任何一个，都可以连接到其他任何一个[1]。而互联

---

　　① 互联网协议数据包的设计是在计算机大规模地小型化之前确定的，那时计算机的内存有限且成本也很高昂。在当时，没有人想到今后会需要将超过 40 亿台计算机连接到互联网上，所以地址字段只保留了 32 个字节。但现在，连手表和冰箱都有了自己的互联网协议地址，联网计算机的总数超过了 32 位可以区分的范围。不过，各种变通的方案也已经被开发出来，比如一种新的协议 IPv6 正在慢慢推出，它就有 128 位字节。

网上更为严重的"看门人"问题则存在于其他地方。

连接看门人：负责连接

如果你连不上网络，那互联网对你来说就毫无用处。

当你从波士顿出发，一路开车向西穿过美国北部，最后再到达爱荷华州，你会突然发现，超市熟食柜台上的食物变成了多种多样的明胶沙拉，包括各种切碎的水果、五颜六色的层次和奶油浇头。有时候，这种明胶还是用鱼或肉做成的。这股明胶的潮流席卷了大平原地区和落基山脉一带，但等你开下"斜坡"时，一切就又变了。当你到达太平洋地区时，你会发现吉露果子冻（Jell-O）主要是为儿童和医院病人准备的，但在美国内陆的农村地区，人们对吉露果子冻混合物的喜爱是非常普遍的，以至于这些食物会经常出现在沿海地区和城市里的超市收银台上的美食杂志封面上，尽管来超市里购物的人并不希望买到这样的东西。而在沿海和城市里的精英人群中，明胶沙拉则会被认为是过于简单的食物。

现在，美国中西部人对于明胶沙拉的喜爱正在消退，因为美国的食物文化，就像美国的其他文化一样，正在变得地理同质化。在一些地区，奶奶牌的明胶沙拉食谱会像手工制作的草帽和印花布连衣裙一样被人们记住——但在更为先进的时代，这种属于过去的农村手工制品就显得格格不入了。但是，明胶沙拉并不是人们用有篷马车带到西部去的，这是不可能的，因为制作明胶是需要冷藏的。因此，它们是20世纪技术革命——农村电气化的副产品。明胶沙拉在农场里被认为是一道美味，因为如果你的农场没有电，你就无法制作它们。所以，能做出明胶沙拉的人家就说明有电泵和电灯，但是，能做出吉露果子冻则证明你拥有更为先进的技术。

电力的传输和通过电线或电缆传输比特的经济原理是相似的。长距离铺设电缆是很昂贵的，如果其线路终端的客户数量很少，那么铺设电缆就会很不划算。此外，如果有很多单独住宅分布的距离很远，那么给它们通电也是很昂贵的。反之，为城市铺设电缆的利润就要高得多，因为一旦线路被铺设到各个街道上，那该街道上的每一家住房就能成为一位客户，而且主线路到每位客户家里的距离往往也很短。因此，我们会发现城市都会首先实现电气化，其主要用于街道照明，也就是说，并不需要在私人建筑内安装电线。而电力的其他用途——室内照明、冰箱、洗衣机、洗碗机和收音机，其实都是街道照明的衍生物。时至今日，当你在波士顿芬威公园附近的灯塔街散步时，你就会经过一座写着"爱迪生电气照明公司"的建筑。

如果说在美国全境铺设电缆，只是为了让人们都能吃到吉露果子冻，那就太没道理了。而且事实上，当第一盏电灯亮起的时候，还没有像家用电冰箱这样的东西存在。家用电力，就如乔纳森·斯特兰所说，是一门"生成技术"。[①]一旦电力的基础设施就位，富有创造力的人们就开始设想它的用途，并依赖基础设施开发出了很多全新的技术。而在这个过程中，一些老旧的工业消亡了，曾经从中获利的人们都付出了巨大的代价。到了今天，"冰盒"最多也就是人们对于冰箱的一个怀旧短语了，但在一个世纪以前，"冰盒"背后是一个巨大的产业，当时的人们纷纷将冰冻的湖面切割成块，再运输到很远的地方去，然后分发到每一户美国家庭。因此，生成性的技术，同时也是一门具有破坏性的技术。

互联网普及的过程，与电力普及的过程其实是大致相同的。照明就是电力的"王牌应用软件"，而明胶沙拉则是电网里的"喵星人视频"。然而，美国在互联网方面的经历却与在电网方面的经历截然不同。

美国的电气化发展非常迅速，而且遍布全国，但如果没有联邦政府的积极推动，这种快速建设是不可能发生的。在偏远地区铺设电缆是无利可图的，如果竞争对手为同样的客户再铺设一条电缆，那就更无利可图了。所以，在城市里，电力资源是很容易就可以得到的，但是在偏远

---

① 乔纳森·斯特兰：《互联网的未来——如何阻止它》（耶鲁大学出版社 2008 年版）。

地区，要想获得电力的话，成本就会非常的高。

当富兰克林·罗斯福离开纽约和华盛顿特区，来到乔治亚州的温泉镇进行疗养时（为了减缓瘫痪做一些水疗），他发现两个地方的电价存在很大的差异。于是，他便在温泉镇提出了《农村电力法案》，并于1936年签署其成为法律。这一举措不仅促进了电力的普及，还促进了普通消费者对于电力使用新方法的发明。

在20世纪20年代早期，只有不到1%的美国家庭有电可用。而在《农村电力法案》签署6年后，虽然是在可怕的经济衰退之后，也有一半的美国家庭实现了电气化。到了1960年，几乎整个国家的人都用上了电。

如果要对互联网的普及和电力的普及进行一个合理的比较，那我们就需要定义一下所用的术语。要知道，传送到每户家庭里的电都是已经被标准化了的：在美国，人们使用的电是交流电，频率为60赫兹，电压为120伏。这些电力标准就类似于互联网的IP，它们保证了同样的电器可以插在全国任何地方的插座上。

此外，电力还有另外一个重要的参数：电器或家庭使用的电量。电量的使用频率也被称为功率，用瓦特或千瓦（千瓦特）来进行衡量，而所使用的电量则以千瓦时为单位，千瓦时是指以1000瓦的速度使用电一小时所消耗的电量。因为电气标准是被统一规定的，所以家用电路只能处理大约2000瓦的功率，如果你使用的电器超过了这个功率值，断路器就会跳闸，而如果没有保险丝或断路器的话，你的电线可能就会熔化。当住户想要使用更多的电器，或者功率更大的电器时，比如空调或热水浴缸，那么房子里的旧线路可能就需要进行升级。另外，升级的好处在于，新电器的耗电量往往要比旧电器少，因此每户家庭的平均耗电量也不会增长得很快。但实际上，负责供电的电力公司有时可能不得不升级其配电网以满足人们的需求，但在电费的压力和联邦标准的合作下，因为整个城市或社区的电力不足而出现"大面积停电"的情况一般是很少见的。在美国，电力在很大程度上是一个监管做得很成功的行业。

像电力的功率一样，互联网的"功率"就是"比特率"，但在这里互联网和电网就会开始产生非常明显的区别。互联网连接的供应几乎完全被掌握在私人机构手中，只有很少的部分是由政府监管和支持。正因为几乎没有任何激烈的竞争，因此消费者也无法选择使用更好的网络供应商。虽然互联网服务的垄断者们提供了不同网速的选择，但更高网速的价格会昂贵到离谱。总之，大多数互联网服务供应商并没有向人们提供高速的互联网服务，而是在试图让我们相信自己已经有了这样的服务，政府只是在帮助他们进行欺骗，不是督促他们改善服务。

瓶颈在哪里，什么才算是"高速"？

比特完成传输的速率——举个例子，从某处的网络服务器到你的家用电脑上运行的浏览器，或是从你的办公室电脑到伦敦总部的视频聊天室，是所有连接中速度最慢的。通过链路进行传输的比特率会受到一些物理参数的影响——组成链路的铜、玻璃材质的电特性或电磁特性，以及当前的流量大小影响。如果你的网络通信有自己的连接，那它就可以利用所有比特在每秒内作为通信媒介的能力，但如果它必须要与其他100万起传输共享这个容量，那你就只能得到百万分之一的速率了。

再来想想，当你用自己的电脑从属于某个大型公司的服务器上检索网页时的情形：首先，你的请求必须到达公司的服务器，然后，包含着网页的数据包要再返回到你的个人电脑上。而经过极大的简化之后，你就可以将在网页请求中的比特想象成做了一次"三级跳"——它们必须从你的电脑跳到房子的外面，然后再从你的房子跳到主干网上，即纵横交错的长途电缆，最后再穿过数百或数千英里的主干网。从你的家到主干网的连接，通常会被称为"最后一英里"。原则上，同样的层级结构也会在通信的另一端发生，除了像亚马逊和谷歌这样需要巨大容量的公司，他们都是直接连接到主干网上的。如果你正在与一个坐在家里使用电脑的人进行通信，那么这些比特就不得不通过"最后一英里"到达那个人的家里。

在室内，大多数人会选择使用Wi-Fi，即一种短距离的无线电通信。最新Wi-Fi技术的网速可以达到千兆比特每秒，但实际上，由于某些干扰或障碍，其连接速度可能会慢一些。因此，很多高级用户仍然会选择用网线进行连接（使用以太网电缆），而不是无线连接。

不过，如果最后一英里的有线传输速度很慢的话，那么稍微慢一些的无线速度可能就已经算够快的了。在美国，几乎可以肯定地说其网速就是很慢的。以全球的标准来看，美国所谓的"高速互联网"根本就不存在。

互联网的主干是由光纤电缆组成的。光纤是一种神奇的物质，其玻璃本身具有几乎可以无限承载信息的能力。而它的实际容量不会受到玻璃的限制，而是会受到在交换点连接网络的电子设备的限制。虽然电子技术还是在不断更新的，但光纤一旦被安装好，就永远不会再更换了（除非它坏掉了——例如，被一艘拖网渔船钩住了）。[1]

在世界的一些地方，最后一英里是用的光纤传输，所以那些令人惊讶的信息承载量可以一下子直接踏入每户家庭和企业的大门。在新加坡和瑞典，几乎每个人都能以每秒数十亿比特的速度接入互联网，而相比之下，只有大约15%的美国人家里有光纤连接，而且这个比例也并没有上升的趋势。我们中的大多数人还在通过传统的电话线路进行网络连接，也就是所谓的数字用户线路（DSL）服务，或者通过安装用于收看有线电视的同轴电缆进行网络连接。甚至在一些地方，DSL服务也因为无利可图而被逐渐淘汰了。显而易见，电缆和电信运营商已经有效地在地图上划分了他们各自的区域，所以只有很少一部分地方的消费者可以在电缆和数字用户线路服务之间进行选择，更不用说能提供多种电缆服务了。

其实，互联网本身是无法直接与你的家、办公室或手机进行连接的。

---

① 关于光纤的更多完整叙述，请参见苏珊·克劳福德的《光纤：即将到来的技术革命——为什么美国可能会错过它》（耶鲁大学出版社，2018年版）。

人们并不是直接把他们的设备连接到互联网上，而是连接到互联网服务提供商（ISP）。由于互联网数据包可以在各种物理介质上进行传输，所以在原则上，只要你进行付费，那么你想在家里安装多少个用于数据包传输的ISP，都是可行的。然而，现实情况却有所不同：在美国，你的家庭ISP大概率都是由美国电话电报公司（AT&T）、时代华纳有线公司、康卡斯特/无限通信、威瑞森或者特许通信公司（Charter）等公司提供的。你的ISP选择之所以会这么少，是因为它们要么是电信公司，要么是有线电视公司，也就是说，它们会利用已经迁到你家里的（用于提供电话或电视服务的）电线或光纤电缆进行网络连接服务。当然，无线上网也是可以的，但它所指的不是让你的电脑先连接到路由器Wi-Fi，然后再由路由器连接到你的ISP，而是直接通过无线和ISP进行连接。而在没有有线连接的农村地区，人们会通过卫星连接上网，虽然卫星互联网又慢又昂贵。移动电话则是通过蜂窝电话网对互联网进行连接，但是蜂窝电话网对于家庭网络的使用来说却不是一个可行的选择。现在，还出现了所谓的5G无线信号，也被称为互联网连接的未来，但它只能进行短距离的传输。所以，5G基础设施只有在人口密集的地区才有可能实现，因为在这些地区安装很多的5G中心会比较划算。

美国人正被所谓的"高速互联网"的广告狂轰滥炸，但事实上，即使是政府对于"高速"的定义也是具有欺骗性的。美国上一次网络提速是在2015年，当时还是美国联邦通信委员会（FCC）不顾互联网服务提供商的反对，才将网速从4兆比特每秒（mbps）提高到了25兆比特每秒，而这个速度却只达到了目前日本和瑞典的1/40，甚至在中国的农村地区也普遍达到了1000兆比特每秒。而美国的25兆比特每秒标准也只适用于下载速度，就好像互联网基本上只能作为人们在奈飞上下载电影的广播媒介一样。而很多的应用软件，无论是用于视频聊天的，还是用于医疗图像传输的，都要求上传和下载的高速传输。同样地，各种各样的企业也都依赖互联网进行上传和下载——他们要通过互联网向顾客推送有关自己产品和服务的信息，有时甚至推送的就是产品和服务本身。因此，在一个网络连接很差，或者只限于快速下载和缓慢上传的地方，创业就会变得非常困难。然而，在美国，互联网已经被优化成电视的替代品——作为一种少数人向多数人提供内容的方式。

此外，还有另一种"富有创造力"的语义学扭曲了美国政府关于"高速互联网"可用性的数据统计。美国为人口普查而划分了大约7.5万个地理区域，而政府认为，只要有一个家庭可以接入高速互联网，无论其价格和条件如何，甚至不管是否真的有家庭进行了注册，就算是有一个人口普查区满足了高速互联网的使用。因此，美国政府对于高速互联网普及的估计是被严重夸大了。

而且，还有价格的问题。在世界上的大部分地区，1000兆比特每秒的网速每月花费只需要不到50美元。但正如我们在前面提到的波士顿地区，其花费是每月70美元，而且还得是在一些高速互联网完全可用的地方，并且是一次性签24个月的合同。

所以，普通的美国人实际上只有一两个ISP的选择，而超过30%的美国家庭的互联网服务提供商甚至都没有满足25mbps或者更快的网速，只有不到1/4的美国家庭有不止一种ISP选择。[①]

在美国，互联网连接的普及在很大程度上是掌控在私人机构手上的。事实上，美国有26个州的法规都阻碍、禁止地方政府为人们提供互联网连接服务，因此，那些无法负担家庭网络服务的人就只能被迫去公共图书馆或快餐店上网。[②]其中，蒙大拿州的法律[③]是比较典型的："除第（2）（a）或（2）（b）小节的规定以外，本州的政府机构或政府的分支机构不得直接，或通过其他机构或政府的分支机构成为互联网服务提供商。"因此，除非所有的私人ISP都退出，否则蒙大拿州布朗宁城的人们就只能永

---

① 乔恩·布罗德金：《美国宽带：对于大多数人来说，仍然没有ISP的选择，特别是高速互联网服务》，科技博客网站。
② 肯德拉·张伯伦：《美国市政宽带在25个州被封锁或禁止》，"今日宽带"网站。
③ 《禁止政府与私人互联网服务提供商竞争——以及其例外》，蒙大拿州法律2019年版注释。

远接受质量差，但价格又很昂贵的网络服务了。所以，就算有再多的市政企业也无法帮助人们摆脱困境，因为他们要想这么做，那来自私人电信公司的说客们就会先一步到达州议会了。

当然，现在还有一些我们很耳熟的说辞，认为我们应该继续阻止政府与私营企业竞争，比如竞争会压低价格，提高质量；纳税人的钱不应该被用来降低私人供应商的价格；政府不应该干涉自由市场；等等。

但是，现在的问题是根本没有很多人能够支付长途网络连接的费用，而这与农村地区的免费邮递——1893年成为法律，1902年到达比林斯（蒙大拿州的南部城市），以及20世纪30年代和40年代的电网普及其实并没有什么不同。想要让整个国家能相互连接起来，就需要看其电子通信的能力，比如电力的供给、邮件的投递，是必须以一个人人都能承受的价格进行提供的。而事实上，这一原则并没有获得普遍的认可。所以，对于互联网来说，最贴切的比喻应该是电视或多屏幕电影院，换句话说，它就是占主导地位的互联网服务提供商，将互联网视为连接主动内容提供方和被动内容消费者的一种方式，而这就是为什么ISP只提供鼓励下载但限制上传数据包。

反之，在韩国、瑞士甚至是芬兰农村地区的政府的大力推动下，它们的互联网服务都比美国要好得多，那为什么美国的自由竞争还没有使得网络服务的价格降低，质量获得提高呢？

有些人会说，罪魁祸首就是这些私人公司的贪婪、勾结和腐败，虽然这种观点在某些情况下是有一定的道理的，但是事实上，通信网络的增长和巩固几乎都是出于效率的考虑。在保罗·巴兰设计出最早的网络的前几年，他就预料到了这种会对计算机网络产生影响的现象了。在1966年，当他在国会就电子隐私问题做证时，他说道：

在19世纪30年代，我们的第一条连接当地市镇中心的短途铁路建成了。那时，还没有人说要坐下来制定一个未来铁路网络的总

122

体规划。而随着时间的推移，越来越多像这样独立的铁路系统被建立起来。后来，随着经济压力的增大，为了贯通各个独立的铁路线路，又有许多新的铁路被建立了起来，于是我们的铁路网络就这样形成了。

直到19世纪40年代末，我们才开始建立起全国性的电报网络，那时还只有一些独立的电报线。但没过多久，我们就有了一个全国性的综合电报网。而"西部联盟电报公司"的名字，也再一次让我们想起了"只有让独立的每条线联合起来，才能形成一个更有用的系统"的发展模式。

直到19世纪90年代初期，我们才建立起了全国性的电话系统。然而，时至今日，我们却拥有一个高度集成的电话网络。

而这种发展模式并非偶然。通信和运输是历史上比较容易形成"自然垄断"的服务，原因很简单，比起自己单独建设，大家共用一个会更便宜。因此，如果你能对地球进行观察，比如从遥远的月球上的一个绝佳位置，那你会发现，这些由单个线路组成的综合网络的发展轨迹，几乎都是生物性的。[1]

所以，这一切并没有很复杂：成为一个大型网络中的一部分，肯定要比成为一个小型网络中的一部分更有价值，而且当整个网络越大，那么成为其中一部分的价值也就越大。如果没有来自某些社会结构的阻力——能够对合并、联合、收购进行抵制的权威，以及想要对网络流量进行控制的一些公司的战略性决策，那么通信网络就会随着时间的推移变得越来越大，且通信速度也会越来越快。当然，这种垄断也并不一定会违背公众的利益——只要在分销和定价决策时还能考虑到公众利益。只是如今，他们都不太会这样做了。

---

① 保罗·巴兰：《谈计算机和隐私侵犯》。

邮递员能决定送什么邮件吗？

在本章的一开始，我们提到了泰勒斯和其罢工工人的故事，而这个故事能向我们说明，在某些情况下，网络中的"连接"和"内容"的二分法是毫无帮助的，尤其是当"连接看门人"还承担了"内容看门人"的角色时。互联网服务提供商不应该决定哪些比特是可以被传送的，而这样的概念被称为"网络中立性"。原则上，这个概念是很简单、无可争辩的，毕竟，我们都不想让电话公司来决定自己的哪些通话内容是可以进行传输的。当然，当人们没有支付电话账单时，他们的电话服务就可能会被停止，但这样的情况也很少发生，因为现在的社会都普遍认为——或者在过去都这么认为，电话服务对于日常生活是很重要的。但是，因特网和电话网并不完全相像。

位于加拿大的泰勒斯公司屏蔽了那一家支持工会的网站，而几乎就在同一时间，位于美国北卡罗来纳州的一家名为麦迪逊河通信的小型ISP关闭了沃尼奇公司提供的互联网协议电话（VoIP）服务。在互联网刚刚诞生之时，利用互联网进行实时语音对话的想法似乎会有些疯狂，因为当时的网络速度太慢，连接互联网的计算机无法跟上海量数据信息包的速度，也就无法将它们重组成可理解的语音信息。但是，时代已经变了，随着连接点之间传输速度的提高，以及一些基于IP的新协议的开发，都为语音通信的可能进行了优化。而随之，电话服务和互联网服务之间的系统差异也就显著了起来。电话公司会对长途服务加收费用，但互联网服务提供商并不关心数据包从哪里来，或者要去哪里，他们可能会对更高的网速收取更高的费用，但并不会对更远的目的地收取额外费用。不可避免的是，像Skype（最早在互联网协议电话领域取得商业成功的应用程序）这样的互联网协议电话软件诞生了，它用互联网通信取代了电话，真正地使得长途"呼叫"对任何可以上网的人实现了免费。同理，可以说，沃尼奇利用了麦迪逊河的数据服务，并同时削弱了麦迪逊河的电话服务。

当沃尼奇的服务被关闭后,该公司向对电话服务有管辖权的联邦通信委员会提出了投诉。当麦迪逊河公司同意支付罚款,并且在3年内不会屏蔽其互联网协议电话服务时,这个案子就告一段落了。但是,这个解决办法所遗留下来的问题,要比它能带来的答案多得多。如果麦迪逊河是一家提供互联网服务的有线电视公司,而不是一家电话公司,事情又会变成什么样呢?另外,如果麦迪逊河已经庞大到足以在法庭上与联邦通信委员会对抗呢?甚至,连电话服务提供商都在擅自决定要传输什么比特了,那联邦通信委员会是否还能有国会的授权,以支持其强硬的解决手段呢?我们一点也不清楚。①

而在2008年,事情的发展达到了顶点。当时,联邦通信委员会命令一家叫康卡斯特的ISP停止其"节流"——也就是减慢"比特洪流",即一种主要用于向家庭传送电影的点对点文件共享服务。康卡斯特是同时通过其提供互联网服务的电缆来向人们提供电影服务,并从中获利的,于是"比特洪流"就会削弱它的视频传输业务。康卡斯特成功地起诉了联邦通信委员会,而这也说明了联邦通信委员会确实没有能对互联网服务商开展的业务进行监管的权力。这一事件,引发了一场后来持续了十多年的"网络中立"争论。

关于这场争论的具体内容非常复杂,简言之,支持网络中立的一方主张消费者应该有自己的选择和自由,而反对的一方则认为,市场的力量可以解决任何会发生的冲突,但有一些人对这一观点表示怀疑,并指出在ISP领域的竞争就是微乎其微的。在美国,网络中立规则是在奥巴马政府时期制定的,但在特朗普政府时期又被废除了。虽然许多其他的国家都采用了网络中立原则,但有一些国家还是允许进行网络服务收费的,于是就可能导致一些(比如看电影的)应用软件收费相当高,那最后也会造成同样的结果——人们会优先考虑将电影传送到家庭的其他方式,而这和康卡斯特在2008年限制其点对点文件

① 斯科特·布莱德:《互联网:不会被封闭的管道》(《网络世界》)。

共享服务的性质其实是一样的。

搜索看门人：如果你找不到它，那它还是存在的吗？

尽管巴兰很有先见之明，但他可能没有预料到，随着通信网络的普及，对于信息的控制权居然落入了少数的私人机构之手。搜索技术是20世纪90年代的一项惊人的发展，而如今，我们很难想象一个没有搜索功能的世界会是什么样。然而，我们也"不难"想象，在西方的国家，谷歌并不会操控大多数的搜索结果。虽然谷歌最近证明了事实就是如此，但它还是惹上了不少的麻烦。

70年后的重逢

1937年，10岁的罗莎莉·波洛茨基在莫斯科火车站与她的两个表姐妹挥手告别。这两个女孩分别叫作索菲娅和奥西，她们决定去美国，开始新的生活。而罗莎莉的家人则选择留下来。罗莎莉在莫斯科长大，当了法语老师，嫁给了纳里曼·伯科维奇，并组建了一个家庭。到了1990年，她移民到了美国，并定居在了儿子萨沙所在的马萨诸塞州。罗莎莉、纳里曼和萨沙一家人一直都想知道索菲娅和奥西后来过得如何，算起来她与这两姐妹失去联系已经很长时间了，所以她几乎没有想过还能与她们重逢——随着时间的流逝，她也不再乐观地认为她的表姐妹们还活着。尽管罗莎莉的祖父梦想着有朝一日能够找到她们，但萨沙在埃利斯岛和国际红十字会的移民记录中都没有发现任何线索。也许，在那个兵荒马乱的年代，这两个小女孩甚至根本都没能到达美国。

有一天，萨沙的表妹在谷歌的搜索窗口里输入了"波洛茨基"，然后找到了一个线索。在一个家谱网站的条目里提到了"米纳克"，也就是索菲娅和奥西父亲的名字。不久之后，罗莎莉、索菲娅和奥西在阔别70年后终于在佛罗里达州重聚了。萨沙回忆起祖父的愿望："在他活着的时候，他一直都想让我找到她们，这一定是魔法。"[1]

万维网使得数百万普通民众可以接触到大量的信息，但如果你不知道这些信息在哪里，那你就无法找到它们。因此，如果没有办法去找到这些庞大的数字信息，那它们就会像不存在一样。的确，"暗网"就像是另一个平行宇宙，里面拥有大量搜索引擎都看不到的信息，而且人们也不知道要从哪里去找。

探索既能实现人们的梦想，又能塑造人类的知识。而可以帮助我们在数字大海中捞针的搜索工具，也是我们可以观察数字景观的一个镜头。但这些"镜头"并不是被动的，通过选择在结果栏的第一页里显示什么内容，以及对搜索结果进行排序，它们都"积极地"在给我们看到的东西涂上颜色。所以，谁控制了搜索引擎，谁就会改变和扭曲我们所看到的现实。谷歌公司的利润都来自广告收入，而谷歌搜索却占据了全球90%以上的搜索量[2]，因此，不可避免地就会出现这样的问题：究竟是搜索栏的结果为谷歌带来了利润，还是用户的满意度？微软的必应在搜索方面的表现同样出色，但它的市场份额却不到5%。DuckDuckGo（一款互联网搜索引擎）提供的隐私保护要比谷歌、必应强得多，但其搜索结果的针对性较低，所以市场份额就更加微不足道了。[3]那么，这些不平衡的数据统计是如何产生的，它们又会带来什么后果呢？

层级结构的消失

从人类开始用笔写字，到1994年开始使用计算机之前，人们会对信息进行整理，以便可以快速找到有用的信息，而在这个期间，却只出现了两种整理信息的方式：要么是将信息按照层级结构分类，要么是为信

---

① 艾娃·沃利奇欧芙：《网络让被铁幕切断的表亲得以重聚》（《波士顿先驱报》，2007.12.18）。

② 《2019年全球搜索引擎市场份额报告》，Statista网站。

③ 纳撒尼尔·波普尔：《一款与谷歌敌对的软件正测试人们到底对自己隐私关心多少》（《纽约时报》，2019.7.15）。

息创建一个索引。

层次结构能够让你将不同的信息内容放入相应的类别中，并再将这些类别划分为子类别。亚里士多德就曾试图把一切事物进行分类，例如，所有的生物要么是植物，要么是动物；动物的血液要么是红色的，要么就不是红色的；性活跃的动物要么是能胎生的，要么是能卵生的；能胎生的要么是人类，要么是其他哺乳动物；卵生的要么游，要么也可以飞；等等。而对于海绵、蝙蝠和鲸，亚里士多德则没有最后的定论，不知道该分到哪一类别。在启蒙运动的初期，林奈（瑞典博物学家）提供了一种更为有用的生物分类方法，即通过生物的进化血统进行分类，而这样的方法可以保证内在的科学有效性。

在生活中，我们的层级分类传统随处可见，因为我们很喜欢事物有一定的轮廓结构，例如，美国反对侵犯版权保护的法律是第17条1201节（a）段（1）部分（a）子部分。在美国国会图书馆的系统中，每一本书都属于26个主要类别中的一个，并用大写字母进行分类，然后，在这些主要类别的内部再以相似的方式进行划分，例如，在B类别（哲学）中，你会发现BQ（佛教）。

如果类别分得很清楚，那就可以很容易地通过有逻辑的层次结构定位到需要查找的内容。于是，这就要求进行查找的人不仅要知道分类系统，而且还要善于及时作出所有必要的决定。举个例子，如果关于生物的分类是像亚里士多德所说的那样，那么想要了解鲸鱼的人，就必须先知道鲸鱼到底是属于鱼类还是哺乳动物，然后才能进入分类的正确分支。但是，随着越来越多的知识被塞进"分类树"里，而树又会不断长出嫩枝，随着时间的推移，这些嫩枝又会长出更多的嫩枝。因此，分类问题就会变得越来越难处理，而检索问题也会变得无法操作。

1991年，当互联网在美国学术界和政府圈子之外还鲜为人知时，一些学术研究人员推出了一个"地鼠程序"（Gopher），而这个程序将单个网站提供的目录整理成了一个大纲，即提供了一个关于不同网站的分级目录。以今天的标准来看，使用地鼠程序查找东西是很乏味的，而且它主要依赖于整理者所用的分类技能。雅虎是一个成立于1994年的在线互联网目录，完全由人工对产品和服务进行分类，提出建议，并帮助一些非技术人员访问互联网。虽然，今天的它是一个搜索和新闻网站，但"雅虎"（Yahoo!）的名字在一开始却来源于"另一个有组织的分类专家"（Yet Another Hierarchical Organized Oracle）的首字母缩写。

60年前，早在万维网的爆炸性增长和无数的日常变化之前，人们就预见到了以层级结构进行分类的局限性。在第二次世界大战期间，美国罗斯福总统任命麻省理工学院的万尼瓦尔·布什为美国科学研究与发展局的主任，而该发展局的主要任务就是让科学研究能为战争进行服务。最终，这个发展局的研究人员数量达到了3万人，并完成了数百个涵盖科学和工程范围的项目，而制造出原子弹的"曼哈顿计划"，也只是其中的一小部分。

从布什的眼光来看，他看到了在科学继续进步过程中会出现的一个主要障碍：我们生产信息的速度要大大地快于对信息的处理速度——甚至是对信息进行分类的速度。在计算机被普及的几十年前，他将自己的远见写进了一篇发表在《大西洋月刊》（这是一份受欢迎的杂志，而不是一份科技期刊）上的文章，叫作《正如我们所想》①。在布什看来：

> 如今，困难似乎并不在于我们的出版不当……而在于我们的出版量远远超出了我们目前真正能对这些内容进行利用的能力。人类经验的总和正在以惊人的速度不断扩大，但我们用来在庞大的信息迷宫中找出重要信息的方法，却还与帆船时代所使用的方法相同……而我们在查找信息记录方面的无能，很大程度上是因为我们的索引系统是人工编纂的。

---

① 万尼瓦尔·布什：《正如我们所想》（《大西洋月刊》，1945.7.1）。

尽管在当时，数字时代的曙光还仅仅是地平线上的一丝微光，但是布什却设想了一种他称之为"麦克斯存储器"（memex）的机器，它可以对人类需要的所有信息进行存储和检索，作为人类记忆的辅助工具。用他的原话说，这将是对人类记忆的"一次亲密的扩大补充"，且可以"以超乎寻常的速度和灵活性进行信息检索"。

布什很清楚地意识到了这个问题，但是鉴于当时可用的技术——缩微胶卷和真空管——并不能解决这个问题。在他看来，关于信息查找的问题，迟早会比科学在创造和记录知识方面的进步更加重要，因此他预测说，使用多个术语来对特定种类的信息进行描述或许是一种可行的方法：

> 一种全新形式的百科全书将会出现，而它们将会由一系列的关联路径组成，并随时可以被放进麦克斯存储器，并在那里被放大……

> 在了解一个民族大量的编年史记录之后，历史学家们便可以梳理出一条只记录了某些重要历史事件的大致发展脉络，并且在任何时候都可以对某一特定时代文明的当代之路进行研究。因此，会出现一种像这样的"开路先锋"的职业，他们会在大量的信息记录之中梳理出有用的线索，并以此为乐。大师们的遗产不仅仅是他们为这个世界增添了新的记录，而且对他们的门徒来说，也是他们得以登高望远的脚手架。

布什强烈地意识到，文明本身已经在战争中受到了威胁，但他仍然认为我们必须用乐观的心态去看待这些浩瀚的知识记录会给我们带来什么。

如果一个人能更好地回顾自己阴暗的过去，更全面、更客观地去分析他现在的问题，那么他的精神应该有机会得到一定的升华。因为他已经为自己建立了一个如此复杂的社会关系，如果他仍想让自己的反思能得出合乎逻辑的结论，而不会因为自己有限的记忆而陷入困境，那么他就需要去更全面地将自己的事情进行机械化的记录。如果他能重新获得这样一种特权——能忘记自己目前不需要记得的各种各样的东西，而如果这些东西后来被证明是很重要的，也可以再次找回来，那么他的反思之旅或许就会更愉快一些。

……但在他学会利用这些记录为自己进行真正有益的服务之前，他也许会在各种矛盾的想法中死去。然而，在运用科学来满足人类的需要和欲望的过程中，如果一到这个阶段，就选择终止不再继续，或者是对结果失去了希望，那似乎会是非常不幸的。

一个对预言家的预言

1937年，H. G. 威尔斯（H. G. Wells）就预见到了万尼瓦尔·布什在1945年提出的"麦克斯存储器"构想。关于为所有的事物建立一个索引的可能性，以及这将对人类文明意味着什么，威尔斯做出了更为清晰的描述：

现在，为人类所有的知识、思想和成就建立一个有效的索引，或者说，为全人类创造出一个完整的"行星记忆"，已经是没有任何实际操作上的障碍了。但它不仅仅是一个索引，而是在任何准备妥当的地方都可以查找到的对于某个事物原样复制下来的信息……这对其本身来说，就有着非常重大的意义，因为它预示着我们人类在智力上的真正统一。属于人类的全部记忆，而且可能只需要在很短的时间内，就可以让每个人都能了解到。这不是遥不可及的梦想，也不是天方夜谭。①

布什没办法仔细预见的那些能力，现在已经是大家司空见惯的事情了。数字计算机、巨大的存储空间和高速的网络都使得信息的搜索和检

---

① H. G. 威尔斯：《大脑世界》（梅休因出版社，1938年版）。

索成为必要，同样也让它们成为可能。而网络，就是布什的"麦克斯存储器"的实现，搜索便是让网络成为有用之物的关键。

搜索的历史记录

布什没有想到我们每个人居然都能有一个"麦克斯存储器"，但他确实预见到了"关联路径"的出现，所以，我们需要进一步地思考一下，到底这对于搜索引擎工作的方式意味着什么。布什所认为的一个很重要的新知识结构，在后来被证明更像是一种"数字废气"——我们在使用一个个花哨的数字引擎的过程中产生的一个几乎无害的副作用。

对于谷歌和其他搜索引擎的实际用途来说，"搜索"这个词，其实是不太妥当的。当你在搜索引擎中输入某个条目时，这个引擎并不会到整个万维网上去进行搜索，而是在已经创建的一个索引中去查找你输入的条目。而这个索引是非常庞大和排列巧妙的，于是就可以一直不断地进行更新，以便查找到的内容能够尽可能涉及多个方面，但是，其原理基本上和一本有索引的书是一样的……除了当你在一本书的索引上查找内容的时候，没有人会知道你在做什么，而如果你是在谷歌上这么做，它就会记录下你搜索的内容。

谷歌有很好的理由这么做，因为这些记录会有助于谷歌更好地响应人们的搜索，同时也有助于它向人们投放广告。当然，你也可以选择使用一些更加能保护隐私的搜索引擎（比如在前面提到的DuckDuckGo），但你可能会对搜索到的结果感到失望。而谷歌的这种压倒性优势表明，人们乐于用自己的隐私来换取搜索到的信息的质量——或者人们只是单纯地选择了一个家喻户晓的搜索引擎，却没有意识到他们在用什么作交换。

下面我们来看几个相关的案件：凯西·安东尼的女儿凯莉于2012年突然离奇死亡，要不是她个人电脑上的谷歌历史记录中显示了"折断颈骨"和"如何制作三氯甲烷"，她可能都不会意识到历史搜索记录的重要性。[1]最后，正因为这些搜索历史记录的披露，她才没有被定罪。后来才知道，就在凯莉失踪的当天，这台电脑也被用来搜索了"能万无一失让人窒息的方法"[2]（警探漏掉了这个线索，因为其他的搜索记录都是从IE浏览器上找到的，而这一条搜索使用的是火狐浏览器）。还有在几年前，詹姆斯·皮特里克因杀害妻子而被判有罪，有一部分证据是因为他对"脖子"和"断裂"等词进行了搜索，而且还搜索了其妻子尸体被发现的那个湖的周边地形信息。[3]还有伊利诺伊州的一家上诉法院维持了对斯蒂芬·路易斯·热可[4]的谋杀和教化谋杀罪的判决，其部分依据是发现了他在自己的电脑上搜索了"如何找到雇佣兵"的搜索词，以及其中一名受害者的孩子上下学的时间。

以上的这些案件，都涉及警方对某人的家用电脑进行搜查，但还有另一种可以获取到搜索历史记录的方法：直接询问谷歌。虽然谷歌不会把这些信息透露给任何询问的人，但当你登录谷歌时，你可以自己查看到它对你的搜索和其他活动的记录（至少谷歌能告诉你它记住的东西，而且它可能记得的还不少）。在你的谷歌账户页面上，有一个叫"数据和个性化"的选项，然后你就可以选择关闭谷歌对你的搜索历史进行记录。如果你想的话，你甚至还可以在不完全删除历史记录的情况下进行编辑，就像一位叫布伦特·丹尼斯的医生为了误导执法部门所做的那样：他告诉警察他妻子的死因是喝了防冻剂，但是，后来发现原来是他自己在网上搜索了"防冻剂"，然后再雇了一个人来清理其搜索记录。[5]

政府可以强制谷歌交出它所知道的所有信息，比如某个人的搜索历史，而且申请流程也没有那么复杂。2018年，谷歌总共收到了法院和其

---

① 《女孩失踪悬案的网络搜索》，CBS新闻。
② 托尼·皮皮托内：《警察和检察官搞混了凯西·安东尼一案的证物》，WKMG网站。
③ K.C.琼斯：《前电脑顾问因"谷歌谋杀案"被判有罪》（《信息周刊》）。
④ 热可公诉案：伊利诺伊州第一上诉司法区，2012年，编号092158。
⑤ 乔治·克纳普，马特·亚当斯：《高科技小组：律师苏珊·温特斯死亡之夜的细节》，"今日新闻"（虚拟频道8）网站。

他政府机构的大约13万份申请，而其中的2/3都满足了申请条件。①谷歌表示，当某个政府机构要求查看你的搜索记录时，它会通知你一声，但如果你反对的话，它也没有义务遵照你的意愿。

当你登录一个新网站时，它就会要求你创建一个账户、"使用谷歌登录"或者"使用Facebook登录"，你可能会很高兴能这么做，因为可以节省时间，并且可以少记住一个密码。但是，如果你选择使用你现有的谷歌或Facebook账号作为登录凭证，你实际上就是在给谷歌或Facebook一定权限，同意它把你在这个新网站上的一切活动所收集到的新信息，添加到它已经有的一个存储库中，而这个存储库里包括关于你的许多信息。

要想从你的笔记本电脑上获取这些信息的话，执法人员会需要一张搜查令。也就是说，他们必须向法官证明你的第四修正法案的权利没有被侵犯，即没有遭受不合理的搜查。然而，为什么警察可以更容易地直接从谷歌那里获取到同样的信息呢？

警察能对你的搜索记录进行搜查吗？

如果你什么都没错，执法部门也能看到你的搜索记录吗？这样的事似乎就发生在2017年年初的明尼苏达州伊代纳城。一个冒充道格拉斯的人打电话给斯皮尔信用合作社，并说服该合作社的职员将道格拉斯名下的2.85万美元转到了另一家银行。假冒的道格拉斯及时地提供了道格拉斯的姓名、出生日期、社会保险号以及护照（至少护照上的道格拉斯照片是真的）的传真件，而这些信息都与该合作社的记录相符，由此完成了身份验证。

当真的道格拉斯发现自己的钱不见时，他立马联系了执法部

---

① 《用户信息请求》，谷歌透明度报告。

门。警探大卫·林德曼利用谷歌的图像搜索在网上找到了道格拉斯的匹配照片，于是他便要求亨内平县法官向谷歌颁发搜查令，以查看在事件发生之前5周内，曾在网络上搜索过道格拉斯照片的所有住在伊代纳的人的记录。所以，至少在某些情况下，执法部门可以取得的搜查令是针对某一类特定搜索行为的人群，而非特定的个人。

因此，"看门人"的大门是双向的。当你在搜索的时候，它能决定向你显示什么样的信息，而同时，它也会收集关于你的信息，并将这些信息用于自己的广告投放。而且，根据法院的规定，它也可以向外界打开自己的"信息大门"。

因为这里面有一条很简单的基本法律原则：在没有任何更为具体的立法情况下，如果执法部门向谷歌要求你的搜索记录，那它就可能会因为"第三方原则"而泄露你的信息。如果你告诉了我一个秘密，那么只要我们不愿意，就算是政府也没办法让我们两个说出这个秘密，但如果你使用的是谷歌邮箱——基本上等同于你让谷歌把这个秘密传达给我，那么此时，谷歌就是第三方，所以它就不会被第四修正法案所约束，也就可以不用尊重你我的意愿，将秘密泄露出去，这就像你在大街上随便和一个陌生人分享了你的秘密一样。同样的道理也适用于你委托给谷歌的其他信息，比如说你的搜索记录。那些搜索记录是属于谷歌的财产，而不是属于你自己的，因此它可以利用这些信息来进行广告定向投放，或是用于其他目的。

2017年，谷歌宣布再也不会对用户的电子邮件进行扫描，以用于提高其广告投放的有效性了。但是，这只是一个公司层面的政策决定，而不是对任何一条美国法律的回应。事实上，美国至今仍缺乏一个全面的隐私法，所以很多公司的政策都需要做出及时改变，或者符合用户的期望。谷歌邮箱是在2004年被推出的，当时谷歌解释说，扫描用户电子邮件的做法会有助于定向投放广告，以抵消为用户提供免费服务的成本。

但10年以来，用户的批评和诉讼接连不断，于是谷歌最终决定停止扫描电子邮件。而谷歌在当时没有解释到的是，它还能让某些合作伙伴公司扫描其电子邮件——有时，甚至还会让人直接读这些邮件。

当亚利桑那州凤凰城的娜维蒂·福加尼在注册一款可以帮助省钱的应用软件Earny时，她似乎也没有意识到会有这种做法。[①]Earny会检查用户的收件箱，通过购物收据确定已经购买的商品，然后到网络上进行搜索，如果找到了价格更加便宜的相同商品，那么Earny就会向用户的信用卡公司申请差额退款，并将这部分收益与用户五五分成。而且，这一切都会悄悄地在后台发生，一旦娜维蒂注册好之后，她唯一要做的，就是看着信用卡账单上的钱出现。

Earny是一家独立于谷歌的私人公司，所以谷歌并没有扫描娜维蒂的电子邮件。但是，当她点击按钮同意让Earny访问她的收件箱时，她就已经给予Earny这样做的权利了。于是，Earny就把娜维蒂的邮件分享给了另一家叫Return Path的合作伙伴公司，而该公司才是实际上进行扫描工作的。

谷歌、Earny和Return Path都纷纷解释说，他们没有做错任何事，因为这些做法都是经过公司的隐私政策授权的。娜维蒂也承认，她确实没有好好读过Earny的隐私政策，但这一点也不奇怪：在我2019年看的时候，整个隐私政策几乎有3000字那么长，而且排版非常密集，让人很难看得下去；更糟糕的是，它还链接到了许多其他的隐私政策，比如Return Path的隐私政策就有将近6000字，于是，当你点击鼠标，同意授权时，你根本就不知道自己到底放弃了什么权利。

这里最重要的逻辑就是，只要你的数据是有价值的，那么你所享受的每一个便利之处都会付出相应的代价。正如美国电子隐私信息中心（EPIC）的总裁马克·罗滕伯格所说："隐私政策的模式已经是完全崩溃、

① 道格拉斯·麦克米伦：《科技背后的"肮脏秘密"：应用开发者会对你的谷歌邮箱进行筛选》（《华尔街日报》，2018.7.2）。

无法修复的，所以谷歌邮箱的用户们根本无法想象，他们的个人数据竟然会被转移给第三方。"[1] 当一种产品几乎没有什么竞争对手，而且又对人们的日常生活和商业行为如此有用时，这些"通知和同意"的协议，也就不能切实保护用户的数据不会被以意想不到的方式进行使用。

谷歌是如何壮大起来的

20世纪90年代早期，对于寻找一些未进行分类的信息来说，现有的信息层级分类实在无法令人满意，很快就跟不上整个网络的发展规模。于是，一些基于自动构建索引的搜索引擎便开始出现，而且其中的一些还算比较成功。但是，不久之后，谷歌就开始占据了主导地位，以至于这个搜索引擎和这家公司的名字都成为"网络搜索"的代名词。

1996年，谷歌的创始人拉里·布林和谢尔盖·布林在读研究生时想到了一个好主意：一个重要的网页是被引用到，也就是说，是被许多其他重要的网页链接起来的，虽然这听起来像是一个循环的定义，但是如果网络的整个结构能够被捕获和分析，那么就可以使用一些相当简单的数学方法统一计算出每个网页的重要性数值。而这种数学计算方法，再加上一些可靠的编程技术，使得计算机可以在有限的存储空间内组织和处理所有数据，由此谷歌公司开始有了突破性进展。它的界面十分的简单——只需要输入一些东西，就能得到答案，没有多余的选项或附加功能，甚至能让大多数不太会操作计算机的用户都感到欣慰，于是也就能更加吸引他们进行更多的使用。

谷歌的搜索引擎是很好，但其在1998年公司刚成立时，也并没有比其他的搜索引擎还要好上数十倍。例如，在那个时候的远景公司已

---

① 约翰·D.麦金农，道格拉斯·麦克米伦：《谷歌表示将继续允许应用程序扫描谷歌邮箱账户的数据》（《华尔街日报》，2018.9.30）。

经运行了3年，^① 作为一项对公众免费的服务，它还可以处理数亿个搜索查询。

开发AltaVista的迪吉多数字设备公司从来都不知道要如何才能让它开始盈利。迪吉多最初只是一家硬件公司，后来又把AltaVista卖给了另一家公司（不久后，迪吉多也被康柏收购）。再后来，AltaVista又被再次易手，最终就悄悄地关闭了服务。而直到2009年，微软才推出了必应搜索引擎。但到那个时候，谷歌似乎已经处于不可逾越的领先地位了，尽管用户们毫不费力就可以将搜索引擎从谷歌切换到必应。

谷歌从一开始就是通过投放广告获得了优势，而这些广告都是根据用户们的搜索关键词生成的。例如，你搜索了"手机"，那你就会看到与手机相关的产品和服务的广告。在向所有对手机感兴趣的人们兜售商品的广告商中，能出现哪些广告，是由一场持续的拍卖决定的，也就是说，谁愿意为他们的广告支付更多的钱，那他们的广告就更有可能出现在搜索页面上。这场拍卖是自动进行而且人们也无法看见的，其结果就是一个空前高效的系统诞生了。报纸、杂志或广播电台的广告商们都希望在接触到他们广告的无差别人群中，会有少数人对其产品感兴趣。当然，他们也可以提高自己广告投放的胜算，比如，在一家有很多体育迷收听的广播电台中投放和体育相关的广告。但是，在搜索引擎中的广告却能精准地将广告投放到那些至少对某一类主题表现出足够兴趣的用户。

谷歌的这两位创始人也认识到了将广告与搜索结合起来的缺点，因为当时也有一些其他的搜索引擎在使用相同的方法，但是后来它们都降低了用户对搜索结果的信心，比如说，用户们会怀疑搜索结果本身是更偏向于一些广告商的。

---

① 皮特·H.路易斯：《数字设备为网络浏览器提供了"超级蜘蛛"》（《纽约时报》，1995.12.18）。

例如，在我们的原型搜索引擎中，输入"移动电话"关键词后，出现在最顶端的搜索结果是一篇关于"使用移动电话对司机注意力的影响"的研究，它详细地解释了人们在开车时打电话，会导致注意力分散以及潜在的风险。而这个搜索结果之所以会排在第一位，是因为根据PageRank算法（用以计算网页上被引用的某条信息的重要性），它的重要性数值很高。很明显，一个依靠手机广告赚钱的搜索引擎，是很难证明它所显示的页面没有偏颇的，尤其是这些页面还要给花了钱的广告商们看的时候。

在谈论了一些关于搜索引擎公司存在的利益冲突是显示有用的搜索结果，还是获得广告收入的例子之后，劳伦斯·佩奇和谢尔盖·布林总结道："我们相信广告投放是会引起不同的动机问题，但对于一个具有竞争力的、透明的、包含学术领域知识的搜索引擎来说，这些动机是非常重要的。"但尽管如此，到现在也还没有像这样的搜索引擎被广泛地使用。谷歌的巨额收入很大程度上就是来自这一类的广告，比如在2017年，欧盟就因谷歌显示了一些偏向其广告商的搜索结果，而对其处以24亿欧元的罚款。[①]然而，如果我们无法确切地知道谷歌的代码内部发生了什么，那就很难知道其搜索结果是否真的存在偏见。布林和佩奇也预料到了这一点："例如，某个搜索引擎会在搜索结果中添加一个与其'友好'的公司的参数，然后从搜索结果中减去一个竞争对手的参数，像这种类型的偏差值是很难检测出来的，但它们仍可能会对市场产生重大的影响。"由此，如何解决搜索引擎相关的利益冲突和缺乏透明度等问题，仍将是个未知数，但我们所知道的是，人们要承担的风险仍然是极高的。

---

① 谢尔盖·布林，劳伦斯·佩奇：《大型超文本网络搜索引擎的解剖》（《计算机网络和ISDN系统》，第30卷，1998年第1—7期）。

社交看门人：被你的好友发现

当互联网被创造出来的时候，它还只是从一台计算机连接到另一台计算机的一种简单方式，而最后，它又演变成从一个计算机网络连接到另一台计算机（因此得名"互联网"）。它不断地在发展，从机器之间的连接，扩展到了用户和信息之间的连接，而这些连接的复杂性也就导致了"搜索看门人"的出现。在其相互联通的最新阶段，互联网在一定程度上促进了人们彼此之间的联系，且其意义甚至是主导解决方案的创造者们都无法想象的。

社交网络：Facebook和其他应用

数字大爆炸从未能像Facebook的发展那般强劲，就如电影《社交网络》中所描绘的那样，Facebook的成功背后似乎就只是一个少年的狗屎运，以及资本家们的冷酷无情。但整个故事更为有趣，并且更能说明问题的部分，恰恰是人们分享比特的方式。

其实，在Facebook出现之前，就已经有在线社交网络存在了。其中最早出现的是1997年的六度网站（Sixdegrees.com）。这个网站的名称源于20世纪90年代早期的一部叫作《六度分离》的戏剧和电影，它后来不断地发展壮大，直至拥有了数百万的用户，但由于缺乏可持续的商业模式，以及缺乏人们除了互相联系之外可做的事情，它最终在2000年正式宣告"死亡"。[①]

另一个叫Friendster的交友网站成立于2002年，后来便迅速地成为最受欢迎的网站之一。最初的时候，它自称是一个用户可以进行约会、结交新朋友或帮助朋友认识新朋友的地方。在其鼎盛时期，它还可以让人

---

① 丹娜·M.博伊德，尼可尔·B.艾莉森：《社交网站：定义、历史和学术》（《计算机媒介传播杂志》，第13卷，2007年第1期）。

们在有数千万人的会员数据库里进行搜索。

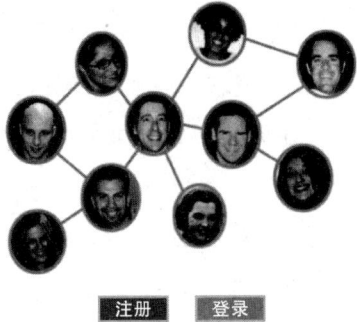

Friendster测试版
Friendster是一个在线交友网络社区，
人们可以在这里结交新朋友，或是认识约会对象。

使用Friendster，你可以：
· 通过你的朋友和他们认识的朋友，结识到新的约会对象；
· 认识到新的朋友；
· 帮助你的朋友认识更多新朋友。

快来创建属于你自己的私人网络社区吧！在这里，
你可以和朋友以及共同认识的朋友一起开心互动！

[浏览一下|用户留言|其他信息]

Friendster最终于2006年倒闭，成为其巨大成功的受害者。它的会员增长速度非常迅猛，以至于该网站遭遇了很多技术问题。人们在等待网页加载时，对于网页延迟的耐心是非常有限的。如果这个网站一直加载得很慢，而且也没有什么值得继续尝试的理由，人们就会轻易地放弃使用这个网站。再者，Friendster也过分强调它的主要优点，即让你能够轻松地与自己不认识但可能感兴趣的人建立联系。此外，由于人们很容易地就可以查看到其他用户的资料，还引发了意想不到的一些社会问题。举个例子，很多用户为了促进社交联系，而将自己的个人资料放在了网站上，但并不是所有人都希望这些信息会被自己的老板看到。

你知道你的孩子今晚会在网上的什么地方吗？

下面要分享的故事，可能会是每个父母最为可怕的噩梦。凯瑟琳·莱斯特是密歇根州费尔格罗夫市的一名优等生，于2006年6月失踪，那时她才16岁。她的父母并不知道她发生了什么事，因为她从来没有让他们担心过。于是，他们报了警，然后联邦政府介入调查。

在失踪发生的3天之后，她在约旦的首都安曼被找到，安然无恙。费尔格罗夫市非常的小，当地没有邮局，而莱斯特一家又住在一条死胡同的最后一幢房子里，所以在其他时候，凯瑟琳也只能待在离家6英里远的学校里，这可能就是她的小宇宙的"外沿"了。然而，通过互联网，她的"宇宙"突然就变成了整个世界。凯瑟琳遇到了来自约旦河西岸杰里科的一位叫阿卜杜拉·金扎维的巴勒斯坦男子。她是在社交网站MySpace上发现了他的个人资料，然后给他发了一条信息说："你很可爱。"很快，他们就通过网络聊天了解了彼此的一切。莱斯特哄骗母亲给她办理了护照，然后偷偷去了中东。当美国当局在安曼的机场见到她时，她便同意回家，并为自己给父母带来的担忧道歉。

一个月后，伊利诺伊州的一位叫朱迪·比格特的众议员在众议院联合发起了对于《打击网络侵犯者法案》（DOPA）的倡导。"MySpace.com和其他网络网站已经成为很多恋童癖犯罪者的新狩猎场。"朱迪如是说，接着她还指出，凯瑟琳·莱斯特的故事，"让我们都感到非常震惊，至少让我们给家长们一些安慰，保证他们的孩子在学校和图书馆里使用互联网时不会成为牺牲品，毕竟这些学校和图书馆是接受了联邦政府的互联网服务资金才建立的。"该法律将要求学校和图书馆等机构禁止孩子们在没有大人监督的情况下使用现场的电脑进入聊天室和社交网站。

在众议院里，一位接一位的发言人都强调了保护儿童免受网络侵害的重要性，但并非所有人都支持该法案。其中的一名议员表示，该法案的措辞"过于宽泛和模棱两可"。在最初法案起草的时候，它似乎不仅提到了MySpace，而且还包括亚马逊和维基百科等网站，因为这些网站也拥有一些与MySpace相同的特点：用户可以通过网络创建个人档案，并不断地与他人进行信息分享。尽管该法律可以封锁孩子们在学校、图书馆和朋友（有时可能是恋童癖犯罪者）见面的"地方"，但其同样也会阻止他们访问在线的百科全书和书店，而它们都依赖于网络用户发布的内容。

对此，《打击网络侵犯者法案》的发起人们并没有花时间制定出一个更加明确的定义，而是匆忙地重新起草了法律，并删掉了这个定义，将其留给联邦通信委员会来决定以后该法律将涵盖哪些内容。一些人抱怨说，正是即将要到来的中期选举才促使了这些发起人急着提出一项欠考虑的、引人注目的儿童保护法案——但这很可能是无效的、模糊的，甚至是违宪的。

孩子们可以在很多地方使用电脑，仅仅对学校和图书馆进行限制，也很难阻止那些固执的青少年偷偷上 MySpace。所以，应该只有最专横的父母才能诚实地回答出《今日美国》在其文章中提出的关于"网络恋童犯罪者"的问题："现在是晚上11点，你知道你的孩子今晚会在网上的什么地方吗？"

而关于相关案件的数字统计，无疑是令人触目惊心的。美国司法部以"网络诱惑"的罪名逮捕了数千人——几乎都是年纪较大的男子利用社交网站引诱青少年线下见面，其中的一些甚至还发生了非常严重的后果。然而，正如美国图书馆协会在反对《打击网络侵犯者法案》时所指出的，教育才是"安全使用互联网的关键"，而不是一味地禁止。学生们必须学会如何在线合作，因为网络的使用及其所带来的所有人际互动，将会成为这个全球互联的商业、教育和公民世界的基本沟通工具——甚至还可能是找到真爱的沟通工具。

后来，凯瑟琳·莱斯特的故事发生了意想不到的转折。从她在约旦被发现的那一刻起，她就坚持要嫁给金扎维。在莱斯特第一次见面时，金扎维才20岁，但他声称自己爱上了莱斯特——而且他的母亲也很喜欢她。金扎维曾请求莱斯特在去见他之前告诉她父母真相，但她拒绝了。等莱斯特一回家，美国当局就指控莱斯特是个离家出走的孩子，并没收了她的护照。但在2007年9月12日，年满18岁在法律上获得独立的她，再次登上了飞往中东的飞机，终于与心爱的人见面了。又过了几个星期之后，在互相指责和否认，以及可能有第三者插足的情况下，他们的恋情结束了。这段分手大戏并没有什么夸张的戏剧性情节，只是居然在菲尔·麦格劳的脱口秀节目上播出了。

聚友网（MySpace）成立于2003年，是Friendster的一大竞争对手。它吸引了很多来自Friendster的用户，而这些用户要么是对原来的网站不满，要么是被赶了出来。MySpace拥有一批忠实的独立摇滚乐队和他们的追随者，因为他们都不愿意遵守Friendster的那一套规则。很快，MySpace就拥有了比谷歌或者其他任何网站还要多的访问者，尽管它在文化上，仍保留了自己从叛逆精神中衍生出来的那种玩世不恭和富有创意的感觉。但几年之内，在多次被高度宣传有成人和未成年通过该网站认识，然后见面约会的事件之后，用户们开始成群结队地放弃了它。在社会中出现的道德恐慌，使得美国政府开始考虑要通过立法来控制在线社交网络的使用。[①]

2004年，Facebook在哈佛大学的一间宿舍里诞生了。其创始人扎克伯格一直在哈佛学习社会学、心理学和计算机网络，有一天，他创建了一个简单的网站，并将其命名为"与哈里·刘易斯的六度分离"。他在给刘易斯教授的信中写道：

> 教授，我对数学中的图论，以及其在社交网络上的应用已经感兴趣很久了，所以我做了一些研究……通过在Crimson上面刊登的文章梳理出人们之间的联系。我认为大家应该会觉得这很有趣，所以我现在初步建立了一个网站，可以允许人们在一定的时间范围内（通过人和文章）找到某一个人，与另一个在Crimson中最常被提及的人之间联系，而这个人就是您。因此，我想获得您对于这个网站的允许，毕竟它的标题里有您的名字。

---

① 皮特·卡什莫尔：《MySpace美国第一》，"混搭"互联网新闻博客网站。

对此，刘易斯教授表示反对，并简要地回答说："我能在同意之前先看看吗？虽然这些都是公共信息，但在某种程度上，这样对公共信息进行整合的做法，就像是一种对于隐私的侵犯。"又过了一会儿，刘易斯教授觉得这个项目听起来是很有教育意义的，便又回答说："好吧，管他的呢！似乎也没什么害处。"于是thefacebook（Facebook的前身）就在一周之后上线了。

不到两年的时间，Facebook就超过了MySpace。而它的成功，主要是因为作出了一系列良好的决策：

·良好的编程设计（即使是在用户人数激增的情况下，其技术支持仍然是很可靠的）。

·与竞争对手相比，其设计更成功地平衡了很多相互对立的规则，于是可以让人们相互联系，并为相似的人之间提供了更亲密的交流空间。

·拥有比MySpace看起来更沉稳、更标准化的界面，这或许能反映出Facebook的前身是一个大学生的社区群，而不是一堆独立摇滚的爱好者。

·拥有一个在很大程度上能被用户所接受的广告模式（一部分原因可能是他们也没有意识到自己的数据是如何被重新利用的）。

·大量的战略性收购，使得Facebook成为不仅限于社交网络，而且还包括了短信、视频搜索、照片存储和浏览、购物和游戏等领域的一站式平台。

而其结果就是，Facebook的用户人数以非常惊人的速度在不断地增多。[1]Facebook成立于2004年2月4日，起初是作为一个仅供哈佛学生使用的网站，以取代在哈佛学生公寓为了让学生们彼此熟悉而打印出来的"脸书"（face books）。在一个月后，该网络的用户扩展到了斯坦福大学、

---

① 《关于公司》，Facebook网站。

耶鲁大学和哥伦比亚大学，到2004年年底为止，其用户总数就已经超过了100万。而Facebook之所以能够变得更受欢迎，也许就是因为它从一开始就带有一种"排外性"。在2005年，它的用户范围又扩展到了数百所大学和高中。到了2006年年底，就变成任何人都可以加入，而此时的用户人数也超过了1200万。一年之后，这一数字达到了6000万。到2010年上半年为止，这一数字居然达到了5亿。而截至我们在撰写这一章节时，据统计，每天都会使用Facebook的人数达到了15.9亿，有24.1亿的人（大约是地球人口的1/3，还包括婴儿）每月都会至少使用一次Facebook。尽管Facebook滥用其用户的数据引发了一些负面新闻，但这一数字仍在不断攀升。

事实上，Facebook收集了大量关于用户的数据，并且在如何处理这些数据方面，它还一直在"边做边学"。Facebook很早就意识到了隐私对于用户的重要性，并在2007年的时候明确表示："我们现在不会，将来也不会使用任何cookies收集任何用户的隐私信息。"[1]但仅仅在几个月后，当一位叫肖恩·莱恩的Facebook用户在网上买了一枚永恒的钻石戒指时——他的未婚妻却马上就从Facebook得知了这件事，而这都是因为Facebook在当时推出了一项名为Beacon的新功能。为了让Facebook上的好友相互了解彼此的最新动向，同时也为了扩展Facebook上的广告业务，Beacon会将用户们从非Facebook网站上的购买信息发布在其好友的最新动态里面。因此，莱恩的未婚妻不仅知道他购买了这枚戒指，而且还知道他是以51%的折扣买下来的。当莱恩的未婚妻问道："戒指是买给谁的？"[2]莱恩回答当然是买给她的，虽然求婚的惊喜就这样被破坏了，但幸好这段婚姻还是成真了！

曾经，Facebook还会与其他网站一起合作，进行信息共享。当Facebook用户在其合作的网站上购买商品时，Facebook就会得到通知，

---

① 《隐私政策》，thefacebook网站。

② 比尔·古德温，萨巴斯蒂安·克劳威格·斯格尔顿《Facebook的隐私游戏——扎克伯格违背了保护个人数据的承诺》（《计算机周刊》，2019.7.1）。

然后有时就会将该信息发到这位用户好友的新闻推送中。当然，人们可以选择不让别人知道自己的购买信息——前提是他们能够注意到网站上面的那个很小的选项框，并且知道自己关闭的是什么功能。于是，成千上万的Facebook用户对此愤怒不已，并要求该公司删除这一功能。然而，更为糟糕的是，研究人员还发现，在某些情况下，即使用户退出了登录，并且关闭了选项框的功能，这些信息仍会发送给Facebook。Facebook公司的发言人对此进行否认，但后来被证明是在说谎，于是大量的诉讼随之而来。于是，扎克伯格先向大众道歉[①]，然后又不得不支付了数百万美元的和解费用，最后，Beacon功能也被完全关闭了。

但是，这一次的罚款并没有阻止Facebook对于人们隐私的侵犯。到2009年年底，当其用户数量增长到3.5亿时，Facebook在没有任何事先通知的情况下，就对其隐私政策进行了更新。它发布了一份声明[②]，宣称用户们现在可以"个性化自己的隐私设置"，并指出原来的默认隐私设置已经发生了改变。以前的隐私设置是，外界只能看到用户的名字和"关系网"（这里的"关系网"指的是只有特定群体的成员才能加入Facebook——例如，某个用户的关系网就是其就读过的大学或高中，而现在已经成为那个时候的"遗迹"了）。这份新的隐私政策表明：[③]

> 某些类别的信息，比如你的姓名、个人资料照片、朋友列表、你的粉丝页面、性别、所在区域和你所属的关系网，都会被默认是对所有人公开的，包括Facebook的增强应用程序，因此，请不要进行隐私设置。然而，你可以对相应的搜索功能进行设置，以限制其他人搜索到这些信息。

---

① 《对于"灯塔"功能的看法》，Facebook网站。
② 《Facebook要求全球超过3.5亿用户对他们的隐私进行个性化设置》，Facebook网站。
③ 库尔特·奥普萨尔：《Facebook具有侵蚀性的隐私政策：关于时间线的梳理》，电子前沿基金会。

由此看出，这份声明的意思就是，无论如何，大多数人的信息都是会被公开的。也许事实如此，但是，在人们自愿选择去做什么和别人认为你该做什么之间，还是存在很大差异的。而现在，只要很短的时间，我们就会发现自己的朋友列表和粉丝页面真的会泄露出非常多的个人信息。例如，麻省理工学院的研究人员就发现，即使人们的Facebook上没有任何关于明确性取向的信息，人们也不难准确地找出到底谁是同性恋：

> 一个人的同事、朋友、家人和熟人的公开信息以及和他们之间的互动，都会含蓄地泄露其私人信息。通过研究，我们证实出了一种通过分析朋友关系，就能准确预测Facebook用户性取向的方法。在分析了4080份来自麻省理工学院Facebook关系网的资料后，我们发现这些已知用户的朋友中自认为是男同性恋者的百分比，会与该用户的性取向有很强的关联性，由此，我们研究出了一个具有很强预测能力的逻辑回归分类方法。[1]

对大量的公共信息进行整合，确实会构成对隐私的侵犯——这似乎是扎克伯格自己都没有想到的。在Facebook的默认设置改变之后，扎克伯格发现自己的照片也被公开了，于是他便迅速重新修改了自己的隐私设置。[2]而另一位Facebook的高管建议，那些不希望自己私人信息被公开的用户，只要填写错误的信息就好了——显然，他忘记了Facebook要求用户的信息得是真实的。[3]

对此，不仅是用户，美国的政府官员和一些隐私权保护组织的反应也很强烈。2010年4月27日，扎克伯格收到了一封来自4位美国参议员的

---

① 卡特·杰尼根，贝拉姆·F. T. 米斯特里：《同性恋雷达：Facebook上的朋友可能会暴露你的性取向》，《第一个星期一》期刊网站。

② 克什米尔·希尔：《要么是马克·扎克伯格的隐私跟着一起泄露，要么是Facebook的CEO不理解公司的新隐私设置》（《福布斯》）。

③ 茉莉亚·安格温：《Facebook是如何让结交朋友变得过时的》（《华尔街日报》，2009.12.15）。

信，他们用礼貌的语气传达出了一个不好的消息：

> 我们期待着联邦贸易委员会对此事进行调查，但与此同时，我们也相信Facebook可以采取迅速和富有成效的措施来减轻用户的担忧。而保持该应用透明度的关键步骤，就是为用户的信息共享提供可选择的机制，而不是让其经历漫长而又复杂的设置过程。[①]

在2010年5月，Facebook终于取消了其默认的隐私设置，因此只有用户的姓名、照片、性别和关系网等信息会被自动公开。[②]

尽管受到了用户们的强烈抗议，而且也收到了参议员们提出的"建议"，但在Facebook很不妥当地改变了其隐私默认设置，然后又决定恢复到之前的设置的这几个月里，它的用户数量居然又增加了5000万。虽然人们在抱怨，但同时又发现Facebook实在是太有用了，以至于无法不使用它。然而，每一个新加入Facebook的成员又会让它变得更有价值。人们使用Facebook不是为了结交更多的新朋友，而是因为他们所有的朋友都在上面。这种现象被称为"网络效应"：正如保罗·巴兰所预期的那样，个人在网络中的价值会随着网络整体规模的增加而增加。在2010年之后，Facebook在美国几乎就没有了任何的竞争对手，尽管在世界的某些地方，人们没办法注册Facebook。

在大部分的美国用户以及其他国家的用户纷纷加入Facebook后，其产品的多样化促进了该网络效应。Facebook在2008年增加了一项短信服务，接着便在2012年收购了Instagram，两年之后又收购了WhatsApp。至此，Facebook就成为一个为人们提供各种交流服务的平台——无论是好的，坏的，还是有欺诈行为的。据报道称，在2019年，就有90%的儿童色情内容

---

① 政客新闻网职员，《参议员们给Facebook的一封信》（《政客新闻》）。
② 《Facebook重置了其隐私政策》，Facebook网站。

通过Facebook被人们分享。[①]而其中大部分的信息都是通过Facebook旗下的Messenger应用传送的，因为在这之前，Facebook宣布它将对Messenger增加"端到端"的加密通信，以便让接收者以外的任何人都无法在信息传送途中破译其信息，于是，美国司法部部长和他在其他国家的同行们都坚决要求扎克伯格不要将该加密技术进行下去。下面就是执法部门如何使用电子监控抓捕罪犯的数千个例子中的一个：

> 举个例子，Facebook在确认了一名女童向一名成年男性发送了自己遭受性虐待的照片后，便向美国的失踪和被剥削儿童中心（NCMEC）提交了一份特别报告。Facebook找到了这两个人之间的多个聊天记录，证明了这个女孩一直都在遭受着性虐待的事实。当调查人员找到并询问这个女孩时，她回答说，从自己11岁开始的4年时间里，这个成年人对她进行了数百次的性侵，并且他还经常要求自己给他发送裸照。最终，因为这名罪犯对小女孩还负有托管的责任，他只被判处了18年的监禁。但如果没有Facebook上的信息记录，这个女孩所遭受的虐待可能还会一直持续到今天。

然而，如果使用了加密技术，那人们就不可能抓住这样的罪犯了。"因此，我们呼吁Facebook和其他的公司，"这封信继续写道，"无论他们使用何种加密形式，都要让执法部门能够以可读、可用的格式合法获取其内容。"

在第五章"神秘的比特"中，我们会继续讨论关于加密技术的历史。大多数的隐私和安全专家会一致认为，允许执法部门访问这些加密的信息同时意味着其他人也可以获取这些信息，因此其风险性将会被大大增加。但是，还有另一个问题是更加危险的：关于大多数人的个人信息以

---

① 珍妮佛·瓦伦蒂诺－德弗里斯，加布里埃尔·J. X. 丹斯：《Facebook通过加密打击网络恋童癖犯罪》（《纽约时报》，2019.10.2）。

及他们各式各样的活动踪迹，Facebook和谷歌要比任何政府机构都知道得多。假如他们一不小心犯了错误——比如数据泄露和服务中断，那就可能会影响到地球上的很大一部分人口。而在原则上，马克·扎克伯格是可以自己对Facebook的运作作出决定的。

作为不同通信形式的一个媒介，Facebook是没有义务要求人们的言论是属于合法形式的——因为在《通信规范法案》的第230节（见第七章"你不能在互联网上那么说"）中，法律赋予了互联网公司一定的保护，即使是对于某些非法的言论，在美国他们应负的责任也是很有限的。然而，他们也认识到，即使在美国，限制某些形式的言论都是出于商业利益和政治利益，而在国外，他们的审查义务就要明确得多。比如说，在2016年的美国总统选举中，很多带有欺骗性的政治广告可能就影响了选民们的抉择；社交媒体上的很多暴力内容可能会导致某些特大枪击案犯沉迷，并在现实生活中去这么做。

然而，这些公司在很大程度上是可以去制定自己认为合适的政策的——例如，是否要对其内容进行审查，以及什么样的内容需要审查；是否要对人们的聊天信息进行加密，以及如何去加密；等等。毫无疑问，他们在作出这些决定时，也会考虑到股东们的利益，如果他们不去这么做，其实是很不合适的。当然，如果这些政策是公众们普遍认同的，那才能更好地为其进行服务。但是否像司法部部长巴尔和参议员舒默早些时候所说的那样，公众本身是有兴趣对此进行干预的呢？

而且，建立了一项政策，并不等于可以完美地执行它。人们没办法对Facebook上的每一条评论、广告或视频进行审查，即便只是能及时回复那些用户所抱怨的内容也是非常困难的。因此，不可避免地，这些"看门人"都借助了人工智能来为他们做一些筛选工作，但是在不同的意图和语境下，人工智能恐怕在理解方面还无法与人类相匹配。

如果某个帖子中的一个单词或短语违反了Facebook的"仇恨言论"禁令，但是因为被断章取义了，那该怎么办呢？机器算法无法作出这种判断。Facebook不愿被指责其内容是带有政治偏见的，于是它宣称自己一般不会删除任何政治广告，即使这些广告被认为是虚假的。Facebook 说其决定是"基于 Facebook 对言论自由的基本信念、对民主进程的尊重，以及相信：在新闻自由的一个成熟民主国家，政治言论可以说是最应该接受检验的言论"。[①]难道这就是最符合公众利益的做法吗？并非所有人都会同意这一点。与之相反，到底该怎么去做就变得更加不明确了。

还是说，这些公司的规模太过于庞大了？在 2020 年大选期间，这一观点在一些总统候选人中逐渐流行起来。伊丽莎白·沃伦认为 Facebook 应该被拆解——或许可以通过解除它收购的一些公司来实现。而这样的做法是否合法，或者说是否是有益的，将会引起人们的激烈讨论。还有另一种想法是，保持这些公司的现状，但要对它们进行更严格的监管——尽管"魔鬼"总是藏匿在细节之中。对于政府来说，如果能将一家经营"比特"产品的私人公司，视为一家管理水资源的公共事业公司，那就会是一个巨大的进步。

对这些科技公司所提供的某一个特定的服务，政府中的一部分人会非常重视。作为 20 世纪最引人注目的发现之一，即对比特进行了一点点的"计算"，就使得所有的公民现在都可以，并且确实可以在公共互联网上相互交换加密的信息，虽然执法部门可以对这些信息进行拦截，但无法进行解码。这一切究竟是如何发生的，它又预示着什么呢？我们会在下一章继续进行讨论。

---

① 塞西莉亚·康：《Facebook 不会对政治言论进行干涉的做法遭到了反对》（《纽约时报》，2019.10.8）。

第五章

神秘的比特

密码是如何变得牢不可破的

信息加密的威胁

在第二章的"藏在魔方里的比特：斯诺登文件"一节中，详细描述了爱德华·斯诺登是如何辞去美国政府的顾问工作，然后带着一些U盘和笔记本电脑飞往香港的故事。而这些设备里储存了数千份机密文件，不久之后，《华盛顿邮报》和其他新闻媒体便公布了美国政府及其盟友们所实施的各种秘密监视项目的细节。[①]

棱镜计划的目标是像谷歌和雅虎之类的科技公司，主要通过对大量的电子邮件进行监控；强健计划（MUSCULAR）主要是负责破解这些公司的数据流；Dishfire 则专门监控短信的发送；XKeyscore 的目标是监视将互联网连接在一起的全球光纤网络；甚至很多年以来，威瑞森和其他电信公司在没有授权的情况下，一直受命秘密地向政府提供美国大众的电话信息，而发送该指令的秘密法庭，却鲜少有美国人知道它的存在。[②]

[①] 巴顿·吉尔曼，阿什坎·索塔尼：《根据斯诺登文件显示：美国国家安全局已经渗透到了雅虎、谷歌的全球数据中心》（《华盛顿邮报》，2013.10.30）。

[②] 巴顿·吉尔曼：《审计部发现，美国国家安全局每年违反了隐私法数千次》（《华盛顿邮报》，2013.8.15）。

在随后的国会调查中，美国国家安全局局长没有道歉，只是表示该机构的项目仍需要继续扩大。他说道："是的，我认为把所有的电话记录放进一个上了锁的箱子里，然后等国家有需要的时候，就可以对其进行搜索，是最为符合国家利益的做法。"[1]

斯诺登披露事件带来了颇具戏剧性的结果：很多美国人——以及他们的国际通讯员、外交官和商业伙伴，开始拥有了自己的"锁箱"：对发送的信息进行加密，以便只有发送人和收件人可以阅读。而这项技术早就已经存在了，而且在不久之后，一些电子邮件提供商和威瑞森这样的移动通信提供商也推出了新的功能，开始让人们的信息加密变得更容易、更普遍，并保证其信息无论是在传输过程中，还是在发送端和目的端，都可以得到加密。[2]在斯诺登事件发生之前，电子邮件在传输过程中被加密的比例仅为5%[3]，而如今这一比例已上升到了至少90%。[4]

到2017年，信息加密已经变得十分正常和普遍了，以至于执法部门发现要破解一些犯罪嫌疑人的通信信息是越来越困难了。联邦调查局曾报告称，在过去的一年里，其实验室收到了7775部无法解密的移动设备，尽管他们获得了法律授权，也拥有了一些世界上最好的密码破解工具。[5]联邦调查局告诫大家："一年里就有近7800部无法访问的设备，会是一个重大的公共安全问题。"虽然数据就在他们手里，但还不如说是被放到了冥王星上，他们根本无法获取信息。不过，后来证明了这个数字是被夸大了，2000部手机可能更接近真实的数据。[6]无论如何，执法部门所震惊

① 金伯利·多齐尔：《参议员说：希望限制美国国家安全局窥探美国人电话记录》，美联社。

② 大卫·古德曼：《各大应用宣称自己可以保证用户的通话记录不被泄露》，CNN财经。

③ 马修·格林：《要让电子邮件安然无恙，是一大挑战》（《纽约客》）。

④ 《在传送途中的电子邮件加密》，谷歌透明报告。

⑤ 艾伦·纳卡什玛：《FBI局长称加密是"重大公共安全问题"》（《华盛顿邮报》，2018.1.9）。

⑥ 德夫林·巴雷特，艾伦·纳卡什玛：《联邦调查局一再向国会和公众夸大其受到加密威胁的数据》（《华盛顿邮报》，2018.5.22）。

的是，即使他们拥有了重要的情报，也无法对其进行破解。

当美国司法部副部长罗德·罗森斯坦在美国海军学院发表讲话时，他谈到为了确保国家安全，免受犯罪分子和恐怖分子的侵害，我们需要做些什么事情。然而，罗森斯坦却认为我们需要做的不是去打击罪犯和恐怖分子，而是要把矛头对准这些科技公司，因为正是他们为罪犯和恐怖分子提供了可利用的工具。通过为公众提供连政府都无法破解的加密技术，这些公司已经谋取到了许多利益，并且他们也有帮助美国执法部门的公民义务。毕竟，他们有时还会与国外的一些政府合作。比如，他们会帮助政府更有效地对信息进行审查，又或许，他们还会在国内为某些机构提供加密信息服务，而这些合作都能让他们赚得盆满钵满，但是，难道他们的盈利动机就该成为不帮助美国政府的充分理由吗？罗森斯坦告诫大家："当服务提供商、设备制造商和应用程序开发商剥夺了执法部门和国家安全调查人员的一些关键的调查工具时，就会对公共的安全造成威胁。"

罗森斯坦接着说，其解决办法就是"负责任地进行信息加密"，也就是说，这些公司所递交给政府的加密信息，应该都是政府可以进行破解的。

对于罗森斯坦所呼吁的"负责任的"信息加密，很多怀疑论者和隐私权倡导者纷纷表示恐惧。过去有关数据泄露的研究和日常经验已经表明，安全的"密钥托管"方法是难以置信的——可以信任要么是政府，要么是科技公司本身的第三方机构，在执法部门要求之前将信息的"密钥"保管在手中，而且，限制加密技术的强度只会让人们的通信变得更不安全。事实上，如果想回到政府可以破解所有密码的那个时候，唯一的办法似乎就是废除一切使安全加密成为可能的数学定律了。在美国，像这样的争论已经持续几年了，而只有更为强大的加密技术才会是最后的赢家。就像国会曾经也试图制定有关信息加密的法律，但出于一些非常充分的理由，然后就只能放弃了。

加密技术就在恐怖分子和其他人的手中

2001年9月13日，也就是当世贸中心的废墟仍在不停燃烧的时候，来自新罕布什尔州的贾德·格雷格在参议院里向大家说明了到底"9·11"事件是怎么发生的。他回忆起FBI曾在多年前遭受攻击时发出的警告：FBI最大的威胁就是"那些蓄意要伤害美国的人所拥有的信息加密能力"。

这位参议员继续说道："在过去，我们有能力破解世界上大多数的密码，因为我们的技术足够成熟。"[①]但现在，这些优势已经不复存在了。他告诫说："我们可以花钱雇请世界上所有的密码破译人员，但现在的加密技术已经远远超越了这些破译人员的能力。"[②]就连大名鼎鼎的密码破译专家菲尔·齐默尔曼也认为，恐怖分子很可能会对他们的信息进行编码。菲尔·齐默尔曼是一名公民自由主义者，他的加密软件于1991年出现在互联网上，以供世界各地的人权工作者使用。他说道："我只是在做一个假设，或许真的有人想用加密技术来隐藏他们的活动轨迹，这确实是一件非常糟糕的事情。"[③]

"加密"是一种对信息进行编码的艺术，这样一来，重要的信息就不会被窃听者或是敌人获取了。解码加密的信息，需要知道用来加密信息的符号序列，也就是"密钥"。一条加密的信息可能对全世界都是可见的，但如果没有密钥，它就像被藏在一个上了锁的盒子里一样。如果没有密钥——确切地说，是正确的密钥——那这个盒子里的内容（或者消息），将永远都没有人能知晓。

在罗森斯坦呼吁科技行业要采取负责任的行动前，参议员格雷格就呼吁"开发软件、生产软件以及开发编码技术设备的机构之间要相互进

---

① 《2002年商务部、司法部、国务院、司法部门和相关机构拨款法案》(《美国国会记录》147卷，2001年9月13日第119期)。

② 约翰·施瓦茨:《关于电子信息加密的争议又产生了新的迫切性》(《纽约时报》，2001.9.25)。

③ 约翰·施瓦茨:《关于电子信息加密的争议又产生了新的迫切性》(《纽约时报》，2001.9.25)。

行合作"。①也就是说，他呼吁政府能够通过立法让大家进行合作，这样加密软件的开发者就必须让政府能够绕过这些加密锁，并获得解密之后的信息。那在国外编写的加密程序又要怎么办呢？要知道，像齐默尔曼的程序一样，这些程序是可以在一眨眼的时间内就被共享到全世界的。因此，美国应该以"美国市场为杠杆"，促使外国的制造商遵守美国的要求，这样美国政府自己就可以"走后门"了。

到2001年9月27日，格雷格呼吁的立法开始有了雏形。用于加密信息的密钥将会由政府在严密的安全保护下进行托管，即美国最高法院将会任命一个"准司法实体"，并由它来决定执法部门何时才可以得到这把钥匙。公民自由主义者们纷纷表示抗议，并且质疑这个托管方案是否真的可行。于是，格雷格参议员在9月底表明意见说："不管怎样，世界上没有什么是完美的。但如果你不去尝试，你就永远都不会成功；而如果你去尝试了，你至少还有机会去完成它。"②

然而，3个星期之后，格雷格却突然放弃了他的立法计划。这位参议员的发言人在10月17日时表示："我们没有再制定任何的加密法案，并且也不打算去这么做。"③

2001年10月24日，美国国会通过了《美国爱国者法案》，并赋予联邦调查局打击恐怖主义的权力，但是在该法案中却没有提到关于信息加密的问题。等十多年过去了，斯诺登的爆料事件才让美国再次认真思考，是否要通过立法来控制加密软件。

为什么不统一加密技术

在整个20世纪90年代，联邦调查局一直把控制加密技术作为立法的首要任务。参议员格雷格的提案算是一项比较温和的法案，由联邦调查

---

① 《如何应对我们今天面临的威胁》(《美国科学家联盟》，2001.9.19)。

② 约翰·施瓦茨：《关于电子信息加密的争议又产生了新的迫切性》(《纽约时报》，2001.9.25)。

③ 《格雷格参议员退出了"后门计划"》(《连线》)。

局起草，并在1997年由众议院情报特别委员会进行了宣读。该法案规定，如果销售的加密产品不能被授权的官员立即进行解密，将会被判5年的监禁。①

为什么执法部门在1997年认为对打击恐怖主义至关重要的监管措施，在4年之后，也就是在美利坚合众国遭受了有史以来最为严重的恐怖袭击之后，就从立法议程上消失了呢？

这是因为，截至2001年的秋天，美国在密码学方面没有任何技术突破，因此也就没有任何立法意义，而且，当时也没有取得任何外交方面上的突破。恐怖分子和犯罪分子使用的加密技术，才是当时最为严峻的问题，而究其原因，仅仅是与加密有关的一件事逐渐被人们所接受，而且变得越来越重要——互联网上商业交易的爆炸式增长。突然间，美国国会意识到，它必须允许银行及其客户、航空公司及其客户、eBay、亚马逊及其客户等使用加密工具，因为在这种情况下，任何使用互联网进行商业活动的人都需要加密技术提供的保护。于是刹那间，数以百万计的电子交易用户出现了——其数量如此之多，以至于整个美国和世界经济都依赖于公众是否相信网络上的电子交易是安全的。

到底是要促进电子商务的安全性，还是要防止不法分子进行秘密通信，关于这两者之间的争论已经持续了10年之久，而参议员格雷格是最后一个呼吁要限制加密技术的人。在1996年，美国国家研究委员会发布了一份长达700页的报告，仔细阐述了各种方案的利弊。该报告的结论是，总的来说，控制加密技术的努力将会是无效的，因为其花费的成本将超过所有可以获得的好处。然而，情报和国防部门并没有被说服。1997年，当美国联邦调查局局长路易斯·弗里在国会做证时，他说道："我们的执法部门一致同意，广泛地对这种非密钥管理（非第三方托管）的加密技术进行应用，最终将摧毁我们打击犯罪和预防恐怖主义的能力。"②

---

① 《众议院概要695（第105届）：加密安全与自由法案》，GovTrack.us网站。
② 路易斯·弗里：《关于信息加密》（《美国科学家联盟》，1997.7.8）。

然而，4年之后，即便是发生了"9·11"恐怖袭击，美国对于商业的需求依然证明了，除了将加密软件广泛地应用在这个国家的每一家企业，以及每一台可能发生商业交易的家用电脑之外，别无他选。在1997年的时候，一般的民众，甚至包括政府官员，可能都从未在网上购买过任何东西，毕竟国会议员的家人们可能也不会经常使用电脑。但到了2001年，一切都改变了——数字时代开始爆发了。这时，电脑已经成为人们消费的一种电器，互联网连接在美国家庭也变得很常见，而随之，人们对于反对电子欺诈的意识也变得越来越强。消费者们都不希望自己的信用卡号码、出生日期和社会安全号码统统暴露在互联网上。

　　那么，究竟为什么加密技术对于互联网通信会如此重要，以至于美国国会就算冒着恐怖分子会使用加密技术的风险，也要让美国的企业和消费者使用呢？这是因为，信息安全并不是一个新的需求。举个例子，在以前没有任何可以对信息加密的情况下，就算是通过邮政寄出信件的人，也会得到一定的隐私保证。

　　其答案，就在于互联网的结构是开放式的。通过互联网传输的数据包——每个大约是1500个字节，不像通过邮政寄件发送的信封那样，会在信封外面写上一个地址，而里面的内容却是保密的；它们更像是一张一张的明信片，会将所有的内容都暴露在人们面前。当数据包通过位于交换点的路由器时，它们会被存储、审查、分析，然后再进行发送。即使所有的光纤和电线都能保证是安全的，但无线网络却能让比特数据在不被察觉的情况下被捕获。

　　如果你是用电子邮件的方式，把你的信用卡号码发送给了一家商店，那它所产生的效果，就像是你站在时代广场上，用自己最大的声音把这一串号码喊了出来一样。到2001年的时候，许多信用卡的号码就已经以比特的形式通过玻璃纤维和空气进行传播，于是就为偷窥者们窃取信息创造了机会。

　　能确保互联网通信是安全的方法——确保除了收件人以外，没有人会知道这条信息里有什么内容，就是让发送方对信息进行加密，这样一来，就只有收件人才能对其解密。如果这能实现的话，那么当窃听者在信息发送（从发送方到接收方的传输）的途中查看他们想要的数据包时，他们就只会找到一堆无法破译的比特乱码。

从古代一直到第三个千禧年之前，所谓的"加密技术"就是将军和外交官们用来保护对国家安全至关重要的信息的"盔甲"，而随着互联网商务在世界范围内的发展，人们对加密技术的认知也彻底改变了。直到20世纪90年代初，美国国务院还曾让一位加密研究人员注册其名字为"国际军火商"，但突然之间，加密便不再像武器，而更像在城市街道上运送现金的装甲车。其区别只是，如今的每个人都需要一辆这样的装甲车。加密技术已经不再是弹药，而是金钱。

作为一种重要的军事工具，加密技术的商品化不仅仅是一种技术转变，它还激发了人们的很多思考——隐私的基本概念，以及在民主社会中安全和自由之间的平衡，而且还会继续激发新的思考。

在20世纪90年代，出现了很多关于加密政策的争论。来自麻省理工学院的罗纳德·李维斯特，是世界领先的密码破译专家之一，他在回应其中的一个争论时说道："现在的问题在于，人们是否能在不受到政府监控的情况下进行私人交流，即使法律已经完全授权了政府的监控行为。"[1] 而在推出了《爱国者法案》之后，恐怕国会也很难响亮地对李维斯特的问题回答一声"是的"，因为在2001年之后，商业现实压倒了一切的争论。

为了适应电子商务的需要，人们必须广泛地应用加密软件，而这些加密软件也必须能完美、快速地发挥作用，使得任何人都不可能破解其密码。虽然加密技术已经被使用了4000多年，但直到20世纪后期，才出现了一种能够很好地用于互联网商务的方法。在1976年，有两位（在一家研究密码学的情报机构工作的）年轻的数学家发表了一篇论文，使得一个看似荒谬的场景成为现实：两方都有一个秘密密钥，使他们能够安

---

① 罗纳德·李维斯特：《麻省理工学院关于加密技术的论坛》，1998年4月7日。

全地交换信息——即使他们从未见过面，并且他们彼此之间的所有信息都是公开的，任何人都可以听到。随着"公开密钥加密术"的发明，每个男人、女人和孩子都可以把信用卡号码传输到亚马逊上，其安全性超过了50年前任何一位将军能够传达的决定国家命运的军事命令。

密码学的历史

密码学，也称为"秘密的书写"，其历史几乎和书写本身一样悠久。早在公元前2000年，人们就在埃及的象形文字中发现了密码。这里的"密码"既指的是一种工具，也指的是一种方法——能将信息转化成人们难以理解的形式的工具，同时也是能从这种难懂的形式中恢复原有信息的方法。

恺撒家族的传记作家苏埃托尼乌斯，在书中提到当恺撒与演说家西塞罗于罗马共和国末期一起策划阴谋时，恺撒就曾在写给西塞罗的信中使用到了密码：

> 如果他（恺撒）有什么机密要讲，他就会用密码写，也就是说，通过改变字母表的字母顺序，让其他人一个字也看不出来。如果有人想要破译这些字母，并试图理解它们的含义，他就必须用每个字母之后的第四个字母来进行替换，即D代表的是A，其余的字母同理。[1]

换句话说，恺撒使用了一种"字母对字母"的方法来加密他的信息：

ABCDEFGHIJKLMNOPQRSTUVWXYZ

也就等于

---

[1] 准确地说，凯撒就只有22个字母可用，因为罗马人不使用字母J，U和W。

DEFGHIJKLMNOPQRSTUVWXYZABC

如果要用恺撒的方法进行信息加密，那就要像上面所写的这样，用下面一行的字母去替换上面一行对应的每个字母。举个例子，在《恺撒注释》的开头"Gallia est omnis divisa in partes tres"就可以被加密为：

　　明文：gallia est omnis divisa in partes tres
　　密文：jdoold hvw rpqlv glylvd lq sduwhv wuhv

原始的消息通常被称为明文，而编码后的消息则称为密文，两者可以通过反向替换来解密消息。

而这种加密方法也被称为"恺撒移位"或者"恺撒密码"。加密/解密规则很容易就能记住："将字母往后移动3个顺位。"当然，如果字母对应地移动超过3个顺位，或者更少，同样也能起到相同的作用。恺撒密码实际上是一个密码家族，拥有25种可能的变体，而每种变体对应着不同的移位数量。

恺撒密码的规律非常简单，如果敌人知道恺撒只是将信息进行了字母转换，他就可以通过尝试所有25种可能的字母转换来解密信息。但恺撒的方法也只是属于一种更大类别密码的其中一个代表而已，这个类别被称为"替代密码"。在这种加密方法中，一个符号根据统一的规则被替换为另一个符号（相同的字母总是以相同的方式进行替换）。

除了移位密码，还有很多不同的替代密码方法。例如，我们可以根据另一种规则打乱字母顺序：

　　ABCDEFGHIJKLMNOPQRSTUVWXYZ
　　就等于
　　XAPZRDWIBMQEOFTYCGSHULJVKN

这个时候，A代表X，B代表A，C代表P，以此类推。对字母表中的每一个字母进行重新排序，都可以使用类似的替换方法。可以进行重新排序的方法有：

$$26 \times 25 \times 24 \times \cdots \times 3 \times 2$$

大约就是4×10^{26}种不同的方法，也就是宇宙中恒星数量的1万倍！所以肯定没有人能够把它们全部都试一遍。因此，看来恺撒将军的替换密码方法还是很安全的——或者至少看起来是这样的。

破解替代密码

大约在1392年，英国作家杰弗里·乔叟——曾经被认为是一名很伟大的英国诗人，尽管现在人们对这个评价存在争议，写了一本天文仪器的使用手册。而在这本手册中，标题为《行星的赤道》[①]的部分是用替代密码写的（详见图5.1）。这个谜题并不像看起来那么难，因为里面几乎没有使用什么密文。我们所能知道的是，它是用英语（实际上是中世纪英语）写成的，下面我们就来看看它是怎么进行加密的。

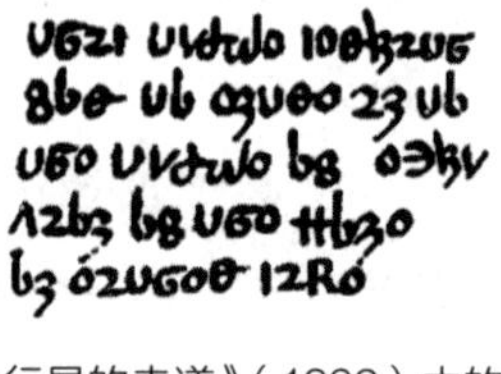

图5.1 《行星的赤道》（1392）中的密文，保存于剑桥大学的14世纪手稿。

虽然看起来这幅图里面的信息很像是一堆胡言乱语，但它确实包含了一些规律，可以为我们提供一些线索。例如，某一些符号要比其他符号出现的频率更高。这里面一共有12个❻和10个Ʊ，而其他符号都没有

---

① 《行星的赤道》（剑桥大学彼得学院图书馆，图书编号75.I）。

出现得这么频繁。在普通的英语文本中，出现频率最高的两个字母就是 E 和 T，所以很有可能这两个符号对应的就是这两个字母。根据图5.2，如果我们假设 ◊ = E 和 U = T，而出现了两次 U◊ 显然就可以看作一个首尾字母是 T 和 E 的3个字母的单词，那么它可能就代表着 TIE 或 TOE，但似乎更有可能是 THE，所以，一个合理的假设是 G = H。如果这些猜想都是正确的，那在文本开头以 TH 开头的4个字母的单词是什么呢？不是 THAT，因为它的末尾字母用了一个新的符号；应该也不是 THEN，因为其第三个字母也是一个新符号；也许是 THIS。在文本中的第二行，有一个以 T 开头的两个字母的单词出现了两次，那一定是 TO。当我们将 H、I、S 和 O 标注在对应的符号下面，就得到了图5.3。

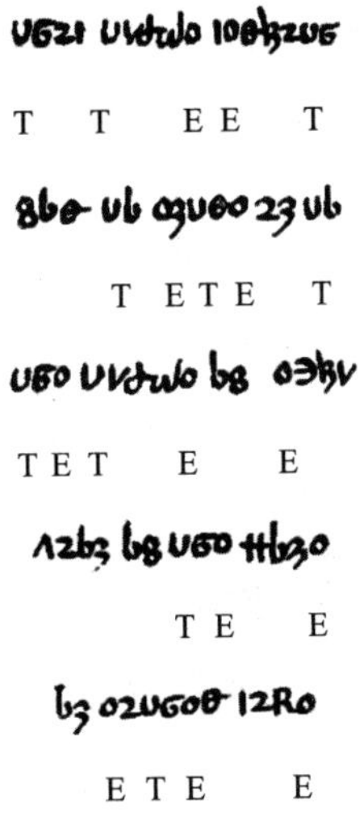

图5.2 《行星的赤道》密文，假设两个最常见的符号代表 E 和 T。

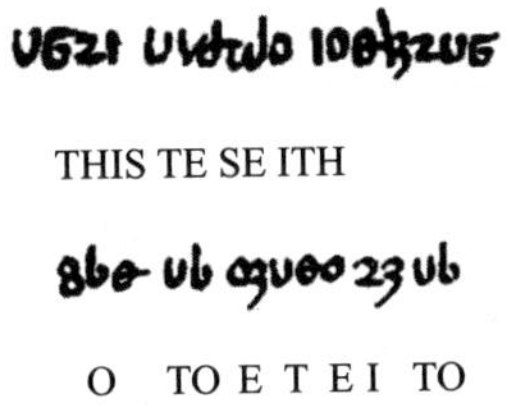

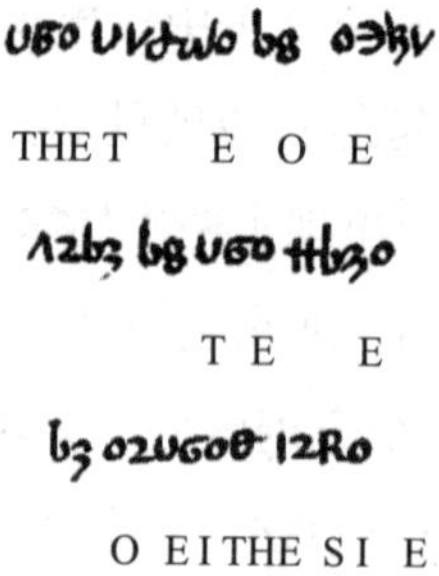

UEO UVTWO BB OTKV

THE T   E O E

AZBZ BB UEO HHBZO

T E   E

BZ OZUGOO IZRO

O EITHE SI E

图5.3 《行星的赤道》密文，推测出的更多解码。

到了这一步，剩下的猜想就变得容易了。最后的两个单词可能是
EITHER SIDE，而剩余的最后几个符号可以通过对中世纪英语的了解，
以及对文本内容的理解来进行推断。因此，完整的明文是This table
servith for entre to the table of equacion of the mone on either side（详见
图5.4）。

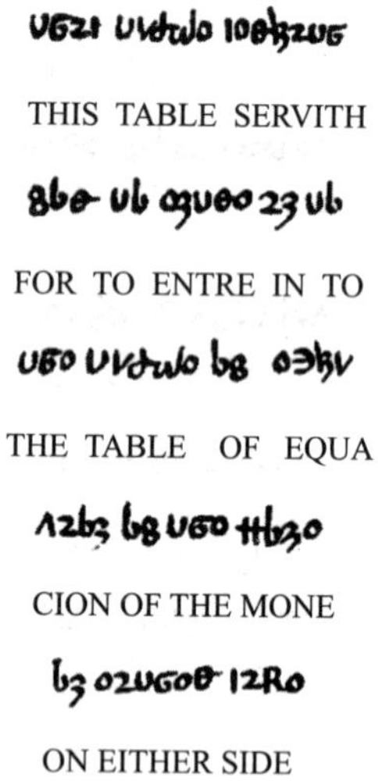

UEZI UVTWO IOBKZUE

THIS TABLE SERVITH

8BO UB OZUOO 23 UB

FOR TO ENTRE IN TO

UEO UVTWO BB OTKV

THE TABLE   OF EQUA

AZBZ BB UEO HHBZO

CION OF THE MONE

BZ OZUGOO IZRO

ON EITHER SIDE

图5.4 完全解码的《行星的赤道》密文。

在这个例子中，破解密码的方法就是进行"频率分析"：如果密码是
用符号代替字母的简单替换，那么通过判断各种符号在密文中出现的频

166

率，就可以收集到哪些符号代表哪些字母的关键信息。而这一观点，最早是由9世纪住在巴格达的阿拉伯哲学家和数学家肯迪提出的。

而到了文艺复兴时期，这种"明智的"猜测就已经沦落为欧洲各国政府所熟知的一种方法了。于是，替代密码也就没有那么安全了。其中一个著名的例子就是在1587年发生的苏格兰玛丽女王被斩首的事件。在当时，玛丽女王想要推翻伊丽莎白女王，于是她便使用替代密码和她的密谋者们相互通信，不料对于替代密码的信任却给她带来了杀身之祸。然而，玛丽女王并不是最后一个坚信替代密码是很难被破解的人，遗憾的是，事实并非如此。直到19世纪，替代密码才开始被普遍使用，尽管到那个时候，替代密码的易破解性已经持续了1000年！比如，埃德加·爱伦·坡的悬疑小说《金虫》（1843年）和柯南·道尔的福尔摩斯系列悬疑小说《跳舞的人》（1903年）都是以破解替代密码为主题的故事。

神秘的密钥和单次秘本

在密码学中，密码破译的每一次成功都会带来新的加密方法。看到《行星的赤道》中的密码这么容易就被破解了，那我们能做些什么来让它变得更安全，或者像密码专家们所说的，让它变得更加"坚固"呢？答案是，我们可以使用多个符号来表示同一个明文字母。在16世纪，一位叫布莱斯·德·维吉尼亚的法国外交官发明了一种需要使用多种恺撒密码的加密方法，称为维吉尼亚密码。举个例子，我们可以总共选取12种恺撒密码，然后将第一种密码用于加密明文中的第1、13和25个字母；第二种密码用于加密明文中的第2、第14和第26个字母，以此类推。图5.5就显示了这样的一个维吉尼亚密码，以SECURE…开头的明文会被加密生成密文llqgrow…，正如图中所示的框中字符：S使用第一行的字母加密，E使用第二行的字母加密，以此类推。在使用完整个表的最后一行字母之后，又再次从第一行开始，一遍又一遍地重复这个过程。

在使用图5.5中的密码时，我们不用向接收信息的人发送整张字母表。观察表格的第一列，我们就可以读出thomasbbryan——这就是解密消息的“密钥”。要想使用维吉尼亚密码进行通信的话，通信的双方首先必须就密钥达成一致。然后，他们就能各自使用密钥创建出一个用于加密和解密消息的替换表了。

当SECURE被加密为llqgrow时，明文中第2位和第6位E的两次出现就使用了不同的两个密文字母来表示，而密文字母l的两次出现也同样使用了不同的两个明文字母来表示。这就说明了，维吉尼亚密码可以混淆对于密码的频率分析，而频率分析本来是密码破译者们使用的主要工具。虽然维吉尼亚密码看起来很简单，但它的出现被人们认为是密码学上的一个里程碑式进步，而且这个加密方法在几百年以来一直都是牢不可破的。

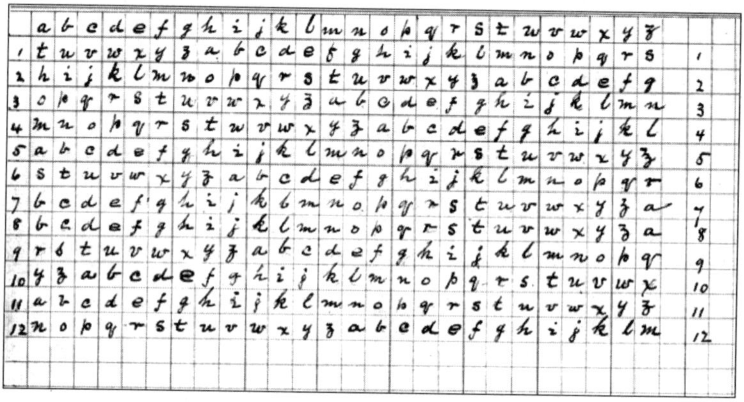

	a	b	c	d	e	f	g	h	i	j	k	l	m	n	o	p	q	r	s	t	u	v	w	x	y	z	
1	t	u	v	w	x	y	z	a	b	c	d	e	f	g	h	i	j	k	l	m	n	o	p	q	r	s	1
2	h	i	j	k	l	m	n	o	p	q	r	s	t	u	v	w	x	y	z	a	b	c	d	e	f	g	2
3	o	p	q	r	s	t	u	v	w	x	y	z	a	b	c	d	e	f	g	h	i	j	k	l	m	n	3
4	m	n	o	p	q	r	s	t	u	v	w	x	y	z	a	b	c	d	e	f	g	h	i	j	k	l	4
5	a	b	c	d	e	f	g	h	i	j	k	l	m	n	o	p	q	r	s	t	u	v	w	x	y	z	5
6	s	t	u	v	w	x	y	z	a	b	c	d	e	f	g	h	i	j	k	l	m	n	o	p	q	r	6
7	b	c	d	e	f	g	h	i	j	k	l	m	n	o	p	q	r	s	t	u	v	w	x	y	z	a	7
8	b	c	d	e	f	g	h	i	j	k	l	m	n	o	p	q	r	s	t	u	v	w	x	y	z	a	8
9	r	s	t	u	v	w	x	y	z	a	b	c	d	e	f	g	h	i	j	k	l	m	n	o	p	q	9
10	y	z	a	b	c	d	e	f	g	h	i	j	k	l	m	n	o	p	q	r	s	t	u	v	w	x	10
11	a	b	c	d	e	f	g	h	i	j	k	l	m	n	o	p	q	r	s	t	u	v	w	x	y	z	11
12	n	o	p	q	r	s	t	u	v	w	x	y	z	a	b	c	d	e	f	g	h	i	j	k	l	m	12

图5.5　这是一种维吉尼亚密码，表格中第二竖列写的thomasbbryan，就是该密码的密钥。每一行就代表着一种恺撒密码，而其移位量会由密钥中的某个字母决定。

*图片来源：哈佛大学档案馆

密码学家还会用一些常见的人名来描述加密的场景：爱丽丝想向鲍勃发送消息，而夏娃则是一个可能正在窃听的敌人。

密码学与其历史

在人类历史上，密码学（密码制作）和密码分析（密码破译）是许多重大事件的核心。大卫·卡恩的《破译者》[1]和西蒙·辛格的《码书》[2]，精彩地讲述了外交、战争和编码技术是如何交织在一起的故事。

现在，假设爱丽丝要向鲍勃发送一条消息（详见图5.6），那么"锁和钥匙"的比喻就意味着：爱丽丝把这条消息放在了一个盒子里，然后再用只有她和鲍勃才拥有的钥匙把盒子锁上（假设爱丽丝盒子上的这把锁是既需要钥匙进行上锁，也需要钥匙才能打开的）。所以，就算是夏娃在信息发送过程中拦截了这个盒子，她也不知道要用什么钥匙打开它。而当鲍勃收到盒子时，他就可以用他的那把钥匙打开盒子。只要钥匙是保密的，那就算其他人能看到这个盒子里装着东西，甚至能看到盒子上是什么样的锁，也没有什么关系。同理，即使知道了一条加密消息使用的是维吉尼亚密码，除非能知道它的密钥，否则是很难进行破译的。

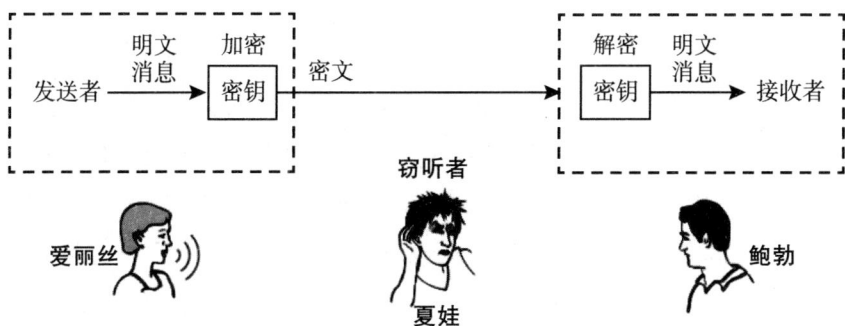

图5.6　这是一个标准的加密过程示意图。

---

[1]　大卫·卡恩：《破译者：密码书写的秘密》（修订版）（斯基伯纳出版社1996年版）。

[2]　西蒙·辛格：《码书：从苏格兰玛丽女王到量子密码学的密码演化》（双日出版社 1999年版）。

至少，这幅图大概讲清了加密的过程。事实上，维吉尼亚密码在19世纪的中期就被一位叫查尔斯·巴贝奇的英国数学家破译了，而他到现在都还被认为是计算领域的奠基人。巴贝奇认识到，如果人们能够猜测（或推导）出密钥的长度，从而计算出维吉尼亚密码重复的周期长度，那么这个问题就会简化为破译几个简单的替代密码了。于是，他很巧妙地对频率分析法进行了扩展，然后就发现了密钥的长度。也许是应了英国情报局的要求，巴贝奇从未向外发表过他发现的这个技术。后来，一位名叫弗里德里希·卡西斯基的普鲁士军官独自想出了破解维吉尼亚密码的方法，并于1863年公布了这个方法。从那以后，维吉尼亚密码也跟着变得没有那么安全了。

　　而能够保证不被破译的办法，就是使用一个像明文那么长的密钥，这样就不会出现重复的字母了。如果你希望发送一条加密长度为100的消息，那你就可以使用100种恺撒密码，就像图5.5那样，扩展到 100×100 的表格，且每个表行只使用一次。在第一次世界大战时，美国电话电报公司的电报工程师吉尔伯特·维纳姆发明了这种密码，因此它就被称为维纳姆密码，即人们常说的"单次秘本"。

　　术语"单次秘本"是基于密码的一种特殊的物理实现。现在让我们再来想象一下，爱丽丝想给鲍勃发送一条信息，然后爱丽丝和鲍勃的手中都有着相同的一个便笺本。便笺本的每一页上都写着一把密钥的序列，如果爱丽丝使用了第一页的密钥进行加密，那当鲍勃收到信息时，他就会使用自己的便笺本上的第一页密钥进行解密。每当爱丽丝和鲍勃用完一张纸上的密钥后，他们就会撕下并毁掉这一张纸。所以说，单次秘本的重要性在于不能重复使用相同的密钥，因为这样做就可能会产生类似于破解维吉尼亚密码时所使用的规律。

　　单次秘本在第二次世界大战和"冷战"期间就被人们所使用，人们会在一个个的小册子上写满数字（参见图5.7）。如今，各国政府在进行敏感通信时，仍然会使用单次秘本，并将大量的密钥小心翼翼地储存在CD或DVD上，然后再进行分发。

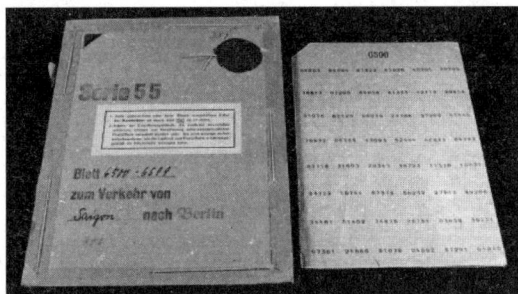

图5.7 这是德国在20世纪40年代用于柏林和西贡之间通讯的单次秘本，被加密的消息会标示出用于解密的页面。这本书的封面上告诫人们说："这本加密书中未被使用的部分，或许还可以对一些正在传送路上的信息进行解码，所以，请尽可能好好地保存，以等待信息的到达。"

*图片来源：美国国家安全局

如果正确地对一个单次秘本进行使用，那么谁都无法将其破解，因为密文中根本找不到任何规律。信息论和密码学之间有着很深的联系，克劳德·香农在1949年时曾对密码学进行了探索[1]（事实上，可能正是他在战时对这一"敏感"课题的研究，才会有他后来在一般通信方面的杰出发现）。香农从数学上证明了一个显而易见的事实：大体上，单次秘本在密码学中已经算是比较厉害的了，而且从理论上讲，它绝对是牢不可破的。

但是，正如约吉·贝拉所说："理论上，理论和实践之间没有区别；但实际上，这两者之间确实有区别。"所以，在实际操作中，人们很难制作出一个比较好的单次秘本。如果一个单次秘本包含了重复的部分或其他规律，那么香农关于单次秘本是不可破解的证明就站不住脚了。更糟糕的是，要想在双方之间顺利传送一个不会丢失或不会被拦截的秘本，就像在一个不被察觉的情况下传递纯文本信息一样困难。通常情况下，双方会提前共享一个秘本，并且在出门时还要保证能将其藏好。然而，一本很大的便笺本会比小的便笺本更难隐藏，因此人们就会禁不住"诱

---

[1] 克劳德·香农：《保密系统的通信理论》（《通信学报》，第28卷，1949年第4期）。

惑"，重复使用秘本——迎接死神之吻。

在1942—1946年，苏联的克格勃就成为该"诱惑"的受害者，导致其超过3000条外交和间谍活动的消息都被美国和英国的情报组织完全（或部分）破译。[①]美国国家安全局的维诺那计划，在1995年公布了苏联的一些主要克格勃特工名单，包括让克劳斯·福克斯和金姆·菲尔比。苏联的信息经过了双重加密，在其他加密技术上又使用了单次秘本，所以本来是非常难破解的。而最后，它们之所以能够被成功破解，仅仅是因为第二次世界大战的发生使得物质条件恶化，于是苏联人又重新使用了这些单次秘本。

由于单次秘本并不实用，所以几乎所有的加密都使用了相对较短的密钥。然而，有一些方法往往会比其他方法更为安全。因为可以破解维吉尼亚密码加密的计算机程序在互联网上很容易就可以找到，所以现在没有专业人士会使用维吉尼亚密码。而今天出现的很多复杂的密码，其实都是以前替代密码的后代。比如，人们不会再一个字母一个字母地去替换消息文本，而是利用计算机把美国信息交换标准码（ASCII）编码的明文消息分割成块。然后，它们会根据相应的密钥将每个小块里的比特进行替换。而密钥本身就是一串比特，而且爱丽丝和鲍勃必须对这串比特的顺序达成一致，才能不让夏娃进行破解。与维吉尼亚密码不同，这些密码并没有任何破解的捷径（或者至少是没有任何已知的捷径）。在不知道密钥的情况下，破解密文的最好方法似乎就只能用最笨的方法，一个个地试完所有可能的密钥。

当我们一个个地去尝试不同的密钥时，破解密码所需的计算量是会随着密钥的大小呈指数增长的。密钥的长度每增加一位，那破解密码所需的工作量就会增加一倍，但是加密和解密所需的工作量只会略微增加一些。而这就是为什么密码会如此有用：计算机可能会变得越来越快——

---

① 罗伯特·路易斯·本森：《维诺那计划的故事》（国家安全局，密码历史中心，2001年）。

甚至以指数级速度增长，但是破译密码所需要的工作量也可以通过挑选越来越长的密钥变得成倍增长。

在互联网时代学到的教训

现在，我们需要先停下来，好好思考一下从密码的历史中所学到的教训，也就是在20世纪早期被人们所熟知的道理。到了20世纪后期，由于现代计算机技术和新的密码算法的出现，密码学发生了巨大的变化，但这些教训仍然没有过时，只是它们会经常被人们遗忘。

技术突破常有发生，但信息传播仍然缓慢

通过频率分析的办法，玛丽女王密谋反对伊丽莎白女王的信件最终被破解出来，于是就被砍下了头颅。而在9个世纪之前，肯迪就描述过这种破译方法，所以有一些旧的加密（或解密）方法至今都还在使用，即使是冒着很高的风险。在公元1世纪时，苏埃托尼乌斯就发现了恺撒密码，然而两千年之后，西西里的黑手党仍在使用该密码。贝尔纳多·普罗文扎诺是一个臭名昭著的黑手党头目，并设法逃脱了意大利警方长达43年的追捕。但2002年，警方在他一个同伙的手中，发现了一些皮兹尼（pizzini）密文——专门打印在一些小字条上的一种密文。而这些信息是贝尔纳多和他儿子安吉洛之间的通信内容，并且使用了移动3个数位的恺撒密码，刚好就是苏埃托尼乌斯在书中所描述的那样。[①] 后来，贝尔纳多改用了更为安全的密码，但是"多米诺骨牌"已经开始倒下了。最终，他被追踪定位到了一间农舍，并于2006年4月被逮捕。

即使是科学家们，也无法对这种愚蠢行为完全免疫。虽然巴贝奇和卡西斯基在19世纪中期就破解了维吉尼亚密码，但50年后的《科学美国

---

① 《语言日志：普罗文扎诺代码》。

人》杂志仍然把维吉尼亚的方法描述为"是无法破译的"。[①]

编码后的信息只是"看起来"难以破译。有很多不谨慎的人,无论是新手还是富有经验的人,在看到一堆明显难以理解的数字和字母时,都会产生一种虚假的安全感。虽然密码学是一门科学,但是密码专家们也知道很多关于密码破译的知识。

有自信心固然好,但确定性会更加有用

没有人能保证,当代最好的密码是永远都不会被破解的(或者是到目前为止还没被破解)。有一些密码技术确实能够经受数学公式的验证,但实际上,要想真的提供出这样的验证方法,那就还需要一些在数学方面的重大突破。如果有人知道怎么破解现代密码,那他很可能就是国家安全局或类似的外国政府机构的人,而这些人一般都不会在公众面前说太多。

在无法对密码安全性进行验证的情况下,我们所能做的,就是遵循"密码学基本原则"[②]:如果很多聪明人都没能解决一个问题,那么这个问题可能就无法(很快)得到解决。

当然,在实践中,这并不是一个非常有用的原则,根据其定义,突破一般是不太可能"很快"发生的。但这些突破有时确实会发生,而且一旦发生的话,密码学家们就会普遍"消化不良"。1991年,MD5算法被用于计算一些关键的加密操作——也称为消息摘要,这是几乎所有的网络服务器、密码程序和办公产品的一个基本安全元素。MD5原本是为了取代早期的MD4算法,因为人们对其安全性提出了质疑。几年之后,学术研究人员也得出了相应结论,表明MD5也会很容易受到攻击。因此,密码学家们提出,MD5就应该被放弃,然后让更强大的算法SHA-1取而代之,但他们的这番提醒并没有起到多大作用,因为在很大程度上,针

---

① 《一种新的加密方法》(《科学美国人》,第83卷,1917年第2143期,增订版)。

② 查理·考夫曼:《网络安全:公共世界中的私人通信》第二版(普伦蒂斯霍尔出版社2002年版)。

对MD5的公开攻击似乎只是理论上的，是不太现实的。然后，在2004年8月的某个密码学年度会议上，研究人员们宣布他们只用了一个小时的计算时间就破解了MD5。[①]所以，人们又开始使用SHA-1，但没过多久，它的弱点也继而被发现了。

不过，直到2012年之前，大家还是认为除了学术研究人员以外，任何人都不可能会破解MD5或SHA-1。但就在那时，一款叫"火焰"（Flame）的间谍恶意软件，以一种全新形式的MD5，攻击了伊朗和其他中东国家的很多计算机。换句话说，"火焰"的发明者似乎就是那些知识渊博和富有创造力的密码学家，就像那些会在顶级的学术会议上发表论文的密码学家一样。[②]

在撰写本书的时候，SHA-1还没有被"破解"，虽然它已经被削弱了许多：以前曾被认为是绝对不会耗时的攻击，现在已经变得极其困难了。SHA-1似乎已经被更强大的、拥有新标准的SHA-2和SHA-3替代了，但我们真正知道的是，只有它们还没有被破解。

一种被证明是很安全的加密算法，是计算机科学的圣杯之一。加密算法中所暴露出的每一个弱点，都会为加强该加密算法而提供新的思路。虽然我们还没走到那一步，但是我们已经取得了一些进步。

有一个好的系统并不意味着人们会使用它

"牢不可破的加密"最终是有可能会出现的，但在我们解释它之前，需要提醒一下大家，如果人们不改变自己的行为的话，那么即使是数学理论上确定了是完全安全的，也并不足以创造出安全的密码。

---

① 王小云，俞洪波：《如何破解MD5和其他哈希函数》(《密码学的进步——国际密码学协会，2005年》)；罗纳德·克莱默：《计算机科学的讲稿》(施普林格出版社柏林海德堡，第3494卷，2005年)。

② 丹·古德温：《加密技术的进步使得"火焰"像世界级密码学家设计的一样》(《科技艺术》)。

维吉尼亚于1586年公布了他的加密方法，但是外交部的密码秘书通常会避免使用维吉尼亚密码，因为它使用起来非常麻烦。他们选择继续使用较为简单的替代密码——尽管众所周知，这些密码是很容易被破译的，然后希望一切都会往好的方面发生。到了18世纪，大多数欧洲政府都有了"黑室"（Black Chambers）技术，只要通过它，所有来往外国大使馆的邮件就都会被传送到解密处。最后，这些大使馆又改用了维吉尼亚密码，尽管在人们都知道如何破解维吉尼亚密码之后，他们也一直在使用。

放到今天来看，也是如此。技术发明，无论新的技术发明在理论上是多么无坚不摧，但如果它们用起来不方便，或是太过于昂贵，就不会出现在人们的日常生活中。这些脆弱的系统背后隐藏的风险往往会被合理化，因为人们都觉得重新使用一个更为安全的方法是非常麻烦的一件事。

1999年，一种被称为有线等效加密（WEP）的加密标准被引入家庭和办公室的无线连接。然而，在2001年，有线等效加密被发现有严重的缺陷，会让其很容易通过无线网络被窃听。尽管这一事实在密码安全领域已经是广为人知[1]，很多无线设备公司还是在继续销售有线等效加密产品，行业专家只好安慰地说道："用有线等效加密总比没有好。"2002年，另一种被称为保护无线电脑网络安全系统（WPA）的加密新标准终于出现，但直到2003年9月，所有的产品才被要求使用保护无线电脑网络安全系统才能获得认证。而TJX（几个主要零售连锁店的母公司）因为一直到2005年都还在使用有线等效加密加密，于是，黑客成功窃取了其超过4500万个信用卡和借记卡记录。[2]要知道这个时候，有线等效加密的不安全性已经早就尽人皆知，而且WPA也已经使用很久了。最后，TJX在这次安全漏洞的损失达到了数亿美元。

---

① 尼基塔·鲍里索夫，伊恩·戈德堡，大卫·瓦格纳：《截取移动通信：802.11的不安全性》，2001年MobiCom无线和移动通信国际会议（国际计算机学会，2001年）。

② 贾库马尔·维贾扬：《加拿大调查发现无线黑客入侵TJX》（《计算机世界》）。

当加密技术被军方垄断时，如果指挥官怀疑敌人已经破解了旧密码，原则上他可以命令所有的人开始使用新密码。如今，因为加密不够安全而带来的风险，主要来自三种力量的共同作用：专家们总是很快就知道哪些加密技术是不安全的，而外行人又总是很迟才认识到这些加密技术原来是有漏洞的，以及现在加密软件的安装规模非常的大。举个例子，如果一所大学的研究人员在某个算法中发现一个小漏洞，那就意味着所有地方的计算机都将容易遭受攻击，而且也不会有一个中央权威机构下令对所有地方的软件进行升级。

如果代码是错误的，那么算法是否正确并不重要

和其他软件一样，密码的算法也容易出现一些普通的编程错误。2014年，苹果公司曾透露说，其Macintosh电脑和Iphone中的网络安全软件有一行额外的"goto fail"代码。虽然这个代码只是无意中复制了上面的线路，但它可以绕过一个重要的安全检查环节，于是就容易使用户的通信被恶意拦截。[①]

敌人了解你的系统

从加密历史中能学到的最后一个教训似乎有些反直觉：一种加密方法——特别是一种广泛使用的加密方法，如果已经是广为人知的，而且也没有被破解过，就会被认为应该比那些不为人知的加密方法更加可靠。

佛兰德语言学家奥古斯特·克尔科夫斯在1883年一篇关于军事密码学的文章中就阐述了这一原则[②]。他解释说：

这个加密系统不需要保密，但它就算落入敌人之手也不会引起麻

---

① 《苹果的SSL/TLS漏洞》，"皇室紫罗兰"网站。

② 奥古斯特·克尔科夫斯：《战时使用的军事或数字密码学，采用了一种新型的双密钥解密方法》（《军事科学杂志》，1883年）。

烦……在这里，我指的是加密系统，不是密钥本身，即该系统的物质部分：表格、字典或任何需要进行应用的机械设备。事实上，我们没有必要制造出一些假想敌，或者是怀疑员工（或下属）的诚实性，而为了更好地对其理解，如果发现一个需要保密的加密系统被放在了太多人的手上，那它也可以对每个参与其中的任何一部分进行妥协。

换句话说，如果一种密码方法被广泛使用了，那么它就没办法保持长时间地不被人们所知。因此，它应该被设计成就算除了少量信息（密钥）之外的所有信息都被暴露出来，也能依然保持安全。

在香农关于秘密通信系统的一篇论文中，他也重申了克尔科夫斯所说的原则："我们应该假设敌人知道我们正在使用什么样的加密系统。"[1]他接着写道：

> 这个假设实际上是密码学研究中会经常用到的。它是很悲观的，因此才能为我们保证安全，但从长远来看这却是现实的，因为人们必须明白他的系统终有一天是会被发现的。

然而，克尔科夫斯原则在现代网络安全实践中经常被违反。一些互联网初创公司通常会大胆地宣布，他们推出了一些具有突破性的专有加密方法，但他们又拒绝接受公众的审查，并解释说该方法必须要保密，以保护其安全性。对于这种"通过保密以实现加密安全"的说法，密码学家们通常都会表示极度的怀疑。

即使是一些成熟的机构，也同样会违背克尔科夫斯原则。用于DVD的内容加扰系统（CSS）是由电影制片厂和消费电子公司于1996年联合开发的。该系统可以对DVD内容进行加密，以限制一些未经授权的复制品出现，而且它所使用的加密方法也是对外保密的，以防止人们生产一

---

① 克劳德·香农：《保密系统的通信理论》（《通信学报》，第28卷，1949年第4期）。

些未经许可的DVD播放机[1]。这一加密算法从未被专家全面地分析过，而结果却证明它是很"脆弱"的，仅在公布后的3年内就被破解了。[2]于是，CSS的解密程序，连同大量未经授权的"盗版"DVD内容，很快地在互联网上广泛传播了起来（关于版权保护的详细讨论，请参阅第六章"被打破的平衡"）。

后来，克尔科夫斯原则已经作为加密标准的形式被制度化了。数据加密标准（DES）于20世纪70年代被采纳为国家标准，并在商业和金融领域得到了广泛的应用。近年来，一些专用硬件的设计和摩尔定律的发展，使得一个个地去尝试密钥的方法变得更加可行，于是数据加密标准就不再被认为是安全的。另一个新的标准，高级加密标准（AES），在经过彻底、公开的审查后于2002年被正式采用。[3]正是因为这些加密方法被大家所知道，人们才会对它们抱有很高的信心。在经过专家分析和业余实践之后，它们最终也没有被发现有什么严重缺陷。

虽然这些教训在今天和过去都一样正确，然而，有一些东西——密码学中最基本的东西，在今天已经变得不同了。在20世纪后期，加密的方法不再是国家的机密，而成为人们的消费品。

永远在变化的加密技术

4000年以来，密码学所要做的事，就是要确保如果夏娃在途中截获了爱丽丝发给鲍勃的信息，她也无法读懂其上面的内容。然而，如果密钥被人发现了，那就做什么都于事无补了。因此，让密钥得以保密，具有不可估量的重要性，但同时，也是一件非常不确定的事情。

---

① J. A. 布鲁姆等：《DVD视频的版权保护》（《IEEE学报电气与电子工程师协会会议记录》，第87卷，1999年第7期）。

② 安迪·帕特里齐奥：《为什么DVD黑客是轻而易举的事》（《连线》）。

③ 莫里斯·J. 多尔金等：《高级加密标准》。

如果爱丽丝和鲍勃在见面的时候就确定好了密钥是什么，那鲍勃要怎么在危险的出行中保守住这把密钥呢？保护密钥历来是军事和外交上的头等大事。在战争中，飞行员和士兵会得到指示，即使在面对敌人攻击时必死无疑，他们的首要责任是先摧毁掉密码本，因为一旦密码被发现，可能就会有数千人丧命。密码的保密胜过一切。

然而，如果爱丽丝和鲍勃从未见过面，他们又怎么在可以安全传输密钥的情况下，就密钥达成一致呢？这里有一个基本的限制：安全通信仅适用于那些能够事先安排会面，或是能够使用先前就有的安全通信方法（如军事信使）进行密钥的传送。而如果因特网通信必须按照这一假设进行的话，那么电子商务就永远不可能满足这一点，毕竟通过网络的比特数据包是完全不受保护的，随时都会被窃听。

等到了20世纪70年代，一切都变了。32岁的惠特菲尔德·迪菲是一位数学自由主义者，他在麻省理工学院读本科时就痴迷于密码学。31岁的马丁·赫尔曼是布朗克斯科高中的一名精明务实的毕业生，同时也是斯坦福大学的一名助理教授。迪菲走遍了整个国家，一直在寻找秘密通信数学方面的合作者。但这并不是一个容易进入的领域，因为这一领域最重要的工作都是在国家安全局紧闭的大门后进行的。24岁的计算机科学研究生拉尔夫·默克尔正在探索一种安全通信的新方法。后来，在整个密码学历史上最重要的发现中，迪菲和赫尔曼发现了默克尔思想实现的可能性，他们在一篇名为《密码学的新方向》的论文中提出了这一观点。[①]该论文所述如下：

一种能让爱丽丝和鲍勃在没有事先安排的情况下，就可以确定只有他们俩知道的密钥是什么的方法，便是通过在他们之间根本就不是秘密的消息进行传送。

---

① 惠特菲尔德·迪菲，马丁·赫尔曼：《密码学的新方向》（《IEEE信息理论汇刊》，第22卷，1976年第6期）。

换句话说，只要爱丽丝和鲍勃之间可以互相通信，他们就可以建立一个密钥。所以，夏娃或其他人能否听到他们所说的一切，都并不重要。爱丽丝和鲍勃可以就密钥达成共识，而夏娃也没有办法通过她所听到的信息找出密钥是什么。因此，即使爱丽丝和鲍勃以前从未见过面，也从未达成过任何协议，他们也真的可以互通密钥。

　　1997年，詹姆斯·埃利斯、克利福德·考克斯和马尔科姆·威廉姆森曾在英国秘密的政府通信总部（GCHQ）开发过同样的"公开密钥"技术，比迪菲和赫尔曼的发现还要早了两年[①]。

　　对于这个发现所产生的影响，是怎么说都不为过的。历来，保密通信都是被政府所垄断——自从有文字以来，都一直如此。加密技术关系到政府的很多利益，而最聪明的科学家们都为政府工作。但是，政府做这些保密工作还有另一个原因：只有政府才有足够的资金，可以确保秘密通信所需要的密钥的产生、保护和分发。而现在，如果密钥可以通过公共通信产生，那么就意味着每个人都可以使用加密技术。因此，他们并不需要军队或勇敢的信使来传递和保护这些密钥，他们所需要的，就是知道如何去加密。

　　迪菲、赫尔曼、默克尔将他们的发现称为"公开密钥密码学"。虽然在当时，这个新发现的重要性并没有被人们认识到，但正是这项发明，才使得电子商务成为可能。假设一下，爱丽丝就是你，而鲍勃是亚马逊，你们之间就不可能会见到面——那你要怎么才能亲自去亚马逊要到密钥呢？亚马逊有具体的物理位置吗？如果爱丽丝想要安全地将她的信用卡号码发送到亚马逊的话，加密必须当场完成，或者更确切地说，是在被互联网分隔开的两个单独的点上完成。迪菲、赫尔曼、默克尔的发现，以及后来总结的一套相关的方法，都使得安全的互联网交易成为可能。

---

① J. H. 埃利斯：《非秘密通信的历史》（《密码术》，第23卷，1999年第3期）。

如果你曾在网上商店订购过任何东西，那你就已经是一个密码高手了，只是你没有发现而已。你的电脑和商店的电脑就分别扮演了爱丽丝和鲍勃的角色。

爱丽丝和鲍勃可以通过公共通信通道就密钥达成一致，这听起来好像很不合理。但这并不是说，所有科学界的人都试过了迪菲、赫尔曼、默克尔的方法，然后失败了。相反，他们三个从来都没有想过要尝试这么做，因为很显然的是，爱丽丝必须想办法把密钥给到鲍勃。

甚至，伟大的通信专家香农也错过了这个发现。在其1949年的一篇论文中，他将所有已知的密码方法放进了一个统一的框架下，但他没有意识到可能还有另外一种选择。他写道："密钥必须通过一种不会被拦截的方式，从发送点传输到接收点。"[1]

香农并没有说对，即便爱丽丝和鲍勃的所有信息都被拦截了，他们俩也可以知道密钥是什么。

那爱丽丝究竟是如何将秘密信息传递给鲍勃的呢？其基本情况还是像图5.6所示，爱丽丝会发送给鲍勃一条编码的消息，于是鲍勃要使用一个秘密密钥对它进行解密，而夏娃可能会在信息发送途中截获密文。

而爱丽丝所要做的，就是让夏娃无法用任何方式进行解密，除非她一直试完所有可能的密钥组合。如果在这个意义上，解密就变成了一个"困难的"问题，那么数学上的指数级增长现象就成为爱丽丝和鲍勃的盟友。举个例子，他们可以使用普通的十进制数字作为密钥，并且密钥长度为10位数，如果他们怀疑夏娃的电脑已经强大到可以运算出所有的密钥组合，他们还可以将密钥长度变成20位数，于是，其运算的时间一下子就增加了 10^{10} = 100亿。换句话说，即使夏娃的电脑强大到可以在一秒钟内破解任何一个10位的密钥，那20位的密钥则需要她花费300多年的

---

① 克劳德·香农：《保密系统的通信理论》（《贝尔系统技术期刊》，第28卷，1949年第4期）。

时间才能破译！

　　虽然一个个地去试密钥的组合，也是夏娃可以发现密钥的一种方法，但如果爱丽丝使用了替代密码或维吉尼亚密码去加密她的信息，那么加密的信息将会出现一定规律，就会使夏娃更快地找到密钥。其关键是，要找到一种不会显示出任何规律的加密方法，这样密钥就不会那么容易被推断出来了。

密钥协议

　　这个重要的发现背后，是基于一个单向计算的概念——这种计算有两个重要的性质：它可以很快完成加密，却无法很快完成解密。具体地说，就是迅速地让两个数字x和y通过计算，产生第三个数字，我们可以将称之为x×y。即使你知道x×y的值，也知道x的值，你仍然没办法快速地找出y的值。也就是说，如果你知道了x的值和z结果值，那你要找到y值的唯一方法就是通过z＝x×y的计算不断试错。而随着z的位数增多，这种无尽的试错花费的时间也会呈指数级增长，因此对于有几百位数的数字来说，这几乎更是不可能解开的。迪菲和赫尔曼的单向计算还有一个重要的第三个特性：（x×y）×z与（x z）x×y总是会产生相同的运算结果（迪菲和赫尔曼使用的运算规律是x×y＝一个余数，而且是当xy除以p时，p是一个固定的标准素数）。

　　密钥协议的基础就是一个大家都知道的常识：如何计算x×y，以及一个特定的多位数g的值，而且所有的这些信息对全世界都是已知的。在我们弄懂了这一点之后，下面就来看看爱丽丝和鲍勃是如何操作的。

　　首先，爱丽丝和鲍勃每人会选取一个随机数，我们把爱丽丝的数字称为a，鲍勃的数字称为b，然后a和b就是爱丽丝和鲍勃的秘钥。爱丽丝和鲍勃会对他们的秘钥进行保密。也就是说，除了爱丽丝没人知道a的值，除了鲍勃也没人知道b的值。

　　1.爱丽丝计算g×a，鲍勃计算g×b（其实并不难），然后其结果分别称为公共密钥A和公共密钥B。

2.爱丽丝会发送给鲍勃A的值，而鲍勃会发送给爱丽丝B的值，于是夏娃是否会偷听到这些内容并不重要，因为A和B都不是加密数字。

3.当爱丽丝接收到鲍勃的公共密钥B时，她就会使用自己的秘钥a和鲍勃的公共密钥B计算B×a的值。同理，当鲍勃从爱丽丝那里接收到A时，他也会计算出A×b的值。

即使爱丽丝和鲍勃分别做了不同的计算，但他们最终会得到相同的数值。鲍勃计算出A×b，即（g×A）×b（参见步骤2，A就是g×a），而爱丽丝计算出B×a，即（g×B）×a。根据单向计算的第三个性质，这个数值就会变成是（g×a）×B——不同的计算方式，却得到了相同的数值！

确定没人能破解公开密钥吗?

现在，还没有人能从数学上证明公开密钥的加密算法是牢不可破的，尽管顶尖的数学家和计算机科学家们努力地提供了其安全性的绝对证据。因此，对于公开密钥的安全性，我们只能说：到目前为止，还没有人对其进行破译。如果非要说有人知道能快速找到密钥的方法，那可能就是国家安全局了。国安局在一个极端保密的环境中运作，也许它知道怎么破译，只是没有告诉大家而已。又或者，有某个独行侠已经破解了其密码，但比起出名，或许他更喜欢赚钱，所以他选择默默地破解金融交易信息，以赚取巨额利润。我们只能猜测说，还没人知道怎么破译，而且也没人会知道。

我们可以将这个共享值称为K，也就是爱丽丝和鲍勃将使用的密钥。他们可以选择任何标准的加密方法，然后通过密钥对其后续的信息进行加密和解密。

但是，要是夏娃一直都在监听爱丽丝和鲍勃的通信，她能利用这些信息做什么吗？她会知道A和B，然后也会知道g，因为它是行业内的一个数值标准。如果她知道了爱丽丝和鲍勃使用的所有算法和协议，而且碰巧也读过了迪菲和赫尔曼的论文！但是，要计算出密钥K，夏娃必须知道a或b其中的一个密钥。然而，她没办法知道，因为只有爱丽丝知道a，也只有鲍勃才知道b。对于一个几百位的数字，如果不对其数值组合进行不断试错，是没有人会知道如何从g、A和B中找到a或b的。

爱丽丝和鲍勃可以用个人电脑或简单的专用硬件来完成他们的计算，但即使是世界上最强大的计算机，其速度也不足以让夏娃破解这个密钥——至少目前还没有任何已知的方法成功过。

这种利用了计算上的差异让人们无法对其破解的方法，是迪菲、赫尔曼、默克尔的一大突破。他们让大家知道了，在不需要安全传送通道的情况下也可以创建共享密钥。

私人通信中的公共密钥

假设爱丽丝想让世界上的任何人都可以向她发送消息，而且这些消息都只能由她一个人进行解密，那她只需要对密钥协议做一些小改变就可以做到这一点。所有的计算方式都与密钥协议中的相同，但只是它们的顺序略有不同。

爱丽丝选择一个秘钥a并计算出了相应的公共密钥A，然后她将A发布到一个目录中。

如果鲍勃（或其他任何人）现在想给爱丽丝发送一条加密消息，那么他就可以从目录中获得爱丽丝的公共密钥。接下来，他会选择自己的密钥b，并像之前说过的方法一样计算出B。接着，他还会使用爱丽丝的公共密钥A计算出一个共享密钥K，正如前面提到的密钥协议：K = A × b。鲍勃会使用K作为密钥，然后对发送的消息进行加密，然后他再将B和密文一起发送给爱丽丝。因为他只使用了一次K，所以这里的K就和单次秘本的作用一样。

当爱丽丝接收到鲍勃的加密消息后，就像在密钥协议中一样，她会使用消息中的B和她的密钥a，计算出相同的K＝B×a，然后爱丽丝就可以将K作为解密消息的密钥了。而在这个过程中，夏娃依旧无法解密，因为她不知道秘钥是多少。

这看起来可能只是密钥协议的一个简单变体，但它却让我们对安全通信的看法发生了重大的概念性变化。有了公开密钥，"任何人"都可以通过不安全的、完全开放的通信路径向"任何人"发送加密的邮件。他们唯一需要达成一致的，就是要使用迪菲、赫尔曼和默克尔的方法——而且明确地知道，试图通过被截获的信息进行破译是不可能的事情。

数字签名

除了秘密通信，公开密钥加密技术的第二个突破性成就，就是防止电子交易过程中的伪造和模仿。

假设爱丽丝发布了一个公开通知，而看到这则通知的人怎么才能确定它确实是来自爱丽丝，而不是伪造的呢？我们需要的是一种可以对爱丽丝的公共信息进行标记的方法，这样一来，任何人都可以很容易地验证该标记是属于爱丽丝的，而且也没有人可以对其进行伪造。这种标记我们就称为"数字签名"。

和我们在前面使用过的假设一样，我们将继续讨论爱丽丝向鲍勃发送信息，而夏娃则试图在信息传递过程中做一些邪恶的事情。然而，在这次的情况中，我们并不关心爱丽丝的消息是否能够保密——我们只需要确保鲍勃接收到的信息是否真的是爱丽丝发送的。换句话说，这个信息可以不用保密，也许这是一个重要的通知。而鲍勃需要确信的，就是他在通知上看到的签名是属于爱丽丝的，这样就可以证明该通知在他收到之前没有人做过手脚。

数字签名协议会使用公共密钥和私人密钥，但方式不太一样。数字签名协议由两个计算方法组成：一个是爱丽丝用来在其信息上创建签名的，而另一个则是鲍勃用来验证爱丽丝签名的。爱丽丝会使用她的私人密钥和消息本身来创建一个签名，然后任何人都可以使用爱丽丝的公共密钥来验证其签名。因此，这里的关键在于，每个人都能知道公共密钥，从而可以验证签名，但是只有知道私人密钥的人才能生成签名。这刚好与我们在上一节中所说的情况相反，之前是任何人都可以对信息进行加密，但只有知道密钥的人才可以解密消息。

数字签名的计算方法是，如果你有私人密钥，那么生成签名就很容易；如果你有公共密钥，那么验证签名就很容易；但是，如果你不知道私人密钥，那么就没有办法生成一个可验证的签名。此外，整个签名，不仅取决于这个消息，也取决于签名人的私人密钥。因此，数字签名协议可以证明消息的完整性——它在传输过程中没有被篡改，以及消息的真实性——发送消息的人确实是爱丽丝。

而在典型的实际使用过程中，例如，用于签名一封未加密的电子邮件，爱丽丝并不会对消息本身进行加密。反之，为了加速签名的计算，她首先会计算出一个该消息的压缩版本，也称为"消息摘要"，它比消息本身要短得多。与生成完整的消息相比，生成摘要签名所需的计算量会更少。如何计算消息摘要，是大家都知道的知识。当鲍勃收到爱丽丝签名的消息时，他也会计算消息摘要，并验证它是否与使用爱丽丝的公共密钥解密签名之后得到的信息相同。

在这个"消息摘要"形成的过程会产生一种"指纹"——虽然很小，但实际上它是世界上独有的一枚指纹。然而，在使用"信息摘要"的过程中，必须避免风险发生。如果夏娃可以用相同的摘要生成不同的信息，那么她就可以将爱丽丝的签名附加到自己的信息上，于是在收到消息之前，鲍勃也不会意识到有人篡改了消息。当他完成验证过程时，他会计算夏娃信息里的摘要，并将其与爱丽丝附加在原来信息上的签名的解密结果进行比较，然后就会发现它们是相同的。这种风险就是本章前面提到的MD5（消息摘要5）不安全的根源所在，因此，这也使得大家对消息摘要的使用十分谨慎。

RSA

迪菲和赫尔曼在他们1976年的论文中介绍了数字签名的概念，虽然他们提出了一种设计签名的方法，却没有给出具体的方法。如何设计一个实用的数字签名方案一直是计算机科学界所面临的挑战。

在1977年，麻省理工学院计算机科学实验室里的罗纳德·李维斯特，阿迪·萨莫尔和伦纳德·阿德曼就遇到了这个挑战。[①]RSA（他们三人姓名的首字母大写）算法不仅是一个实用的数字签名方案，而且还可以用于机密消息的发送。使用RSA，每个人都会生成一对密钥：一个公共密钥和一个私人秘钥。我们再以爱丽丝为例，将她的公共密钥称为A，她的私人秘钥称为a。而公共密钥和私人秘钥互为倒数：如果你用A去转换一个值，那么用a去转换其结果值将会得到原始值A；如果你用a去转换一个值，那么用A转换其结果值将会得到原始值a。

下面是RSA成对密钥的使用方法：人们发布他们的公共密钥，并为自己保留他们的私人密钥。如果鲍勃想给爱丽丝发送一条消息，他可以选择一个标准算法（比如DES）和一把密钥K，然后再使用爱丽丝的公共密钥A对K进行转换，而爱丽丝则可以使用她的私人密钥恢复出K值。与所有公共密钥加密一样，只有爱丽丝才知道她的私人密钥，所以也只有爱丽丝才可以恢复K值和解密这条消息。

为了生成一个数字签名，爱丽丝会使用她的私人密钥a对这条消息进行转换，并将结果作为签名与这条消息一起发送，然后，其他任何人都可以用爱丽丝的公共密钥A对这个签名进行转换，以验证它是否与原始消息相匹配。因为只有爱丽丝知道她的私人密钥，所以也只有爱丽丝才能够生成某些内容——当用她的公共密钥进行转换时，可以帮助原始消

---

① 罗纳德·李维斯特，阿迪·萨莫尔，伦纳德·阿德曼：《一种可以获取数字签名和公共密钥加密系统的方法》（《美国计算机学会通讯》，第21卷，1978年第2期）。

息重现。

不像迪菲-赫尔曼-默克尔的系统，RSA密码系统没办法生成一把与公共密钥对应的私人密钥。因为RSA所使用的单向计算方法，与迪菲-赫尔曼-默克尔系统所使用的是不一样的。在RSA系统中，只有当一个n位数的因数分解所花的时间，大于两个n/2位数相乘所花的时间时，它才会是比较安全的。RSA在数字分解上的困难，让人们对快速分解数字的方法产生了极大兴趣。直到20世纪70年代，这还只是一种数学理论上的兴趣消遣。众所周知，将两个数字相乘所花的时间可能就和它们的"数位"一样多，然而分解一个数字所花的时间却可能和它本身的"数值"一样多。因此，在分解技术上的突破将使RSA系统失效，并破坏掉许多现有的互联网安全标准。

证书及证书颁发机构

到目前为止，我们所说的公共密钥方法还存在一个问题：鲍勃怎么知道和他交流的"爱丽丝"就是爱丽丝本人呢？因为任何人都可以在密钥协议的另一端假装是爱丽丝在和他通信。又或者说，在爱丽丝将她的公共密钥放入目录之后，夏娃可能篡改该目录，用她自己的密钥替换爱丽丝的密钥。于是，任何想用该密钥给爱丽丝发送加密信息的人，实际上都是在给夏娃发送信息，而且只有夏娃能够读懂该信息。举个例子，这个时候，如果"鲍勃"是你，而"爱丽丝"是下令要让全城疏散的市长的话，那很可能就是某个假冒者在试图制造恐慌；如果"鲍勃"是你的电脑，而"爱丽丝"是你所使用银行的电脑的话，那么"夏娃"可能正想偷你的钱！

所以，这就是数字签名可以帮助我们的地方。爱丽丝可以去找一个值得信任的权威机构，出示自己的公共密钥和身份证明，然后该权威机构就会对爱丽丝的密钥进行数字签名——生成一个叫作"证书"的签名密钥。于是，现在当爱丽丝想要通信时，她不再需要提供一把密钥，而是需要提供一个证书。任何想要使用密钥与爱丽丝通信的人，首先都要检查其授权机构的签名，以确定该密钥是否合法。[①]

商业证书

威瑞信（VeriSign）目前是美国主要的一家商业证书颁发机构，它能颁发三类个人证书：第一类是用于确保浏览器与特定的电子邮件地址相关联，但不会要求验证真实身份；第二类会要求适当级别的身份检查（颁发第二类证书的机构应要求，需要提供可进行核对的员工记录、信用卡记录的申请）；第三类证书须本人亲自申请，并核实身份。

通过检查受信任的权威机构的签名，人们就可以对证书进行验证。那他们又如何才能知道证书上的签名确实是一家受信任的权威的签名，而不是夏娃们为了进行欺诈而假冒的证书呢？因为这个权威机构的签名会由另一个权威机构签名的证书作为保证，以此类推，直到我们发现该证书是一家知名的权威机构验证的。通过这种方式，爱丽丝的公共密钥不仅是由一个证书和一个签名来保证，而是会由一系列的证书来保证，且每个证书都会有下一个证书所保证的签名。

颁发证书的机构就称为"证书颁发机构"。人们可以设立证书颁发机构，但仅限某些用途。例如，一家公司可以作为颁发证书的权威机构，在其公司网络上使用证书，还有一些公司也会从事出售公共使用证书的业务。而一份证书的权威性取决于两件事情：对证书上签名的可靠性的评估，以及对证书颁发机构是否有自愿进行签名的政策的评估。

---

① 此想法最初是在麻省理工学院一篇理工学士论文中提出：罗兰·M.科菲尔德：《实用公共密钥加密系统的进步》，美国麻省理工学院，1978年。

每个人都会的加密技术

在现实生活中，当我们在浏览网页时，没有人会意识到自己正在进行一些单向计算。当我们每次从亚马逊上订了一本书时，或者检查自己的银行账户或信用卡余额时，以及使用贝宝（PayPal）进行支付时，我们的电脑就是在进行这些计算。一个加密的网络交易正在进行的标志，是网站的URL会以https（这里的s代表安全的意思）开头，而不是http。消费者的计算机和商店（或银行）的计算机会协商出一种加密方法，并使用公开密钥进行加密——但交易中所涉及的人是毫不知情的。消费者的计算机会预先配置好可识别的证书，因此商店就可以通过该证书（由证书颁发机构签署的）来验证身份。每一笔新的交易都会生成新的密钥，而密钥本身也很便宜，所以在互联网上加密的信息无处不在，现在人人都可以是密码破译家。

起初，公开密钥的加密技术只是被视为一种数学兴趣。RSA的发明者之一伦纳德·阿德曼认为RSA的论文是"我所做过的最无趣的论文"。[1]而且直到1977年，国家安全局也没有对这些方法的传播过度表示过任何担忧。它根本没有意识到，在几年之后，对于个人电脑的革命，将使任何拥有家用电脑的人能够相互交换加密的信息，而这些信息是连美国国家安全局都无法破译的。

20世纪80年代，因为使用互联网的人越来越多，无处不在的密码学的潜力也开始越来越明显了。于是，情报机构和执法部门都越来越担心，他们害怕加密通信的发展可能会终结政府的窃听——这是情报机构使用的最有力的工具之一。在商业方面，很多行业也开始意识到客户们对于私人通信的需求，特别是在电子商务时代。20世纪80年代末和90年代初，布什政府和克林顿政府都提出了控制密码系统传播

---

[1] 西蒙·辛格：《码书：从苏格兰玛丽女王到量子密码学的密码演化》（双日出版社1999年版）。

的建议。

1994年，克林顿政府公布了一项"托管加密标准"的计划，该标准将用于一些可提供加密通信的电话。这项被称为"Clipper"的技术是由美国国家安全局开发的一种加密芯片，它还包含一个"后门"——由政府持有的一把额外的密钥，以便让执法部门和情报机构可以对这些电话通信进行解密。根据该提议，政府将只购买Clipper手机用于安全通信。任何想与政府做生意的人，也必须使用Clipper电话，以保障通信的安全性。然而，由于业界反响冷淡，该计划最终被取消了。后来，在1995年开始的一系列修改提案中，白宫还曾试图说服加密行业开发出带有类似"后门"的加密产品。这里的"胡萝卜加大棒"就是美国的出口管制法。根据美国法律，没有许可证的加密产品是不能出口的，而违反出口管制会导致很严重的刑事处罚。因此美国政府宣称，只有包含"后门"加密软件的产品才能获得出口许可证。

随后的谈判通常都是很激烈的，有时也被称为"加密战争"，一直持续到20世纪90年代结束。执法部门和国家安全部门认为加密控制是很有必要的，而辩论的另一方是科技公司——他们并不希望政府进行监管，还有公民自由团体——他们提防说要小心会有越来越多的通信监控出现。从本质上讲，这是一个由曾经的主要军事技术转变为日常个人工具的问题，而政策制定者是无法对其掌控的。

在这一章的开头时，我们谈到了菲尔·齐默尔曼，现在让我们继续来看看他的职业生涯：齐默尔曼是一名技术熟练的程序员和公民自由主义者，他从小就对密码学感兴趣。1977年，他读到了《科学美国人》上的一篇关于RSA加密技术的专栏文章，但在当时，他还无法使用RSA算法所要求的那种可以实现大量整数运算的计算机。但如果你能够耐心等待，计算机终将会变得足够强大。到了20世纪80年代，在家用电脑上实施RSA成为可能。于是，齐默尔曼便着手为大众生产加密软件，以应对政府加大力度的监管后带来的威胁。后来，他在国会做证时说：

计算机的发展使得监视变得越来越容易。在过去，如果政府想要侵犯普通公民的隐私，它就必须花费一定力气来拦截，用蒸汽开封，然后查阅其纸质邮件，又或者是对电话进行监听和尽可能地转录。但这样的做法，就类似于用鱼钩和线钓鱼，一次就只能钓一条鱼。幸运的是，对于自由和民主来说，这种劳动密集型的监控没办法大规模地实施。到了今天，电子邮件正在逐渐取代传统的纸质邮件，并很快成为每个人的常规，再不是什么新鲜的玩意儿了。然而，与纸质邮件不同的是，电子邮件非常容易被拦截，以及被扫描出有趣的关键词。这一切还可以很容易地、常规化地、自动地在大范围内完成，而且也不会被人们察觉。这就类似于漂网捕鱼——使得民主的"健康"在数量和质量上都发生了奥威尔式的不同。①

这些问题的答案，就是密码学。如果政府对电子通信拥有无限的监控权力，那么世界各地的人们都会需要一种易于使用、价格低廉、无法破解的密码，这样一来，他们就可以在政府无法破译的情况下安全地进行通信了。

但齐默尔曼却遇到了一个困难，或许还会吓跑一些对此不太热衷的人。因为RSA是一项专利发明，所以麻省理工学院将其独家授权给了RSA数据安全公司，而该公司专为企业生产一些商用的加密软件。虽然齐默尔曼希望RSA数据安全公司能够授予他自由发布RSA代码所需的许可，但该公司却表示没有任何兴趣。

除此之外，还有政府的政策，当然，这正是齐默尔曼认为他的加密软件可以解决的问题。1991年1月24日，反恐怖主义立法参议院第26646号法案的共同发起人约瑟夫·拜登参议员在法案中添加了一些新的文字：②

---

① 菲利普·齐默尔曼向美国众议院经济政策、贸易和环境小组委员会的证词，1993年10月12日，《美国科学家联盟》。

② 约瑟夫·拜登：《S.266–全面反恐怖主义法1991》。

国会认为，电子通信服务提供商和电子通信服务设备制造商应确保其通信系统允许政府在法律适当授权的情况下，获取语音、数据和其他通信的明文内容。

这句话引起了公民自由组织的强烈反应，于是最终没能添加进法案中。然而，齐默尔曼却决定自己动手解决问题。

到了1991年6月，齐默尔曼已经完成了其软件的一个工作版本，并将其命名为PGP，也就是Pretty Good Privacy（良好的隐私），而这个名字来自拉尔夫取的一个名字，叫作Pretty Good Groceries（良好的杂货店），并且这家店还赞助了加里森·凯勒导演的歌舞电影《牧场之家好做伴》。后来，齐默尔曼的这款软件悄悄地出现在了美国的几台电脑上，并且可供世界上的任何人进行下载。很快，该软件的拷贝到处都是——不仅仅是在美国，而是遍布世界各地。用齐默尔曼自己的话来说："这项技术属于每一个人。"至此，妖怪已经从瓶子里出来了，就无法再回去了。

齐默尔曼为他的自由主义做法付出了代价。首先，RSA数据安全公司确信这项技术属于它自己，而不是"每一个人"。该公司对自己的专利技术被泄露感到非常的愤怒。其次，政府也非常愤怒，并对该软件违反出口管制法的行为展开了刑事调查，尽管尚不清楚齐默尔曼具体违反了哪些法律（如果有的话）。最终，麻省理工学院促成了一项协议，允许齐默尔曼使用RSA专利，但同时设计出一种方法只能让PGP在美国互联网上使用，也符合了出口管制法。

到了20世纪90年代末，电子商务的发展已经使得关于第三方密钥托管的争论变得不重要了，于是在没有任何起诉的情况下，政府结束了刑事调查。之后，齐默尔曼围绕PGP建立了一个业务，并仍然允许个人进行免费下载。

在某种程度上说，齐默尔曼赢了。

变幻莫测的密码学

到了今天，通过网络进行的所有银行和信用卡的交易都是加密的，还有很多电子邮件和笔记本电脑的硬盘也都是加密的。信息安全、身份盗窃和个人隐私泄露成为人们普遍关注的问题。

与此同时，密码学也受到了两种对立力量的威胁：冷漠和恐惧。因为个人必须记住自己加密的密码——比如，要打开存储了很多数据的笔记本电脑时，有些用户觉得记住密码实在是太麻烦了，以至于根本就不想使用它们（或者就很简单地设置密钥为"密钥"，设置密码为"密码"）。但是，这并不是说，用户就是唯一不负责任的一方。2017年，苹果公司出货的电脑将很重要的密码都设置成为null（无效），而这意味着任何人都可以破坏这些电脑，甚至还可以通过互联网对其进行远程操作。

但那些长到连黑客也难以猜测的字符串，同样也会很难让其合法的拥有者记住。2018年1月，夏威夷的民众收到了一则即将会飞来一颗弹道导弹的假警报，但政府花了近40分钟才做出了更正，而其部分原因是一名官员记不起自己的推特密码了。于是，作为更方便的替代技术，生物识别技术（指纹、虹膜扫描等）得到了推广，但如果这些个人信息要进行远程存储，就会引起人们对隐私的担忧。不想因为简单的遗忘而无法检索那么多无价的数据，所以有些人会不太明智地选择根本不设置密码。

与此同时，一些公民也希望能够信任政府，毕竟觉得自己没有什么可隐瞒的，并且他们也害怕恐怖分子和罪犯。齐默尔曼关于政府监控民众的警告已经消失了。随着每一份报告（无论是否合理）都表明人们正处于迫在眉睫的危险之中，于是一些人更愿意主动接受政府的监视，而且不愿信任任何绕过执法部门与其进行秘密通信的人。有些人会说："我不在乎，只要能保证我的安全就好。"而在这样的背景下，像罗森斯坦呼吁科技公司一起合作一样，或者像之前的贾德·格雷格的呼吁一样，遇到的阻力就会小很多。

对公众的监视

从古至今，监视公民都需要有搜查令（因为公民享有隐私权），但监视外国人则不需要。一系列旨在打击恐怖主义的行政命令和法律，都允许政府对跨国传输的比特数据进行检查——甚至可以是一个打给航空公司的电话，如果其呼叫中心是在印度的话。[①]此外，不需要搜查令的情况还包括任何"被合理相信是在美国国土之外的人"，无论他是否是美国公民。这种发展可能会导致人们开始使用加密的电子通信，因此最终可能适得其反。[②]反过来，很可能会使美国将电子邮件和电话通信的加密行为定为犯罪。

最根本的问题是：随着加密作为一种个人交流、商业交易的普通工具，个人隐私、言论自由和人类自由所赚取的好处，是否会超过执法部门和国家情报部门所花费的成本？执法部门和国家情报部门的窃听就会因此不复存在吗？

无论加密通信的未来如何，加密技术还有另一种用途。要知道，完美的拷贝和即时通信已经把"知识产权"的法律概念"炸成了"数十亿的青少年电影和音乐下载片段，而加密技术则是可以为数字大爆炸盖上一层坚硬的外壳的工具，它可以用于锁定电影，只让特定的人观看；它还可以用于锁定歌曲，只让特定的人听到它们。而我们数字之旅的下一站，就是讨论版权含义的改变。

---

① 明奇·麦康奈尔：S.1927 ——《保护美国法案2007》。

② 帕利西亚·J.威廉姆斯：《阿尔贝托·冈萨雷斯保护法案2007》（《国家》）。

第六章

被打破的平衡

谁有比特的所有权

购买的音乐被偷走

威廉·德姆勒是佛罗里达州一所监狱的终身监禁服刑人员，他的生活中没有多少物质的享受，但当监狱没收了他的数字音乐收藏时，他提起了诉讼。[①]德姆勒购买了唯一一个监狱允许使用的数字音乐播放器，而在5年多的时间里，播放了价值550美元以上的音乐，也就是说每首歌1.7美元（就像监狱里的其他很多东西都要花钱一样，只是听音乐的成本更高，而且只能存储在专用播放器和专用云里）。

监狱机构解释说，他们只是更换了音乐系统的供应商，而新系统与旧系统不兼容，所以不允许用户转移以前购买过的音乐。相反，而那些拥有老式音乐播放器的用户将获得一台新的平板电脑和可以购买新音乐的50美元积分。德姆勒表示，这样的更换违反了其音乐服务的承诺："一旦音乐被购买，你将永远拥有它。"监狱提供给他的其他选择——把旧播放器或音乐CD送给监狱外的亲戚，却对在监狱里的他没有任何好处，因为这里的商业和通信都受到严格限制。

---

① 本·科纳克：《佛罗里达州囚犯可以集体诉讼，要求退还没收的媒体播放器和文件》（《佛罗里达时报联盟》）。

德姆勒代表着其他有着同样情况的人，提出了集体诉讼：他们所有人都购买了自己在服刑期间想听的音乐，但现在，如果他们想继续听的话，就必须再购买一次。

在诉讼期间，佛罗里达州的官员们都无法解释为什么囚犯们不能简单地将音乐从一个系统转移到另一个系统。但答案很可能与会限制这些"比特"使用的版权和合同等有关。

音乐和其他创造性作品一样，一旦固定在"有形的表达媒介"中，就会受到版权的保护（数字录音则被视为"固定制品"）。版权可以让那些获得版权所有者授权的人在复制或生产衍生品时受到一定限制，而就音乐而言，其版权所有者可以包括作曲家、词曲作者和表演者。

对于模拟媒体，比如说书籍、黑胶唱片或油画，当你在购买其实物的副本时，版权所有者对该副本的权利会在"首次销售"之后结束。也就是说，在你进行购买之后，你可以任意转售这本书，你想听多少次这张胶片就可以听多少次，甚至你还可以向悬挂了这幅油画的博物馆进行收费。图书馆可以购买书籍并让人反复借阅，而这一切都无须再与版权所有者商量。相比之下，电子书如果不进行复制，人们就无法阅读：它可以从"书架"跑到阅读器设备上，甚至可以在设备本身的随机存取存储器（RAM）中。如果所有这些拷贝都要获得版权的授权，那么它们给电子书带来的约束，反而会比纸质书要多得多。虽然法院否决了书籍的"外壳包装"许可，但他们已经通过电子媒体和软件通常使用的点击链接许可。

让我们再回到德姆勒的故事：虽然他拥有这个媒体播放器的使用权，但他的大部分歌曲都存在于提供商的云存储中，所以这些歌曲的使用权取决于服务提供商的合同条款，以及他们的一些突发奇想。提供商为了能将这些歌曲的"拷贝"发给每位听众，还需要遵守一些与音乐版权所有者的协议（通常会对唱片公司和音乐出版协会的条款进行整合）。当佛罗里达州终止了与该音乐供应商的合同时，并没有规定要把音乐导出来，于是犯人们就无话可说了。

除了在监狱里，你也能体验到数字音乐的短暂性。如果你停止订阅Spotify或Apple Music，那你同样也无法访问自己在上面建立的播放列表或音乐收藏。当你在silo的时候，你可以接触到大量的录制音乐，但你却不能把它们带走。

正如我们想要描述的，版权战争已经开始升级和变化了——从对音乐分享者的诉讼，变成了那些无法保留自己音乐的人的诉讼。在一种暂时的平衡中，版权所有者转向了音乐、电视和电影的订阅服务（Netflix、Hulu、Amazon Prime和Apple TV），并心照不宣地默认了"格式转换"，以供那些决心通过购买CD来保存"他们的"音乐的人可以将其复制到存储文件中。然而，这样的现象也说明了娱乐业的一种重新集中化：作为一名艺术家，如果你没有和这些提供商合作，即接受他们的条件，那你将很难被大众看到和听到。当然，也有一些独立媒体生存了下来，尤其是在播客和SoundCloud上面（"如果你喜欢这首歌，请加我的声音云"已经成为一句流行语），但现在就判断它们会继续蓬勃发展，似乎还为时过早。

自动化的犯罪，自动化的正义

2005年12月，当坦尼娅·安德森正在和8岁的女儿在家吃晚饭时，突然有人敲了门。[1]原来是一位法律助手，专程来告知安德森美国唱片工业协会（RIAA）对她提出了诉讼。美国唱片工业协会是一个贸易组织，它代表着6家音乐出版商，控制着美国90%以上的音乐发行。美国唱片工业协会称，这位俄勒冈州的单身母亲因非法下载1200首黑帮说唱歌曲和其他受版权保护的音乐而欠了他们近100万美元。

---

① 阿什贝尔·S.格林：《音乐界的"歌利亚巨人"找错了大卫》（《波特兰报》，俄勒冈州，2007年）。

安德森与美国唱片工业协会的这场纠纷要从9个月之前说起。当时，洛杉矶的一家律师事务所向安德森发出了一封"交款通知函"，上面说"有多家唱片公司"以侵犯版权为由起诉她，所以她必须赔偿4000—5000美元，否则将会承担一定后果。安德森怀疑这封信是个骗局，并向美国唱片工业协会抗议说她从未下载过任何音乐。为了验证自己说的是真的，她还多次提出让美国唱片工业协会亲自检查她的电脑硬盘，但美国唱片工业协会拒绝了这一提议。有一次，一位美国唱片工业协会的代表向她承认说，他认为她可能是无辜的。但是，他也警告说，一旦美国唱片工业协会提起诉讼，他们就绝对不会放弃，因为放弃诉讼，就会鼓励其他人在面对唱片行业的指控时进行辩护。

在这次12月的诉讼送达之后，安德森找到了一名律师，并说服法官下令对她的硬盘进行检查。而美国唱片工业协会自己的专家也确定，安德森的电脑从未被用于非法下载。但美国唱片工业协会非但没有放弃诉讼，反而逼迫安德森进行庭外和解。他们让自己的律师去向安德森的女儿取证，甚至还试图通过打电话直接联系孩子：一个不知名的女人打电话给小学校长，谎称是安德森女儿的祖母，还询问了女孩的出勤率。此外，美国唱片工业协会的律师还联系了安德森的朋友和亲戚，对他们说安德森是一个收集暴力和种族主义音乐的小偷。41岁的安德森承受着疾病的痛苦和情感问题，所有的压力迫使她放弃了重返工作岗位的希望，她还接受了额外的精神治疗。最终，在两年之后，安德森提出了即决审判的动议，要求美国唱片工业协会带着其主张的证据上法庭，而美国唱片工业协会无法提供出任何证据，该案件就被驳回了。[①]

5年内的3.5万起诉讼

在2003年至2008年之间，美国唱片工业协会针对非法下载提出了超

---

① 《全国集体诉讼指控》，美国地方法院，波特兰，俄勒冈州。

过3.5万起的诉讼。①它起诉了儿童、老年人、残疾人②甚至还有死人③，此外，它还控告了那些家里没有电脑，或者压根就没有互联网连接的人④，甚至连无家可归的人也控告了⑤。这一时间始于美国唱片工业协会旗下的一个调查公司MediaSentry，为了查找一些存放音乐以供下载的电脑，登录了一个文件共享网络。在连接到了这些计算机之后，MediaSentry对它们进行扫描，以获取音乐文件。当它发现可疑的东西时，它会将该电脑的IP地址发送给美国唱片工业协会的反盗版组织，并附上它发现的文件列表。美国唱片工业协会的工作人员会下载这些文件，然后对其中的一些文件进行播放，以确认它们确实属于受版权保护的歌曲。随后，美国唱片工业协会就会对这位"无名氏"提起诉讼。以这一起诉讼为法律依据，美国唱片工业协会后来传唤了这台计算机的互联网服务提供商，强迫其披露该IP地址用户的真实姓名。随后，美国唱片工业协会向该用户发出"交款通知函"，上面列出了经过核实的侵权下载的歌曲名称，以及歌曲总数的赔偿金额。这封信里也提到了庭外和解的机会，其平均的赔偿金额约为4000美元，不可讨价还价。

这是数字时代的一种自动化的正义，但同时，这些也都是自动化的犯罪。文件共享程序通常会被设置为自动启动和运行，无须人工干预就可以交换文件。所以，很多电脑的所有者甚至都不知道它被设置为在后台自动上传文件。

这也是一种容易出错的寻求正义的方法。将用户名称与IP地址匹配是很不可靠的，因为同一无线网络上的几台计算机可能会共享同一个IP地址。而且，分配IP地址的互联网服务提供商可能还会改变它们的位置，因此，今天使用某个特定IP地址的计算机，可能与上周使用该IP地址进行

---

① 大卫·西弗尔曼：《为什么美国唱片工业协会真的停止起诉其客户》(《哈佛商业评论》，2008年第1期)。

② 唱片行业诉用户案（博客）：《美国唱片工业协会起诉了一位密歇根州的中风患者》。

③ 埃里克·班吉曼：《我起诉了一位死人……》，科技博客网站。

④ 黎明之后（博客）：《美国唱片工业协会起诉了没有电脑或互联网接入的家庭》。

⑤ 波音（博客）：《美国唱片工业协会对无家可归者的诉讼进展并不顺利》。

文件共享的计算机并不是同一台。即使是同一台电脑，也无法证明当时是谁在使用它。又或许，在上传报告时出现了记录错误。

虽然美国唱片工业协会知道这个方法是有缺陷的，但是考虑到让人们停止侵权下载的利害关系，他们似乎别无选择。美国唱片工业协会不仅看到自己的产品被免费传播，而且还可能因为没能保护艺术家的版权而受到起诉。美国唱片工业协会负责通信的高级副总裁艾米·韦斯解释说："当你用网捕鱼时，有时你就能捕到几只海豚……但我们也意识到这种网络盗窃行为必须被制止。"除了安德森之外，其他被捕获的"海豚"还包括乔治亚州的一个没有电脑的家庭，因在密歇根州下载了文件而被起诉的一位住在佛罗里达州的瘫痪中风患者，以及西弗吉尼亚州的一位83岁的老妇人——她很讨厌电脑，而且后来才发现，她早就已经去世了。

侵权背后的巨大风险

不管是否出错，大多数人在收到交款通知函之后，都会选择付款。因为和解的费用要比诉讼费用低，而败诉的费用会更加惊人：每下载一首歌曲至少要赔偿750美元。一个内存为20GB的iPod中可储存4000首歌曲，其最低赔偿就会是300万美元，而这是在iTunes上购买相同数量歌曲费用的1000倍（1GB大约是10亿字节）。

价值750美元的一首歌

法院对侵权行为的最低赔偿是每项侵权行为750美元。如果侵权行为被证明是"故意的"，那么每项侵权行为的赔偿金额可能会高达15万美元，也就是说，iPod上的4000首歌曲将要赔偿6亿美元。而对于那些能够证明自己甚至不知道形成了侵权行为的被告，法院仍然要求每项侵权至少200美元的赔偿——因此"仅仅"4000首歌曲也要赔偿80万美元[①]。

---

① 《美国法典》第17卷，第504条：《侵权救济：损害赔偿和利润》，法律信息研究所。

"流刺网式"的正义，对于自动化犯罪的自动化监管，以及对iPod价值300万美元音乐的最低赔偿费用，这些都是在前网络时代制定的政策与数字大爆炸的指数级增长互相碰撞的结果。以iPod 300万美元的赔偿为例，它可以追溯到1976年的《版权法》，该法案中引入了一项条款，可允许版权所有者对侵权者提出起诉，并要求每项侵权行为的最低法定损害赔偿为750美元。

即使该侵权行为对版权所有者所造成的实际损害并不大，但法定赔偿这么多金额，是为了确保该惩罚足以阻止其他侵权行为发生。在数字复制的时代，其损害的规模更可能会带来非常可怕的后果，因为每一首被复制（上传或下载）的歌曲都会被视为一次单独的侵权行为。这种计算"侵权行为"的方式在1976年的前互联网时代似乎是合理的，毕竟当时人们在未经授权的情况下只能一个一个地复制几份而已。但现在，通过高速网络，1000首歌曲在几分钟内就能被下载到一台家用电脑上，所以该赔偿金额的计算就变得不太现实了。

虽然数字时代的爆炸式发展可能会让侵权行为的法律惩罚与其犯罪行为不成比例，但它还带来了一个更根本的变化：公众现在变得非常关心版权问题。在互联网出现之前，一个普通人的版权侵犯行为有哪些——把一本书复印50份，然后拿到某个街上的角落去卖？这肯定属于侵权行为，但同时它也需要很大的工作量，而且对版权所有者所造成的经济损失也是微不足道的。

传达一条信息

2007年10月，洁米·托马斯，一位住在明尼苏达州、有两个孩子、年收入在3.6万美元的单身母亲，因为在Kazaa文件共享网络上分享了24首歌曲，就被罚款22.2万美元：平均每首歌9250美元。这是美国唱片工业协会在1.6万起进入陪审团环节的诉讼案中的第一起，而在其他的案件中，人们都选择了和解，或者像坦尼娅·安德森那样，案件最终被驳回（或撤销）。考虑到侵权的法定损害赔偿，托马斯对于这24首歌曲的罚款可能会在1.8万美元到360万美元之间。事后接受采访的一名陪审员说，在审议过程中，有人主张双方都应该被罚款："我们想传达出一条信息，那就是你不能这样做，因为你已经被警告过了。"在判决宣读后，美国唱片工业协会的律师说道："如果你不进行和解，这就是可能会发生的结果[①]。"

在数字大爆炸带来的所有混乱中，版权平衡的丧失是最令人愤懑的。现在，一般民众都可以毫不费力地对信息进行大规模的复制和传播，于是听众与内容产业就会发生冲突，因为内容产业的经济完全依赖于普通人，而现在的普通人却可以生产同样的内容。结果，今天数以百万计的人就被诬蔑为"强盗"和"小偷"，而内容提供者，则被妖魔化为创新和消费者自由的颠覆者，以试图保护其过时商业模式。

在过去的25年间，关于版权和互联网的"战争"一直在不断地升级。这是一个技术越来越多的螺旋，使得越来越多的人更容易分享越来越多的信息。数字的爆炸遭到了立法机构的反击，并让越来越多的案件在版权法的范围内，受到了越来越严厉的惩罚。法律试图通过禁止一些技术来跟上步伐，有时甚至还会在一门技术存在之前就将其禁止了。在今天的"战争"中，单身母亲们面对的是令人麻木的诉讼，而这些诉讼也只不过是这场战争中的附带伤害。如果我们不能减缓这场"军备竞赛"，那么明天的牺牲者，可能就会包括开放的互联网和推动了信息革命的创新能力。

---

① 大卫·克莱维茨：《美国唱片工业协会陪审团裁定明尼苏达州女子侵权罪名成立，并赔偿22.2万美元》（《连线》）。

分享也会成为一种犯罪

在20世纪初之前，侵犯版权在美国甚至还不属于刑事案件，尽管侵权者可以被起诉以获得民事赔偿。1897年，带有利润动机的侵权首先成为一种犯罪，而其最高刑罚是一年监禁和1000美元罚款。这种情况一直持续到1976年，在美国唱片工业协会和美国电影协会（MPAA）的主要推动下，国会开始颁布一系列不断加大惩罚力度的法律。到1992年，只有"以商业利益或私人经济利益为目的"的侵权行为会被定罪，并导致10年监禁和高额罚款。也就像人们常说的："没有商业动机，就没有犯罪"。[①]

但在1994年，情况发生了变化。

20世纪80年代，麻省理工学院成为首批部署大量联网计算机工作站的大学之一，并向校园内的任何人开放。但在几年之后，像这样联网的计算机"公共集群"仍然不是很常见。1993年12月，其中一个集群中的一些学生注意到有一台机器出现了异常，并且一直在运行它的磁盘驱动器。当计算机人员检查出这个"漏洞"时，他们才发现这台机器原来充当了"文件服务器公告板"的角色——网络上的人们用于上传和下载文件的一个中转点。其中的大多数文件是电脑游戏，也有一些文字处理软件。

像其他大多数的大学一样，麻省理工学院更喜欢内部处理类似的事情，但在这件事上，还存在一个复杂的问题：联邦调查局几天前就曾处理过这台机器。联邦特工一直在调查丹麦的一些黑客，因为他们试图使用麻省理工学院的机器侵入国家气象局的电脑。在调查进出麻省理工学院的网络流量时，联邦调查局注意到了很多活动都来自这台特殊的电脑。虽然"公告板"与丹麦的黑客行为没有任何关系，但麻

---

① 琳达·派拉斯·洛伦：《数字化、商品化、犯罪化：刑事版权侵权的演变与任性要求的重要性》（《华盛顿大学法律评论》，第77卷，1999年第3期）。

省理工学院仍然觉得应该告诉联邦调查局发生了什么。于是，一名特工负责监视着这台机器，最后指控是一名麻省理工学院的本科生操纵了公告板。

于是，美国司法部接手了这个案子。美国的软件产业在1994年迅速发展，互联网刚刚开始进入公众的视野，接着互联网上也开始出现"盗版"。波士顿联邦检察官发表了一份声明，声称麻省理工学院的公告板要负责超过100万美元的经济损失，他补充道："我们需要倡导这样一种文化，即没有人应该受到这些盗窃行为的伤害，但盗版软件也没有什么错。"①

发生在麻省理工学院的这件事确实涉及了版权侵犯，但它不存在任何商业动机，因此也就不属于犯罪行为——司法部也无法据此采取行动。虽然还可以提出民事诉讼，但涉及软件的公司对起诉并不感兴趣。然而，波士顿联邦检察官办公室在与华盛顿的上级核实后，却对这名学生提出了电信欺诈的指控，理由是他的行为构成了跨州转移被盗财产的行为。

在审判中，联邦地区法官斯特恩斯驳回了此案。他援引最高法院的裁决，称盗版不属于盗窃财产。但斯特恩斯也对这名学生进行了揶揄，称他的行为是"轻率而不负责任的"。法官建议国会可以修改版权法，于是就可以允许在这样的案件中进行刑事诉讼。但他也强调，法律的改变应该由国会决定，而不是法院。他告诫说，接受检方的指控将"会使得无数家庭电脑用户的行为定罪……而这些用户只是受到了诱惑，去复制了一个用于私人用途的软件程序"。之后，他援引软件行业在国会的证词说，即使是软件行业也不会认为这样的结果是可取的。②

两年后，也就是1997年，美国国会通过了《禁止电子盗窃法案》

---

① 乔什·哈特曼：《被指控盗版行为的学生》（《科技》，第114卷，1994年第19期）。
② 美国诉拉马基亚案：《联邦法院判例汇编增补版》第871卷，1994年版，第535页。

（NET）。《禁止电子盗窃法案》的支持者将其描述为"堵住漏洞"，然后也被放上了麻省理工学院的公告板，并告知人们《禁止电子盗窃法案》会将任何零售价超过1000美元的未经授权的复制行为定为犯罪行为，无论是否出于商业动机。虽然该条款听从了斯特恩斯法官的建议，却忽略了他的警告：从现在开始，任何人在家中未经授权复制，即使是昂贵的计算机程序的一个拷贝，都将面临一年的牢狱之灾。又过了两年，国会又拿出了《防止数字化侵权及强化版权赔偿法》。该法案的支持者们认为，《禁止电子盗窃法案》在打击"盗版"方面毫无成效，所以需要加大惩罚力度。[①] 于是，版权的"军备竞赛"正式步入了高潮阶段。

端对端系统引发的动乱

《禁止电子盗窃法案》标志着互联网引发版权侵犯责任范围扩大的第一次，但这不会是最后一次。

1999年夏天，美国东北大学的学生肖恩·范宁发布了一个新的文件共享程序，并和他的叔叔一起成立了一家围绕该程序的公司：纳普斯特（Napster）。纳普斯特使得人们在互联网上共享文件，尤其是共享歌曲变得非常容易，并且让这种分享的行为达到了一种前所未有的规模。

这个系统是这样工作的：假设纳普斯特的一位用户叫玛丽，当她想要对莎拉·麦克拉克兰1999年的热门歌曲《天使》的计算机文件拷贝进行分享时，她就可以告诉纳普斯特服务器，然后该服务器就会将"天使；莎拉·麦克拉克兰"的词条，以及玛丽电脑的ID添加到一个目录中。而任何其他想要获取《天使》拷贝的纳普斯特用户，比如说贝丝，就可以

---

① 《商务部、司法部、国务院、司法部门和相关机构拨款法案2002年》（《美国国会记录》第114卷，2001年第119期）。

在纳普斯特的目录进行查询。于是，她就会知道玛丽那里有一个拷贝，接着贝丝的电脑会直接连接到玛丽的电脑，对这首歌曲进行下载，而不再通过纳普斯特服务器。而所有的连接和下载，都是通过在玛丽和贝丝的电脑上运行的纳普斯特提供的软件透明地完成的。

这里的重点在于，以前的文件共享设置，比如说麻省理工学院的公告板，都是所谓的"集中式系统"——在一台中央电脑上收集文件供人们下载。相比之下，纳普斯特只维护了一个中央目录，并显示其他计算机上的文件可以在哪里找到，然后各个计算机之间直接进行文件传输，而这种类型的系统组织则被称为"端对端结构"。

与集中式系统相比，端对端结构可以更有效地让人们对网络进行利用，如图6.1所示。

图6.1　这是传统和端对端客户机/服务器网络体系结构的底层结构对比图。第一张图显示的是传统的集中式文件分发结构，文件是从中央服务器下载到客户端的；而第二张图显示的，是纳普斯特的端对端结构，其中中央服务器只会保存目录信息，而实际的文件则直接在客户端之间进行传输，不会通过服务器。

续图6.1

在集中式系统中，如果许多用户需要下载文件，他们都必须从中央服务器获取文件，而随着用户数量的增长，中央服务器与网络的连接将会成为瓶颈。而在端对端系统中，中央服务器本身只需要储存少量的目录信息，用于传输文件的大型网络负载将会通过所有用户的互联网连接进行分发。即使是在1999年，那时个人电脑普遍存在的都是慢速连接，但纳普斯特的端对端系统也足以让数百万用户一起共享音乐文件……他们确实做到了。到2001年年初，也就是纳普斯特出现的两年后，其已经有了超过2600万的注册用户。在一些大学，超过80%的校园网络流量都被发现流向了纳普斯特。学生们还举行了"纳普斯特派对"——把电脑连接到一些扬声器和互联网上，你可以邀请你的朋友进来，只要你说出歌曲的名字，它就会出现在上面。于是，在数百万纳普斯特用户中，每个人都可以下载到这首歌。这就是一个无尽的音乐宝库，一台通用的自动点唱机。

次要责任的"幽灵"

尽管纳普斯特的使用变得十分普遍，但是这台"自动点唱机"却并没有为音乐产业赚到任何钱。在以前，其文件共享行为通常是在朋友间小规模进行的，而且从经济角度来看，这几乎算不上什么麻烦事。即使是产生了《禁止电子盗窃法案》的麻省理工学院公告板，可能总共也只有几百个用户。然而，纳普斯特的规模是完全不同的，它允许任何人随时可与数十万的"朋友"分享音乐文件。1999年12月，也就是在纳普斯特出现的几个月后，唱片行业意识到了这一威胁，于是美国唱片工业协会起诉了纳普斯特，要求其赔偿1亿多美元。

纳普斯特抗议说，它并没有任何责任。毕竟，纳普斯特本身并没有对任何文件进行复制，它只是提供了一个目录服务。怎么能仅仅因为它在互联网上公布了这些目录，就要承担法律责任呢？这里的目录难道不是在行使言论自由权吗？不幸的是，加州联邦地区法院没有同意纳普斯特的观点。在2000年7月，法院裁定纳普斯特的行为属于二次侵犯版权（使他人侵权并从中获利）。一年后，在向第九巡回上诉法院上诉失败后，法院下令纳普斯特关闭其文件共享服务。

二次侵权

版权法区分了两种二次侵权行为：第一种是共同侵权，即故意提供工具让他人进行侵权；而第二种是替代侵权，即从他人的侵权行为中获利，而自己则处于控制，却不是阻止该行为发生的位置。纳普斯特最后被判了共同侵权和替代侵权两项罪名。

至此，纳普斯特就消失了，但作为互联网基本结构力量的一次惊艳展示，可以说它体现了技术群体所拥有的想象力：没有中央机器来控制网络，而且网络中的每一台机器都有向任何其他机器发送消息的同等权利。用行话来说，连接到互联网上的机器之间就是"同辈"。互联网就是相互直接通信的端对端机器的网络——与由中央服务器连接的客户机器的网络正相反，这并不是一个新概念。在1969年发布的第一个互联网技术规范中，就描述了其作为对等节点的网络进行交互的机器的网络体系结构。自20世纪80年代初以来，大型计算机之间的端对端通信系统已得到广泛应用。[①]

纳普斯特的故事表明，同样的原理仍然适用于由普通人控制的数百万台个人电脑端。纳普斯特所使用的端对端共享是非法的，但它向人们展现了这个想法的价值。因此，关于分布式计算的研究和发展开始起飞。在2000年和2001年，超过5亿美元的资金都被用于投资想要建立端对端应用程序的公司。而"P2P"的说法，超越了其作为技术网络架构的来源，成为技术流行文化中的一种象征，也成为所有组织（包括社会、公司和政治）的流行语——利用了相互合作的无数个人的力量，而不依赖于中央机构。正如2001年的一篇评论所说："P2P就是一种心态，而不是一种特定的技术或行业。"[②]

纳普斯特还让整整一代人尝到了互联网作为"通用点唱机"的滋味。但这些曾联手打击非法下载的唱片公司，却未能一起合作创建出合法，而且有利可图的互联网音乐服务，以填补纳普斯特留下的空缺。他们没有对文件共享技术进行利用，反而将其妖魔化为是对他们业务的一种威胁。这种"技术拒绝主义"不仅加剧了网络"军备竞赛"中的敌意，还做了一件目光短浅的事：把一个巨大的商业机会拱手让给了更富有想象力的企业家。两年后，苹果推出了iTunes音乐商店，也就是首个在商业上取得成功的音乐下载服务。

---

① S.克劳克：《主机软件》，互联网工程任务组。
② 戴尔·多尔蒂等：《2001 P2P 网络概述：呈现、身份和边缘资源的新兴 P2P 平台》，奥莱利传媒网站，2001年。

分散式的分享

与此同时，很多新的文件共享方案如雨后春笋般涌现，它们为了规避二次侵权的责任，一直探索着新的技术架构。纳普斯特在法律上的致命弱点就是它的集成目录。正如法院裁决的那样，对目录的控制相当于在控制整个文件共享活动，因此纳普斯特就必须对这种活动负责。于是，很多新的架构完全摆脱了中心目录。而其中最简单的一个方法，称为"扩散"，其工作原理如下：文件共享网络中的每台计算机都会保留网络中其他计算机的列表。当文件共享者贝丝想要找到《天使》的拷贝时，她的电脑会询问该列表中所有的电脑。如果有电脑表示自己有《天使》的拷贝，它就会传送给贝丝一份；否则，它就会将贝丝的请求转发给它列表中的其他所有计算机，以此类推，直到请求最终到达拥有该文件的计算机。图6.2就说明了这个过程，而与图6.1中的纳普斯特结构相比，这里删除了中心目录。这样的分布式架构非常的强大，即使许多台个人计算机出现故障或脱机的现象，但只要有足够的计算机继续传送请求，该网络就能继续工作。

分散式的内容网络

这里所概述的"扩散"方法还是过于简单，无法支持实际的大型网络。但是分散式的端对端架构的成功，激发了人们对实际分散式内容网络架构的研究，该架构利用了端对端方式的效率和强大。[①]

没有安全的港口

建立新一代文件共享系统的公司，都希望这些分布式架构能使他们免于二次侵犯版权的责任。毕竟，一旦用户开始使用软件，他们的操作

----

① I.巴拉科瑞斯南等：《在P2P系统中查找数据》(《ACM通信》，第46卷，2003年第2期)。

图6.2 与前面所示的纳普斯特的端对端系统相比，像Grokster这样的分散文件共享系统则没有中心目录。

就会超出公司的认知或控制范围。那么，这些公司又要如何为用户的行为负责呢？对于唱片业来说，这只不过又是纳普斯特的翻版而已：他们声称这些公司利用互联网造成了大规模的版权侵犯。2001年10月，美国唱片工业协会起诉了三个市场上最流行的系统——Grokster，Morpheus和Kazaa的制造商，并要求它们各自赔偿15万美元。①

而这三家公司回应称，他们无法控制用户的行为。此外，他们的软件只是支持文件共享的基础设施中的一部分，还有许多其他的部分与他们无关。如果这三家软件公司要承担责任，那么其他软件的制造商不应

---

① 米高梅电影公司诉格罗斯特公司案：《联邦法院判例汇编增补版》第259卷，编号2d1029，2003年。

该也要承担责任吗？比如说微软，正是有了它的操作系统，才能允许一台电脑的用户从其他电脑上复制文件；还有思科公司，正是它的路由器转发了未经许可的版权材料；还有那些电脑制造商，正是它们的机器使得这些软件得以运行。像这样一味反对文件共享网络软件公司的裁决，会不会使得整个行业都要承担责任呢？

最高法院在1984年索尼vs环球影城诉讼案中的判决[1]，对解决这些问题提供了里程碑式的指导意义。在一场与17年后发生的格罗斯特诉讼相同的案子中，美国电影协会起诉了索尼公司，控告索尼出售了会造成二次侵权的设备——磁带录像机，并声称该设备将会毁掉电影产业。正如1982年美国电影协会的会长在国会上怒吼的那样："我告诉你们，录像机对于美国电影制片人和美国公众的危险性，就像那位波士顿杀人狂对于独自在家的女人一样。"[2]

最终，最高法院以5∶4的微弱优势做出了有利于索尼的判决，并认为尽管录像机的使用存在广泛的侵权行为……

> ……如果复制设备的销售被广泛用于合法、无可非议的目的，就像其他商业物品的销售一样，就不会构成共同侵权行为。事实上，它只需要具有实质性的非侵权用途即可。[3]

科技行业的人纷纷对此表示赞赏。在评估新产品上市的风险时，他们终于有了一个相当清晰的标准作为依据。证明其产品的实质性用途是非侵权的，将为他们遭受二次侵权指控提供一个"避风港"。

在1984年发生的故事——一种新技术，一种受到威胁的商业模式，之后又在2001年格罗斯特案中再次上演了。于是，这些文件共享公司迅速援引索尼一案中的判决为自己辩护，并解释说他们许多的文件共享都

---

① 索尼公司诉环球影城案：《美国判例汇编》第464卷，第417页，1984年。
② 《杰克·瓦伦蒂在1982年关于版权作品家庭录音的众议院听证会上的证词》。
③ 索尼公司诉环球影城案：《美国判例汇编》第464卷，第417页，1984年。

是作为非侵权用途。

2003年4月，加州中部联邦地区法院同意格罗斯特案与纳普斯特案的不同，并驳回了诉讼。在沿用索尼案的判决之后，该法院还评论说，美国唱片工业协会是在要求法院"将现有的版权法扩展到其明确划定的边界之外"。[①]作为回应，美国唱片工业协会立即开始起诉使用了该文件共享软件的个人用户[②]——而这一行动后来又使塔尼娅·安德森和杰米·托马斯陷入了麻烦。

最后，加州中部联邦地区法院的裁决被上诉，并得到了第九巡回上诉法院的支持，也就是3年前对纳普斯特做出不利判决的那家法院：

> 简言之，根据所提供的证据，地方法院得出的结论是非常正确的，该软件的使用确实是属于非侵权用途，因此，适用于索尼—贝泰麦卡斯录像机一案的判决。[③]

美国唱片工业协会自然又提出了上诉，而当最高法院同意重审其判决时，整个网络世界都屏住了呼吸。所以内容发布者对大规模的文件共享没有法律追索权吗？索尼的"安全港"会被推翻吗？2005年6月，法院一致裁定美国唱片工业协会胜诉：

> 我们认为，以使用某个设备侵犯版权为目的，而四处传播该设备的人，如果被证明其通过明确的表述，或采取其他积极的措施来促进侵权的，就应该对此引发的第三方侵权行为承担相应责任。[④]

---

① 米高梅电影公司诉格罗斯特公司案：《联邦法院判例汇编增补版（第二辑）》第259卷，第1029页，2003年。

② 《美国唱片工业协会关于文件共享的声明》（《华尔街日报》，2013.6.25）。

③ 米高梅电影公司等（原告/上诉人）诉消费者维权组织、微软"快速记录"软件等（被告/被上诉人）案：《联邦法院判例汇编（第三辑）》第380卷，第1154页（第九巡回法院，2004年）。

④ 米高梅电影公司诉格罗斯特公司案：《美国判例汇编》第545卷，第913页（美国最高法院，2005年）。

关于意图问题

于是，内容产业赢了，尽管其最终所得赔偿比预期的要少。美国电影协会希望法院能明确削弱索尼的"实质性非侵权使用"的标准。然而，法院却宣称索尼案不是本案的问题所在，所以它不会重新考虑这一标准。法院还表示，这些文件共享公司的责任并非源于其软件的功能，而是源于这些公司发布该软件的意图。

科技行业（除了之前被赶出市场的三名被告）立刻松了一口气，因为索尼完好无损。但这很快就又引发了另一种想法：格罗斯特案的最终裁决帮助人们开辟了一系列新的理由，使得他们可以根据这些理由要求二次侵权方进行负责。正如法院所裁定的那样："如果索尼确实存在鼓励人们侵权行为的意图，那么法庭是绝不会忽视这些证据的。"

但会是什么样的证据呢？如果有人指控你的公司二次侵权，你又要如何自信地为自己辩护，并不被指控为怀有不好的意图呢？由此，索尼的安全港，似乎不再那么安全了。

再举个例子：在格罗斯特的裁决中，法院将"宣传侵权用途"作为其鼓励侵权行为的证据。2001年，苹果公司推出了带有CD拷贝软件的iTunes台式机，而且其早期的广告都是以"Rip，Mix，Burn"（复制！混声！翻录！）为口号大力推广该产品。这算是苹果公司不好意图的表现吗？相信有很多人肯定都是这么认为的，其中还包括迪斯尼公司的总裁。他在2002年告诉国会："这些电脑公司的广告、整版横幅、广告牌遍布旧金山和洛杉矶。这些广告说了什么？——快给你的孩子们买电脑，让他们Rip，Mix，Burn。"[1]

在后格罗斯特时代，你的公司敢冒险推出一个带着这样口号的产品

---

[1] 迈克尔·埃斯纳：《在数字时代保护内容》，美国参议院商业、科学和运输委员会，2002年。

吗？你可能认为自己也许能在法庭上打赢一场关乎"意图"的官司，但输掉官司的风险却是灾难性的。在坦尼娅·安德森这样的个人侵权案件中，即使是按每项侵权的最低法定损害赔偿750美元来计算，那她硬盘上的歌曲（被错误指控的）也要被索赔100万美元，而这对于个人来说，肯定是个惊人的负担。所以我们大可想象一下，如果一家科技公司被要求进行赔偿，那它就要对使用该设备的每一个用户非法复制的每一首歌曲所造成的损害负责任。假设你卖出了1400万台iPod（苹果在2006年的销量），然后乘以100首歌（据称是每台iPod复制的歌曲数量），再乘以每首歌的赔偿单价750美元。那就是超过1万亿美元的损失，也就是2006年全球唱片行业零售总额的100多倍！这样的赔偿责任可能看起来很荒谬，却是法律所规定的。这也意味着，猜想错误就是一个赌注型公司会犯的错误，最好的做法就是保守一点，不要推出那些可能会引发诉讼的产品功能，即使你很确定自己的产品是合法的。

不允许过滤广告

2001年，ReplayTV公司为人们收看的电视节目推出了一款数字录像机，可以自动跳过广告，而且，它还允许人们将录制好的节目从一台重播机转移到另一台重播机上。于是，该公司被一些主要的电影制片厂和电视网络以二次侵权罪名起诉，并在该诉讼结案之前，就被迫宣告破产。收购了ReplayTV资产的公司后来进行了庭外和解，并承诺其未来的录像机中不会再包括这些功能。[①]

由于格罗斯特一案中"意图"标准的不确定性，再加上会导致噩梦般的二次侵权罚款，或许我们就能推测出，到了今天仍无法使用的一些

---

① 冯·罗曼，W.萨尔茨：《因〈数字千年版权法〉而破产》（《IEEE波谱》，第43卷，2006年第6期）。

产品和功能是什么。虽然这些公司自然不愿亲自给出"例子"，但有人可能会问，为什么与微软Zune播放器无线共享的歌曲在播放三次后就会自行销毁？为什么一些流媒体服务不允许快进广告，或者不能将录制好的电影转移到个人电脑上？2002年，一家有线电视网络的首席执行官将看电视时跳过广告的行为定义为盗窃，尽管他承认，"我想这应该不包含在播放广告的时候上厕所"。[①]

但是，仅仅去想这些责任会带来的后果，大体上是没有什么意义的，因为这些责任风险并不是凭空发生的。版权之战已经开辟了第二条战线，而在这里，诉讼并不是武器，科技才是。

仅限授权使用

计算机会通过复制比特来处理信息——在磁盘和内存之间，在内存和网络之间，从内存的一部分到另一部分。实际上，大多数计算机之所以能够在内存中"保存"比特，仅仅是因为它会一遍又一遍地复制它们，而且是以每秒数千次的速度（普通计算机所使用的储存方式叫作"动态随机存取存储器"，简称DRAM。正是因为不断地进行复制，才让计算机"充满活力"）。而这些计算机基本的复制行为，与受版权法管辖的复制行为之间的关系，一直是法律学者和律师寻找新的起诉理由的来源。

除非计算已经将某程序的代码复制到了内存中，否则它就不能运行存储在磁盘上的该程序。版权法明确表明，可以允许以运行程序为目的的复制。但是，假如有人只想查看内存中的代码，而不是运行这个程序的话，又怎么办呢？还需要获得版权所有者的明确许可吗？1993年，美

[①] 斯塔西·D.克莱默：《内容行业之王》（《有线世界》）。

国联邦巡回法院裁定，事实就该如此。[①]

再举个例子，因为人们不将图像复制到计算机内存中一个叫作显示缓冲区的特殊部分，所以计算机就不能在屏幕上显示出该图像。那这是否就意味着，即使你购买了一幅计算机图形的图像，但只要你没有得到版权所有者的明确许可，就无法查看该图像？美国商务部在1995年发布的一份报告认为，确实就该如此。此外，该报告还暗示，几乎任何数字作品的使用都涉及复制行为，因此也都需要明确的许可。[②]

数字权利和可信系统

对于版权法是否规定了未来数字信息只能"仅限授权使用"，法律学者们可以进行更多的讨论。但其答案可能并不重要，因为这个"未来"将会通过数字版权管理和可信系统的技术来实现。

其核心思想很简单：如果计算机使得未经许可的复制和信息传播变得容易，那么我们就需要对计算机作出改变，使得这些未经许可的复制和信息传播变得困难或不可能实现。但这并不是一个容易的改变；也许，如果不牺牲掉计算机作为通用设备的能力，这根本就是无法实现的。然而，这样的变化正在发生。

这里的问题是：假设有一些对内容设防（Fortress）的发行人在网络上销售其内容，当他们只想让那些付了费的人才能阅读到Fortress内容时，Fortress可以通过要求用户输入密码来限制注册用户访问其网站。如今，很多网络内容都是这样进行销售的——比如《华尔街文摘》或《Safari在线图书》。这种方法对于这种类型的内容很有效（或者至少到目前为止，仍是有效的），但是对于其他价值更加高昂的内容就存在一个问题：Fortress要如何阻止那些购买了它的内容的人进行复制，并将其重新分发给别人呢？

---

① Mai系统公司诉匹克电脑公司案：《联邦法院判例汇编（第二辑）》第991卷，第511页（第九巡回法院，1993年）。

② 布鲁斯·A.雷曼：《知识产权与国家信息基础设施》，知识产权工作组报告，1995年。

Fortress可以做的就是以加密的形式分发这些内容，而这种方式只能由遵守特定规则的程序进行解密和处理。比如说，如果Fortress是用Adobe Acrobat创建的PDF文档，那它就可以使用Adobe LiveCycle里的公司组件，来控制使用Adobe Reader阅读该PDF文档的用户是否可以打印、修改或复制其部分内容。Fortress甚至可以在互联网上让文件"打电话回家"——在文件被打开时，就会发送通知给Fortress，并报告正在打开该文件的计算机IP地址。同样，如果Fortress的音乐文件只能使用Windows媒体播放器，那它就可以通过使用微软Windows媒体权利管理，来限制用户播放音乐的次数；决定该用户是否可以将音乐文件复制到另一个便携式播放器（或CD）上；使得该音乐服务在一段时间后停止；或者让其"打电话回家"，以便Fortress网络服务器可以检查相应许可证，并在必要的时候让用户付款。[1]

将内容与限制其使用的控制信息一起分发的技术，就称为"数字权利管理"（DRM）。数字权利管理系统现在被广泛地应用，并且还有一些行业规范（称为版权表述语言）详细说明了可以对其内容施加的各种限制。

数字权利管理似乎可以帮助Fortress的发行人解决问题，但这种方法仍不是无懈可击的。Fortress怎么才能确定人们在使用他们的文件内容时，是遵守了其预期的程序，即遵守数字权利管理限制的程序的呢？或许加密文件会有所帮助，但正如我们在第五章"神秘的比特"中解释的那样，黑客们总是可以破解这种加密——它在PDF和Windows Media上时常发生。[2]更简单地说，他们可以修改文档阅读器或媒体播放器的程序，并在程序运行时保存这些文件的未加密副本，然后再将这些副本传播到互联网上供大家使用。

为了防止这种情况发生，Fortress可以依赖计算机操作系统要求任何

---

① 微软公司：《PlayReady数字版权管理》。
② 《微软Windows媒体拷贝保护失效》，信息科技资讯网站。

操纵Fortress内容的程序都必须经过认证。在程序运行之前，操作系统会检查程序的数字签名，以验证该程序已被批准，而且也没有被更改。这样的方法是很好，但是一个真正聪明绝顶的黑客可能会直接改变操作系统，使其无论如何都会运行修改后的程序。那到底怎么才能防止这种情况发生呢？其解决办法就是，在每台计算机中安装一个芯片，使其在每次开机时都对操作系统进行检查。如果操作系统被修改，那么计算机将无法启动。所以，这个芯片必须是防篡改的，才能保证任何试图使其程序失效的尝试，都会让计算机无法进行操作。

加密和数字版权管理

第五章解释了公共密钥的加密和数字签名，而这两个技术使得公开传播加密文件成为可能。爱丽丝和鲍勃交换的"信息"可能不一定是短信，而是音乐、视频、有插图的文件或其他任何东西。就像我们在第一个公案说的，"所有一切都是'比特'。"因此，内容供应商可以使用爱丽丝和鲍勃用于秘密通信的加密技术，来控制消费者观看电影或听歌曲的条件。

这种基本技术是在20世纪80年代开发出来的，并在几个研究和高级开发项目中得到了演示[1]，但直到2006年，它才开始在消费级计算机中得到广泛应用。这里所需要的芯片被称为"可信平台模块"（TPM）芯片，是由一家在1999年成立，并由硬件和软件公司组成的联盟可信计算集团设计的[2]。在当时流行的操作系统，包括Microsoft Windows（从Vista开始，一直到Windows 10以及更高的版本）和几个GNU/Linux版本，都可以将它们用于安全应用程序。当操作系统被修改（比如被病毒侵入）的时候，一个称为"信任引导"的应用程序就可以阻止计算机启动，而另一种称为"密封存储"的

---

① 史蒂芬·托马斯·肯特：《在小型计算机中保护外部提供的软件》，博士论文（美国麻省理工学院，1980年）。

② 可信计算组织：《欢迎加入可信计算组》。

应用程序就会让一种你所指定的特定计算机上解密的方式，对文件进行加密。考虑到当今人们对病毒和互联网安全的担忧，我们可以肯定可信平台模块芯片将会无处不在。现在，几乎所有的个人电脑和笔记本电脑制造商都在使用可信平台模块，尤其是在一些更为专业的产品上。然而，苹果的产品中却没有包含这项技术。

坚持实行控制：超越版权的界限

在一个由可信计算加强的数字版权管理世界中，Fortress的问题就可以得到解决了，然而，这是我们应该欢迎的事情吗？

首先，这让Fortress对其文件的使用有了一定程度的控制，而且远远超出了版权法的限制。今天，当我们买书的时候，我们理所当然地认为我们有权想什么时候读就什么时候读，想读多少次就读多少次；我们可以从头读到尾，或者跳来跳去地读；我们还可以把它借给朋友，或者转手卖掉；我们可以抄写一段用于读书报告；把它捐给学校图书馆；最重要的是，我们在打开这本书时，它不会"打电话回家"，告诉Fortress我们正在看这本书。也就是说，我们不需要任何许可，就可以做这些我们想做的事情。而当书籍变成计算机上的数字文件时，我们会愿意放弃这些权利吗？如果是音乐呢？如果是视频和软件呢？我们会介意吗？

我们暂时先把音乐公司和听众之间的争论放在一边。曾经作为个人电脑的标准，数字版权管理和可信的计算技术将会有其他的用途。同样的方法，在一个国家可能只会禁止人们播放未经许可的歌曲，但在另一个国家，就可以阻止人们听未经批准的政治演讲，或阅读未经批准的报纸。数字权利管理和可信平台的开发人员可能正在创造有效的技术来控制信息的使用，但是目前还没有人能设计出有效的方法来约束这种对控制的限制。正如一位安全研究人员所警告的那样："可信计算"就意味着"第三方会相信你的计算机一定会违背你的意愿"。[1]

---

① 布莱恩·亚历山大：《数字版权管理的现状》，"心灵入侵"网站。

关于数字权利管理的另一个担忧是，它增加了技术锁定和反竞争恶作剧的机会。确实，为了防止病毒或假冒的文档阅读器和媒体播放器带来的侵害，设计出一款只能运行其经过认证的应用程序的操作系统是很诱人的，但是，这也很容易导致这样一种局面出现——即没有人能够在未经出版商批准的情况下，销售新的媒体播放器，也没有人能够在未经微软、IBM、谷歌或苹果注册和批准的情况下，对其任何的应用程序进行配置。如果一个软件公司对整个行业现有利益造成了竞争威胁的话，比如出版商、操作系统供应商或计算机制造商，那它就可能会突然在其产品获得认证时遇到"麻烦"。信息技术创新之所以会如此迅速的一个原因，就是其基础设施是对外开放的：在互联网上引入新程序和设备并不需要获得任何许可，然而，拥有了可信系统的网络世界，却可以轻易地威胁[①]到这一点。

关于数字权利管理的第三个问题是，在安全和病毒防护的名义下，我们可能很容易陷入一场无法取胜的"军备竞赛"之中，而且技术封锁会越来越多，因此也不会为内容所有者提供真正的利益。只要任何地方的黑客绕过数字权利管理生成一个未加密的副本，他们就可以将其到处传播——他们可能愿意付出很多努力来做到这一点。

以未经授权的电影拷贝为例：非常老练的黑客可能会修改电影提供商计算机上的可信平台模块硬件，花费大量精力去绕过防篡改的芯片。但这里还有一个更简单的方法：让可信平台模块系统正常运行，然后连接一个录像机代替计算机的显示屏。电影行业已经预见到了这种特殊的攻击方式，并制定了一项标准——要求所有高清视频都以加密形式在设备之间进行传输。而多家互联网公司也纷纷为防止这种侵权的发生做出了努力：微软实施了输出保护管理（OPM），英特尔开发了HDCP（高带宽数字内容保护）来保护其视频和音频内容/信号。然而，这些保护方案仍然是很脆弱的：你只要轻易地把一个录像机对准屏幕就行了，虽然其

---

① 乔纳森·齐特林：《互联网的未来及应对之策》（耶鲁大学出版社2008年版）。.

结果不会是高清晰度的，但一旦被数字化之后，也可以在互联网上进行传播，而且也再不会有清晰度的降低。

担心这类攻击的内容所有者称它们为"模拟漏洞"，而且似乎也没有任何技术手段来阻止它们。J·K.罗琳为了防止人们拷贝未经授权的《哈利·波特与死亡圣器》，干脆就没有发行该书的电子版。但是，这并没有阻止一个狂热的书迷在书还没上架之前就轻易地对书的每一页拍了照，然后把整本书贴在了网上。

用一位计算机安全专家的话来说，"数字文件不能被复制，就像水不能被弄湿一样"。[①]但有一件事是肯定的：版权控制的数字权利管理方法是很困难的，令人沮丧的，并且还可能会带来意想不到的后果。而在这种沮丧之中，还出现了第三种回应——根据法律责任和数字版权管理，互联网上出现了越来越多的拷贝：直接将技术定了罪。

被禁止的技术

在美国所销售的书中，本自然段之后的那几行文字可能是非法的。为了保护我们自己和发行商，我们省略了其中间的四行。如果我们把它们全部写出来，它就是一个用Perl计算机语言编写的计算机程序，可以用来解读加密的DVD。告诉你如何破解DVD的加密内容，然后让你可以对DVD进行复制的行为，将会违反17 USC § 1201——1998年数字千年版权法（DMCA）中的"反规避条款"。数字千年版权法的这一部分条款规定绕过版权保护的技术是违法的。你也不要费心去翻看本书的背面，希望那儿能有一个提示告诉你在哪里可以找到缺失的四行文字。在2000年，一名纽约联邦地区法官就裁定，即使只提供了一个可以看到这么多内容的网络链接，也同样是违反了数字千年版权法，而上诉

---

① 《加密：施奈尔谈论其安全性》。

法院也同意了这一判决。[①]

```
s"$/=\\2048：while（<>）{G=29：R=142：if（（@a=unqT="C★",
_）[20]&48）{D=89：_unqb24.qT.@
...（four lines suppressed）...
）+=P+（F&E））for@a[128..$#a]\\}print+qT.@a}'：s/
[D-HO-U_]/\\$$&/g：s/q/pack +/g：eval
```

数字千年版权法的反规避规则不仅仅是为了阻止人们在书中印刷一些胡言乱语，它们还取缔了大量的技术，并禁止制造、销售、报道甚至谈论这些技术。国会采取这样的举措，反映了人们对于数字版权管理如此容易被黑客避开的担忧和巨大的失望。根据第1201条，国会立法并不是禁止版权侵权，而是禁止有人去避开它，无论之后是否有复制行为发生。如果你找到了一个包含圣经原始文本的加密网页，然后你打破了其加密顺序，阅读了《创世纪》，这不是侵犯版权，而是规避行为。规避行为本身就是一种违法行为，同样会受到许多与侵犯版权相同的惩罚：法定损害赔偿，而且在某些情况下，还会被判处监禁。国会有意地使该罪行独立于实际的侵权行为，而其他关于禁止以侵犯版权为目的的规避行为的提议曾被国会考虑过，但最终也被否决了。[②]

后来，数字千年版权法的禁令又进了一步，比如§1201（a）（2）条法令：

任何人不得制造、进口、向公众提供或以其他方式贩运任何技

---

① 法学院案例简介：环球影城诉科利案：《联邦法院判例汇编（第三辑）》第273卷，第429页（第二巡回法院，2001年）。

② 约翰·阿什克罗夫特：S.1146——《1997年数字版权澄清和技术教育法》，第105届国会（1997—1998年）。

术、产品、服务、设备、组件或其部分……但它们可以被设计或生产来用于规避一些可以对受（版权）保护的作品实施有效控制的技术措施。

在这里，法律从规范行为（规避）转变成了规范技术本身。这可是向前迈了一大步，但用当时该法案的一位支持者的话来说：

> 我仍然认为，我们必须禁止那些以规避为主要目的的设备，因为从执行的角度来看，我觉得它不会起到什么作用。也就是说，我们允许反规避的设备自由使用，而只禁止其中的一些不当使用，在我看来是不大可能会起到多大威慑作用的。[1]

在安全领域，原子世界和比特世界之间存在着一种奇怪的不对称。有许多发表的文章都讨论过如何破解一把机械密码锁，甚至还说过如何制作一把可以打开整栋建筑每把锁的万能钥匙，[2]但如果这是一把数字锁，而它背后出现的是《加勒比海盗》，那规则就会不一样了。联邦法律禁止人们发布任何关于这种锁进行逆向工程的说明。

立法者或许没有找到一个有效的替代方案，但他们制定了一种尴尬的监管形式——先实施广泛的禁令，然后再根据具体情况给予豁免。即使是在起草数字千年版权法的时候，豁免的需要也是很明显的，于是一些豁免就被写进了法令。这其中包括允许情报和执法人员在调查过程中破解加密信息，以及允许非营利图书馆破解一本加密的著作——但仅仅只是为了决定是否要购买它。此外，该法律还包括一条复杂的规则，即在特定情况下允许特定类型的加密研究。在意识到需要不断增加新的豁免条例之后，国会要求国会图书管理员每三年举行

---

① 美国众议员巴尼·弗兰克：《致哈尔·艾贝尔森的信》，1998年7月6日。
② 马特·布拉兹：《密码学和物理安全：使得权利变大的万能钥匙机械锁》。

一次用于审查豁免的听证会，并在适当的情况下批准新的豁免情况。

例如，在2006年11月，经过长达一年的听证程序之后，一项新的豁免使得美国人可以对他人的手机进行解锁，但是只限于要将手机转移到一个新的手机服务提供商的情况。[①]这项裁决在9个月后带来了巨大的影响，当时苹果公司发布的iPhone自动锁定了美国电话电报公司（AT&T）的手机网络，于是用户们嚷嚷着要解锁他们的iPhone，以便能使用其他公司的网络。之后，好几家公司就开展起来手机解锁服务。但数字千年版权法所用的语言，以及对豁免的描述仍然是非常模棱两可的，尽管解锁"自己"的手机是合法的，但向他人分享解锁软件，或者甚至是告诉其他人如何解锁他们的手机，都是可能会违反数字千年版权法的。事实上，美国电话电报公司就曾威胁要对至少一家解锁公司采取相应的法律行动。[②]

保护版权还是避免竞争？

数字千年版权法的监管框架与技术创新并不匹配，因为缺乏适当的豁免条例就可能会阻碍新设备或新应用的设计。鉴于行业竞争的激烈程度，所以人们总会忍不住利用禁令中模糊的描述对其竞争对手提起诉讼。

2002年，张伯伦车库门公司就起诉了一家通用电子车库门打开器的制造商，声称其通用发射器在发送无线电信号打开和关闭车库门时，绕过了门禁的控制。这个案子花了两年时间才在上诉法院尘埃落定。[③]同年，利盟国际起诉了一家为利盟打印机制造替换墨盒的公司，它指控这些墨盒绕过了利盟的访问控制，以便与打印机一起联机工作。地方法院同意

---

① 《禁止绕过访问控制技术版权保护系统的豁免》（《联邦公报》，第71卷，2006年第227期）。

② 大卫·克莱韦茨：《解锁你的iPhone是合法的，但分享解锁程序，也许就是非法的》（《连线》）。

③ 《张伯伦集团公司起诉斯凯力技术公司》，电子前沿基金会。

了该指控，但这项裁决在2004年的上诉中又被推翻①，而在此期间，该替代墨盒被禁止上市长达一年半之久。2004年，美商存储科技公司（STK）成功地说服了波士顿地区法院，并认为第三方的供应商为其系统提供服务违反了数字千年版权法。幸好上诉法院最终推翻了这一裁决，不然现在就可能没有一家独立公司敢为计算机硬件提供服务了。②这就好像一辆福特金牛车的发动机罩是密封的，而在没有获得福特公司任何许可的情况下，任何技工为其服务都是违法的。

而类似的诉讼为数字千年版权法赢得了"避免数字千年竞争"的称号。幸运的是，这些诉讼最终都没有成功，因为法院裁定，其潜在的纠纷与版权材料之间的关系并不紧密，而且国会也不太可能将数字千年版权法用到一扇车库门上。但是，在一些和版权有关的领域，数字千年版权法的反竞争影响得到了充分展现。

回到1984年最高法院对索尼一案，我们会发现其裁决是相反的，法院最终宣布索尼因销售录像机而侵犯版权。那录像机会消失吗？肯定不会，因为消费者需要它。所以，更有可能的做法是，电子行业会与电影行业达成一致协议，让他们来控制录像机的功能。而录像机则会成为高度被限制的机器，以满足电影工业的需求。所有录像机的新功能都需要得到批准，而所有美国电影协会不喜欢的功能将会被排除在市场之外。因此，录像机的功能将在内容产业的控制之下。

就数字媒体而言，这就是我们今天生活的世界。如果一家公司生产了一种可以处理数字信息的产品，即使没有数字千年版权法，它也需要担心是否会侵犯版权。这是一个重要的问题，尤其是在格罗斯特案之后。但假设该设备无法用于任何侵犯版权的情况，只要其数字信息受到数字千年版权法的限制，那么它也必须遵守数字权利管理的限制条款。否则，这将会是一种规避行为，然后该产品就根本不能进行合法生产。

---

① 利盟国际公司诉静态控制元件公司案：《美国判例汇编》第572卷，第118页，2014年。
② 威廉·柯蒂斯·布莱森：《美商存储科技公司与定制硬件工程和咨询公司》，维基文库。

数字权利管理的限制条款完全是由内容提供商决定的。一旦Fortress的发行人安装了数字权利管理软件，它便能够控制任何访问Fortress文件的设备的行为。

以DVD为例：DVD内容是用一种称为内容加扰系统的算法进行加密的，该算法是由松下和东芝在1996年首次推出的。正如在第五章"神秘的比特"中提到的，这个算法——违反了克尔科夫斯原理的"教科书"，很快就被破解了，而现在关于它的地下解密程序也可以很容易地在互联网上找到。在本章前面提到的，需要经过审查的那四行文本就属于这样的一个程序。

尽管内容加扰系统对实际的拷贝保护毫无用处，但它作为反竞争技术监管的作用是无可替代的。任何销售DVD解密产品的公司都需要获得DVD拷贝控制协会的许可，该协会成立于1999年，而具体的许可条件由CCA决定。例如，所有的DVD播放机都必须遵守"地区编码"，这就意味着它们只能播放世界上某一地区的DVD，而且单个播放机的地区更改次数不能超过5次。区域编码与版权无关，它的存在是为了支持电影行业在不同的时间，在世界不同地方发行电影的营销策略。除此之外，还有其他各种各样的许可证限制，包括一些公司甚至在签署许可证之后才被允许查看DVD内容。

在技术锁定面前

假设你是一家DVD制造公司，然后想要设计一款具有创意的DVD产品，它可以是一台家庭娱乐设备，能让人们复制和存储DVD供以后观看，而你现在已经知道如何才能在不会引起侵犯版权问题的情况下，制造出这样的产品。其实，这就是一个实际存在的产品。2004年，生产该产品的加州初创公司Kaleidescape被DVD CCA起诉，原因是它违反了内容加扰系统许可证的一项规定——DVD播放器必须在有物理磁盘的情况下才能进行工作。2007年3月，加州一家法院做出了有利于Kaleidescape的判决，理由是该许可证的描述不够清晰。此案继续上诉，经历了好几次逆转，双方最后在2014年6月达成协议。[①]而同一时间，另一家开发了类似产品的初创公司因未能获得风险投资而倒闭了，当然，"部分原因也在于受到了DVD CCA要采取法律行动的威胁"。[②]

DVD技术的锁定从2000年就开始了，而高清有线电视也在实施类似的锁定。后来，在华盛顿发起了一项运动，将锁定扩展到了所有消费者媒体技术，并将其称为"广播旗帜倡议"。在保护版权的名义下，更多试探性的"气球"不断被放飞：美国国会提出了一项禁止家庭卫星广播录音的法案；美国全国广播公司敦促联邦通信委员会让互联网服务提供商对所有侵犯版权的互联网流量进行过滤（也就是说，迫使互联网服务提供商检查其在互联网上传播的数据包，并丢弃那些被认为含有未经授权材料的数据包）；2002年，国会还曾考虑过一项令人震惊的禁令，大范围地禁止任何没有实施版权控制的通信设备——在第一份草案很明显地也禁止了心脏起搏器和助听器之后，该法案又不得不重新起草。[③]

因此，在今天的美国，一家技术公司可以自由发明一种新的车库门开启器，而不需要车库门制造商批准其设计；同样，它可以在没有得到打印机公司批准的情况下，就生产出更便宜的替代墨盒。然而，如果没有DVD CCA的许可，它就不能创建新的软件应用程序来对好莱坞DVD电影进行任何操作。原则上，在没有获得许可的情况下，它不能围绕数字权利管理限制的数字内容创造出任何新产品或服务，而颁发许可的人往往是那些可能会将新产品视为竞争威胁的人。

这就是当前版权战争的关键时刻出现的监管态度。人们对这个态度的优点进行了争论：有人说数字千年版权法是必要的，而另一些人则声

[①] 富兰克林·D.伊利亚：《DVD拷贝控制协会起诉 Kaleidescape 公司案》，案件编号 H031631，加州上诉法院，第六上诉区。

[②] 里克·梅里特：《法官对DVD财团的判决》，"电子工程时代"网站。

[③] 欧内斯特·F.霍林斯：2048——《消费者宽带和数字电视推广法案》，第107届国会（2001—2002年）。

称，它在减少侵权方面基本上是无效的，不断有人呼吁对版权施以更严厉的惩罚恰好就证明了这一点。但无论其优点是什么，这种反规避方式对推动数字时代的创新其实是有害的，因为它阻碍了与现有基础设施进行交互操作的新产品和服务的设计速度，而且不确定的法律风险也吓跑了将创新带入市场所需要的风险资本。

从本质上说，数字千年版权法是利用了刑法的力量来遏制数字权利管理带来的一些导致程序被锁定的"恶作剧"。躲在版权保护的幌子下，它引入了"反竞争"的法规。用一位批评者的话来说，通过取缔规避数字版权管理的技术，该法律已经成了"规避竞争"的工具。[①]

"公共知识"（publicknowledge.org）是位于华盛顿特区的一个公共利益组织，专注于与数字信息相关的政策问题。查看他们的"议题"和"政策"博客，你就可以了解在华盛顿最新发生的事情。

版权的混乱：失去平衡的生活

1982年，一部名为《失衡生活》的惊人电影上映。没有任何的对话或叙述，这部电影将自然世界和城市世界一起展现了出来，向观众同时呈现了两种画面——令人难以忘怀的美丽画卷，以及令人深感不安的可怕画面。其背后传达了一个残酷的信息——技术正在打破我们生活中的和谐和平衡。[②]

在21世纪的前25年间，我们生活在一个版权至上的世界。事实上，在版权之战中，无论是国会提出的法案、人们提出的诉讼、法院发布的裁决，还是被鼓吹的宣传文章，都是在向"传统的版权平衡"以及保护

---

① 《规避竞争：数字千年版权法的反常后果》，卡托研究所。

② 《Koyaanisqatsi：失衡生活》，讽刺的是，由于版权纠纷，这部电影在20世纪80年代的大部分时间里都无法上映。

它的必要性表示敬意。然而现实是，这种平衡已经消失了，它在数字时代中被摧毁，于是大众关于信息处理的任何知识框架也同样跟着被粉碎了。但平衡的消失，也是有一定好处的。

版权（至少在美国）被认为是作品的创作者和公众之间的一种交易。创作者在有限的时间内对作品享有有限的垄断控制，因此也为其提供了获得商业利益的机会。公众既受益于对该作品的使用，也可以在垄断期满后不受限制地使用该作品。而多年来，该交易的期限一直在变化，但总体上是朝着更强大的垄断方向发展。根据美国在1790年颁布的第一部版权法，版权的有效期最长为28年。如今，该有效期一直延续到创作者去世之后的70年。但从原则上讲，这仍是一笔交易。

数字版权

在杰西卡·利特曼[①]的描述下，数字版权表明了美国版权法就是经过一系列谈判而促成的一次次妥协。公民媒体法项目会为在线出版商提供有用的信息——不仅仅是关于版权，还有其他的法律问题。

这是一项极其复杂的交易，其原因显而易见。先进的版权法，是200年来人们不断争论、谈判和妥协的结果。美国历史上的第一个版权法，被完整地印在了哥伦比亚中心的两篇报纸专栏中，如图6.3所示。正如放大后的文本插入所示，该法律只涉及了地图、图表和书籍，并授予"印刷、重印、出版或出售"的专有权，而其版权保护期为14年（包括14年的续期）。然而，今天的版权法[②]却写了足足200多页，就像是一种拜占庭式的杂烩，被一堆例外、限制和神秘的条款点缀着。比如，你不能公开表演音乐作品，除非你是一个在农业博览会上的农业社团成员；你不

---

① 杰西卡·利特曼：《数字版权》，普罗米修斯出版社，2001年版。
② 《美国版权法》，美国版权局。

能免费复制任何书面作品，除非你是盲人协会的成员，并且是为了制作该书的盲文版本（但如果该作品是一篇标准化的测试题，就不可以）；没有音乐出版商的许可，广播电台就不能播放其录音版本，但它不需要唱片公司的许可——只有在它是模拟广播的情况下；如果是数字卫星广播，就同时需要两家公司的许可（但也有例外）。

可以说，这就是一项针对专家而非普通人的法律，但即使是普通的律师恐怕也难以解释它。不过，这并不重要，因为版权协议从来就不是为普通人制定的。所谓的版权平衡，在很大程度上是相互竞争的商业利益之间的平衡行为。版权法的演变是一个相关的参与者坐下来解决问题的故事，同样国会通常也会参与进来。但是普通人却没有进行参与，因为普通人没有真正的能力去发表任何意见，而且他们也没有什么可以带来的好处。

图6.3 美国的第一部版权法——《安妮法令》，发表在1790年7月17日的《哥伦比亚中心》的头两栏。请注意乔治·华盛顿在该法案第二栏底部的签名。

*图片来源：哈佛大学图书馆

晚来一步

数字大爆炸让每一个人都可以在全球范围内复制和传播信息，于是，改变了这一局面。如今，我们所有人都可以是"发行商"，公众现在是版权交易的一方——但这个游戏已经持续了200年，而且"发牌"时间早就过去了。

当人们带着新的内容来到游戏桌上，期望自己可以充分利用信息技术时，他们发现了一些看似有吸引力、容易的、顺理成章的可能性，但实际上公众的权利早就已经被"平衡"掉了。而这些被"禁止"的权利包括：不可以将DVD上的内容复制到一个便携式播放器上；不能像混音器一样对视频进行剪辑；不能在你的Facebook页面上添加自己最喜欢的卡通图片或一首喜欢的歌曲；不能在某一个艺术作品里加入你自己的创意，并和全世界的人进行分享。

你能把音乐CD拷贝到自己的电脑上吗？

当然，你可以很容易地将一张CD复制到你的电脑硬盘上，因为它里面的几十个软件数据包就是用来做这件事的，而且还有数以百万计的人经常这么做。然而，有关CD复制的法律问题是措辞模糊、令人困惑的——它就是版权法与公众理解出现鸿沟的一个显著例子。

在洁米·托马斯于2007年10月的诉讼案中（详见本章前半部分的"传达一条信息"），索尼博德曼的主管珍妮弗·帕里瑟在其证词中建议说，如果对自己合法购买的CD进行复制，即使只是为了个人使用，也是非法的行为。她还声称，对一首合法购买的歌曲进行复制，其实只是对"我偷了一首歌"的一种委婉说法而已。美国唱片工业协会的网站还特别说明了复制任何音乐CD都是不合法的，尽管它允许只供个人使用的音乐拷贝，而且是"不会引起人们担忧"的，但它也告诫说这个音乐拷贝不能进行出售，或者借给他人进行复制。

Spotify、Pandora、苹果音乐和亚马逊音乐等音乐流媒体软件的应用，让人们很方便地就可以获取音乐内容，所以音乐拷贝的现象本来是会越来越少的。虽然这些软件一般都明确禁止下载，但互联网上还是出现了大量关于如何下载的教程。

如果做了上述的这些行为，就会被谴责为"盗窃"和"盗版"，于是人们纷纷心生怨恨。一个在计算机公告板上投稿的人曾打趣说："我一年级的老师告诉我应该要学会分享，而现在他们又告诉我这是非法的行为。"

而这种怨恨很容易会发展成一种"道德愤怒"，用电子前沿基金会创始人约翰·吉尔摩的话来说：

> 现在的问题是，我们发明出了一些可以消除"稀缺性"的技术，但我们却又要故意把它们扔掉，以让那些能从稀缺性中获利的人受益。我们现在明明有办法可以复制任何在数字媒体中储存的信息……我们本来应该在人间共同创造一个天堂！但相反的是，那些永远以"稀缺"为生的讨厌鬼们正在鬼鬼祟祟地说服一些同谋者，希望把我们价格低廉的复制技术给捆绑起来，这样人们就无法进行复制——至少无法对他们想卖给我们的商品进行复制。这是最为恶劣的一种经济保护主义——为了效率低下的当地工业的利益而不惜损害自己所处的整个社会。[①]

但是，对于一个人来说是分享，对于另一个人来说就有可能是盗窃，所以版权之战的另一方也会有自己的道德义愤。电影行业估计，在互联网上未经授权的电影拷贝的零售价值已经超过了70亿美元。正如美国电

---

① 约翰·吉尔摩：《版权保护出了什么问题》（《伦理奇观》，2001年）。

影协会时任主席丹·格利克曼所说：

> 我们不欢迎……那些伪装成技术的盗窃行为。任何行业，包括电影业，都不能让自己的大门一直敞开，我们需要给员工发工资，我们还要让顾客满意，所以不能让侵权盗版的人和小偷在版权的保护伞下四处横行，我们应该保护个人拥有其创造性表达的所有权，以及从这些表达和所有权中获益的权利。[①]

这并不是所谓的"平衡"，而是一场充满愤怒、相互指责的恶战。它是以版权法的名义，不断升级的一次次惩罚和反竞争监管。而作为在这场战争中的附带损害，"创新"便成为被劫持的人质。

版权限制开始消失

要想摆脱这条道路，我们就需要抛弃旧的观念和想法。尽管这看起来会很困难，但我们相信自己还是能够做到的。2007年，唱片行业做出了重大转变，决定不再依赖数字版权管理。除了对技术的限制，数字权利管理还给消费者和发行商制造了一些麻烦。于是，越来越多的人开始认识到了数字权利管理的缺点，不仅是消费者群体，而且还有行业本身。

首先做出改变的是苹果公司的史蒂夫·乔布斯，他在2007年2月向唱片业的高管们发出了一封公开信，要求他们放宽让苹果在iTunes音乐上实施数字权利管理的授权限制。在乔布斯看来，如果在线商店销售的音乐不用受到数字版权管理的限制，可以在任何播放器上进行播放的话，"显然对消费者来说，是最好的选择，而苹果将会立刻接受它。"[②]然而，业界对此反应冷淡，但也有一些组织加入进来，对乔布斯的看法表示统一。在2007年3月，欧洲最大的在线音乐零售商之一MusicLoad就站出来

[①] 西蒙·艾弗里：《古巴支持格罗斯特》(《环球邮报》，2005.3.29)。

[②] 《史蒂夫·乔布斯对于数字版权管理的看法》(《华尔街日报》，2007.2.6)。

反对数字权利管理，并指出其75%的客户投诉电话都与数字版权管理有关。MusicLoad声称，数字权利管理让消费者们无法便捷地使用音乐，并且也阻碍了合法下载的大众市场的发展。同年11月，英国娱乐零售商协会也站出来反对数字权利管理。该协会的总干事声称，版权保护机制"抑制了行业的发展，并损害了消费者的利益"。①

到了2007年的夏天，苹果iTunes和环球音乐集团便开始发布可以进行自由复制的音乐曲目。②iTunes的音轨里面存在可以识别iTunes的原始购买者的信息（"水印"）。这样，如果大量未经授权的拷贝出现在互联网上，原始购买者就可以据此追踪，并追究其责任。

再过几个月之后，像"水印"这样的限制也消失了。③到2008年年初，所有的四大音乐厂牌——环球、百代、华纳和索尼博德曼，统统都在亚马逊上发布了标识个人水印的音乐进行出售。在这短短的一年时间里，这确实是一个巨大的转变。当乔布斯在2007年2月提出自己的建议时，华纳音乐首席执行官埃德加·布隆夫曼就曾断然拒绝了这个想法，称其"完全没有逻辑和价值"。④但在2007年年底前，华纳也宣布在亚马逊上销售无数字版权管理的音乐⑤，而布隆夫曼在给员工们的一张便条中解释道：

> 通过扫清障碍，我们的音频下载销售量和消费者的使用感都得到了提升，我们终于结束了一场耗费精力的争论，现在让我们重新将眼光放在一些新的机会和产品上，这将不仅会有利于我们的华纳音

① 安德鲁·埃奇克利夫–约翰逊：《反盗版举措使得"销售降低"》，"金融时报"网站。
② 肯·费希尔：《环球通过水印跟踪无数字版权管理在线音乐》，"科技博客"网站。
③ 艾略特·范·布斯柯克：《亚马逊的一些MP3曲目包含水印》（《连线》）。
④ 格雷格·凯泽：《华纳首席称乔布斯的DRM之战是"没有逻辑的"》（《计算机世界》）。
⑤ 皮特·塞耶：《华纳将通过亚马逊提供没有数字版权管理的音乐》（《计算机世界》）。

乐集团，也会有利于我们的艺术家和消费者们。[①]

使用水印

比起控制人们的拷贝和访问行为，使用水印倒是一个通过问责（而不是限制）进行监管的好办法。这一方法的重点是，没有预先禁止一切的违反行为，而是在违反行为发生时能够即时发现并加以处理。同样的观点也适用于隐私，如第三章"谁掌握着你的隐私？"中所说的。在这种情况下，人们就可以关注个人信息是否被恰当使用，而不是彻底限制人们获取信息[②]。

人们越来越认识到数字权利管理的监管方法是失败的，于是人们便开始尝试在互联网上用一些其他模式来分享音乐。环球唱片公司和索尼，还有其他唱片公司一起商讨出了一项订阅服务：用户只需支付固定费用，就可以获得他们想要的音乐。其中一项计划还会将音乐服务与一种新的硬件设备相连，所以音乐服务的价格也将一起包括在硬件的价格里。[③]

数字权利管理未能提供人们可接受的用户体验，是导致音乐购买和消费方式发生巨变的诸多因素之一。现今，唱片收藏已经是博物馆的事了；CD和DVD也变得非常罕见，以至于笔记本电脑都不会再为它们配备相应的播放器了。而当苹果公司开始以美元出售歌曲时，它又经历了一次经济复兴。18年之后，iTunes终于"寿终正寝"，取而代之的则是苹果音乐。

根据尼尔森2019年的年中报告，78%的音乐是通过流媒体服务进行消费的，只有5%是通过数字音乐销售的。2020年最受欢迎的歌曲《老

---

① 杰西卡·明茨：《华纳音乐集团与亚马逊达成协议，将在网上出售无版权保护的歌曲》（《西雅图时报》，2007.12.27）。

② 丹尼尔·J.韦泽等：《信息问责》（《ACM通信》，第51卷，第6期，2008年）。

③ 皮特·巴洛斯：《环球音乐进军iTunes》（《彭博商业周刊》，2007年）。

城路》（*Old Town Road*）总共卖出了95.8万张，但其播放量却超过了13亿次。

流媒体服务通过一种互补方式促进了音乐和其他创造性作品的共享，从而丰富了大众文化，于是创作者们更容易将自己的作品分享出来，并相互在彼此的作品上进行新的创作。知识组织是一个提供技术和法律工具来鼓励共享的组织。该组织会分发一系列的版权许可，于是创作者就可以使用这些许可在互联网上发布他们的作品，其中还包括一些允许开放共享的许可。这些许可证会以法律文件和计算机代码的形式表示，并且也可以支持新的应用程序。举个例子，假如一个作品身上具有"知识组织"颁发的代码，那当人们在网上查找一些在指定许可条件下才可以使用的资料时，搜索引擎就会自动显示对该作品的引用。促进互联网上的开放共享，是迈向"公地"的一个显著例子，而这里的"共有化"指的是一个最大限度地减少了烦琐的所有权限制的共享系统（在第八章"在空中的比特"，我们会对"公地"进行更多的阐述）。[1]

以上的这些方法，以及其他一些方法的经验将会告诉我们，在不依赖数字权利管理的情况下，到底是否会有在经济上可行的音乐发行模式出现。而这些方法的成功，将会为电影行业铺平道路，并让其他出版商得以逃脱"反规避"之路——一条只会遏制创新，而不是打击侵权的"死胡同"，甚至一开始在倡导该政策的设计师们现在也承认这是一个非常失败的方法。

然而，即便如此，数字千年版权法所带来的其他问题也不会消失，因为那些被法律束缚的政策并没有那么容易解开。就算内容产业能转向更好的商业模式，数字权利管理之争就此平息，但数字千年版权法的反规避条款可能会发展为数字版图上的"反消费者""反竞争"的污点。除

---

① 有关"公地"的详细讨论，特别是它们与数字环境的关系，请参阅约凯·本克勒的《网络的财富：社会生产如何改变市场和自由》（耶鲁大学出版社2006年版）。

非它们能从法律中被彻底废除，否则就仍会成为这场（以和平方式结束）战争的战后遗迹——还未爆炸过的武器，于是一些好诉讼的企业仍然可以对其加以利用，并且都与该法律最初的意图无关。

"知识共享"许可

如果你创作了一些作品，并想要在互联网上发布的话，你就可以登录 creativecommons.org 网站，使用上面的"知识共享"许可选择器，然后就可以获取符合自己需求的许可证了。有了该许可证，你可以保留自己选择的一些特定权利，同时也可以授予其他用途全部许可。

所有权的界限

几十年来，关于数字音乐和数字视频的斗争一直是在"版权之战"的最前线。也许，我们正在进行的一些创新和实验将会有助于化解这些争斗。无论互联网的巨大潜力是为了造福大家，还是为了谋取利润，它都不用为了打击滥用而牺牲。如果你不喜欢别人在互联网上做的事，互联网不必成为你的敌人——除非你让它成为你的敌人。

公众对版权的愤怒是非常强烈的。人们对问责制和公有化等新方法的兴趣表明，这种会让大家感到不舒服的深层原因，就在于我们将"所有权和盗窃"的比喻应用到了文字和音乐上。而被数字化打破的版权平衡，不仅仅是创作者和公众之间历来就有的一种紧张关系。个人和社会之间的平衡是我们形成所有权概念本身的基础，所以说，我们尝试实行问责制和公有化，就是为了替代那些以数字版权法名义而不断扩大的所有权限制。

自由文化

在劳伦斯·莱斯格的《自由文化：大型媒体如何利用技术和法

律来限制文化和控制创造力》①里，他引人入胜地讲述了关于版权限制的故事——当它过度宽泛时，就会危害到公共文化的应有的生机和活力。

当我们把电影、歌曲和书籍描述为"财产"时，我们就唤起了对自由和独立的本能隐喻："我的这块地和你的那块地。"但数字时代正在打破这些所有权的隐喻，"我的那块地"就变得和"你的那块地"不同了，但当这两块地都被变成一个个的比特时，这些比特就会交织混合，于是原来用于区别它们的属性，也就消失在了网络数据包的迷雾之中。

也许，我们这些地的"围栏"也已经开始倒塌。2019年1月1日，也就是20年来人们的作品进入公有领域的第一天。1998年通过的《版权期限延长法案》在现有版权期限的基础上又增加了20年，于是，这些作品都不再能让人们自由使用。《桑尼·波诺法案》（以已故艺人的名字命名，他的妻子和国会继任者曾说："桑尼希望版权保护期能永远有效。"）将版权期限延长到作者去世后的70年，或者公司作品发行后的95年。按照这个标准，Windows 95系统要到2090年才会结束其版权保护，而等到那个时候，恐怕它的比特数据早已经变得不那么重要了。

一些在版权领域工作的人还曾担心过，这些版权游说群体会进一步延长版权协议期限，就像迪斯尼公司试图延长"米老鼠"寿命一样。然而，在2019年，宪法条款的"限定期限"终于强势回归，明确表明了在1923年之前出版的作品都是向公众开放，不受限制的。②因此，美国人现在就可以再版罗伯特·弗罗斯特的《雪夜林畔小憩》和卡里·纪伯伦的《先知》，即兴演奏乔治·格什温的《美国人在巴黎》，甚至还可以对塞西尔·B.德米尔导演的《十诫》音乐进行再创作。

---

① 劳伦斯·莱斯格：《自由文化：大型媒体如何利用技术和法律来限制文化和控制创造力》（企鹅出版社，2004年版）。
② 1923年，所有版权的发行期限均为数年，此后又延长到了95年，而作者的寿命在1976年版权法中也成为一个重要因素。

如何穿过数字云

2004年，谷歌开发了一个新项目——为几个大型图书馆的藏书编撰索引，以供谷歌的搜索引擎使用。该想法的目的是想让用户在网络上进行搜索时，就可以立马查询到相关的书籍，以及该书的一些文本段落。正如谷歌所描述的，该公司想要创建的是一个"世界图书的加强版卡片目录"，想必这应该不会比世界上其他任何的卡片目录更有争议了。

美国出版商协会（AAP）和作家协会都反对谷歌的图书项目，并起诉谷歌侵犯了版权。用美国出版商协会主席帕特里夏·施罗德的话来说："谷歌只是想利用这些作者和出版商的才能和财产来赚上数百万美元。"甚至，作家协会的主席还称该项目中加入的一本书是剽窃作品。而这场争论的焦点在于，为了创建搜索的索引，谷歌就会对这些图书进行扫描和复制，于是，该诉讼案将会围绕这种扫描行为是否会构成版权侵犯的法律问题展开。

经过7年的法庭斗争，双方都与美国出版商协会达成了一项和解协议。虽然详细的条款都是对外保密的，但在他们发布的新闻稿中，双方都承认了在维护版权保护的同时，允许人们访问数字资源确实是一项很复杂的问题。

然而，故事并没有到此就结束了。美国出版商协会和作家协会在诉讼过程中分道扬镳了。2016年，作家协会选择继续上诉，但最高法院拒绝受理上诉，于是谷歌最终获得了胜诉。

该图书馆项目将会使得谷歌的搜索引擎变得更有价值，从而让谷歌公司从中受益，但是，谷歌确实在未经版权所有者许可的情况下扫描了这些图书，那我们是否可以说，谷歌在未给予图书版权所有者任何补偿，甚至没有征得其同意的情况下，就私自"挪用财产"并从中获利呢？谷歌能被允许这么做吗？2020年，新型冠状病毒导致了很多实体图书馆纷纷关闭，于是一家非营利组织的互联网档案馆便推出了短期数字借阅的

"国家应急图书馆"，随之很多出版商对其提出了诉讼。[1]如果你写了一本书，那它就是你"拥有的财产"，然而，你的所有权界限到底可以延伸到什么程度呢？

在整个社会生活中，我们曾经面临过这样的问题。如果一条小溪流过了你的土地，那你就拥有了这条溪的水吗？你的所有权会有什么限制吗？你能把这些水抽出来，再卖出去吗，即使这可能会导致下游的水资源短缺？那么在上游的土地所有者的义务又是什么呢？而这些问题，都是在19世纪美国西部备受争议的主要问题，于是后来人们就编撰了有关土地所有者对流经其土地的水资源的有限产权制度。

假设有一架飞机飞过了你的土地上方，那算是非法侵入吗？如果这架飞机飞得很低，那要离地面多高才算没有侵犯你的土地产权呢？而从古代起，人们的土地产权就被认为可以无限制地一直往天上延伸。

如果是这样的话，也许航空公司都应该向其航班所经过的每一块土地所有者那里获得相应许可。让我们想象一下，如果在航空时代的起步阶段，人们就面临着这样的监管问题，那出于对财产和所有权的尊重，我们是不是会要求航空公司申请许可？而在飞机还只能在几千英尺的高度飞行的那个年代，这样的做法似乎还算合理。但是，如果我们真的去这么做了，那航空飞行还会出现其他的创新吗？我们还会看到横跨大陆航班的出现吗？又或者说，这些错综复杂的监管政策是否会阻碍人们的技术发展道路？在1926年，国会将可航行空域归属于国有，因此这些疯狂的做法才得以停止。

版权和网页搜索

如果你认为谷歌的图书馆项目是侵犯了版权，那么你可能还会想，其搜索引擎本身是否也通过缓存和索引网站，以及提供网址链

---

[1] 马特·埃尼斯：《出版商对互联网档案馆的诉讼仍在继续，尽管其紧急图书馆已经停止了服务》（《图书馆杂志》）。

接等行为而侵犯了版权呢？虽然这一看法一直都是谷歌被起诉的来源，但法院都一直予以否决。在菲尔德起诉谷歌一案中（2006）[①]，内华达州地方法院裁定谷歌对网站的缓存和索引是可被允许的行为。该裁决的一个原因是，谷歌只是暂时将网页存储在缓存中。在Perfect 10成人杂志公司起诉谷歌一案中（2007）[②]，第九巡回法庭拒绝了Perfect 10要求对谷歌执行的初步禁令——不允许谷歌对其网站进行链接，并发布其网站内容的缩略图。

同理，我们是否应该要求谷歌在编撰索引之前，去向每本书的版权所有者申请许可呢？这似乎看起来是很合理的——事实上，其他的一些图书索引项目也正在申请类似的许可。然而，这里的图书索引或许就像是数字版的飞机还处在"羽翼未丰"的低空飞行阶段。那么，就像后来出现的横跨大陆的航班一样，在未来我们是否能看见这样的场景：所有书籍、音乐、图像和视频都可以被自动获取、试读（试看、试听）、混合创作和重新编辑；还可以加入一些自动判断的引擎；还能被装到每台个人电脑和每一部手机的核心软件中——还有成千上万的其他甚至都没有文字记载的东西？

什么才是一个合适的平衡呢？在这个信息爆炸的空间里，产权应该"向上"多远才对？当我们在讨论比特时，所有权的定义又是什么？我们不知道，而且这个答案也并不容易找到。但无论如何，我们都必须学会"飞翔"。

数字大爆炸使得信息无处不在，由此打破了既定的所有权界限。技术的发展也混淆了版权的定义——在比特传送过程中的规范和限制。由技术引发的问题，也已经被新技术带来的方法解决了，但这些解决方法忽略了

---

① 菲尔德诉谷歌公司案：《联邦法院判例汇编增补版（第二辑）》第412卷，第1106页，2006年。

② Perfect 10诉亚马逊公司案：《联邦法院判例汇编（第三辑）》第508卷，第1146页（第九巡回法院，2007年）。

对版权平衡中公众利益的考虑，所以创造出了它们自己的一套政策。

所有权的界限并不是数字大爆炸打破的唯一界限，而版权也不是信息监管受到挑战的唯一领域。比特可以跨越国界，它们可以飞进私人住宅和公共场所，还可以携带不受人们欢迎，甚至是有害的内容——这些内容历来就受到限制，但不是因为版权问题，而是因为禁止诽谤和色情的规定。然而，这些比特还是"飞"了出去，而这也是我们在下一章中即将要讨论的难题。

第七章

你不能在互联网上那么说

守住网络表达的底线

网络中的未成年性交易

M. A.是一名13岁的女孩，在偷溜出去和一些朋友参加返校派对之后，她足足消失了270天。[①]经过了几个月的苦苦寻找，M. A.的母亲在一家叫backpage.com的网站找到了她。当点击了网站上面的一个"陪伴服务"广告之后，M. A.的母亲发现了一张M. A.和其他女孩提供性服务的照片。这些广告还会使用心形表情符号给女孩们的年轻和可爱程度进行评级——如果要求客户使用避孕套的话，则会使用一个雨伞表情符号。

M. A.在被绑架之后，每天都会在该网站被出售，然后被迫进行多次性行为。为了对她进行控制，皮条客们会不停地殴打她、刺伤她，甚至还让她染上了毒瘾，以至于在她的母亲救下她之后，她还自己跑了回去。根据美国国家失踪和受剥削儿童中心的数据，目前有上千例（很可能是上万例）类似的儿童性交易受害者。[②]

在2017年被关闭之前，backpage.com一直是儿童在线性交易的热门网站。在其"成人"部分的广告里，大多数都是各种各样的性行为广告，

---

① 本故事来源于电影纪录片《我是无名女》。
② 国家失踪和受剥削儿童中心，NCMEC数据。

其中还有相当一部分会暗示性行为的提供对象是未成年人。

　　虽然儿童性交易并非始于互联网，但正是互联网才让其变得容易、高效、高利润。比如说，这些广告会列出电话号码供客户拨打；客户与皮条客（或孩子本人）可以直接在网上进行沟通；皮条客甚至还可以给孩子们安排半小时的交易，快速地将他们从一个地方送到另一个地方。正如在纪录片《我是无名女》中所看到的，这些数字化性交易的效率之高，令人毛骨悚然——甚至有一些女孩一天会被出售性行为高达20次。

　　M. A.的母亲和其他被贩卖儿童的父母集体起诉了backpage.com。毫无疑问，在任何一个地方，与未成年人发生性行为都是违法的，但backpage.com却打赢了所有控告它协助未成年性交易的官司。甚至，它还打赢了一场对伊利诺斯州警长托马斯·达特的官司，因为这位警长说服了很多信用卡公司停止接受backpage.com发出的付款服务[1]，后来该网站让法院恢复了其信用卡权限。在每一个诉讼案中，对backpage.com有利的调查结果背后，其基本逻辑都是一样的：该网站是一家出版商，而不是一个性交易贩子。在美国，出版商在出版内容方面拥有很大的自由，而数字出版商则会再享受一些额外的保护。

　　对于法庭认为backpage.com不用对M. A.的遭遇负任何责任，我们能理解M.A.的母亲肯定会感觉非常荒唐。但还有一些在美国的顶级律师也对backpage.com打过类似的官司，但后来都败诉了。最终，在联邦警探们花了3年时间搜集证据之后，backpage.com网站才被关掉了（原因包括洗黑钱和其他一些罪名）。然后，法官也驳回了backpage.com对警长达特的起诉。[2]

　　那么，到底是什么样的法律才会让公然协助未成年人进行性交易的backpage.com免于处罚呢？很讽刺的是，这条法律的名字就叫作《通讯规

---

① 杰克·布布珊：《Backpage.com打赢了与警长的官司》(《法院新闻服务》)。

② 泰莎·温伯格：《Backpage.com起诉库克县警长一案被撤销诉讼》(《芝加哥论坛报》，2018.6.1)。

范法案》（CDA）。该法案说，在本质上，每个网站都不用对他人撰写的内容负责。CDA的这一部分规定本来是为了保护报纸和博客，以及它们的评论内容，因为这样一来，编辑就不用时刻检查公众是否在网站上散播了一些疯狂和错误的言论。

在这一章中，我们要讲述的是，当人们将前互联网时代对演讲、写作和出版的隐喻，应用到人人都能参与的媒体时所产生的困境。数字大爆炸已经颠覆了人们长期以来对于人际关系的看法——人们如何相遇，如何认识彼此，以及如何决定是否可以信任彼此。与此同时，数字大爆炸也让数以百万计的资料变得触手可及，而就在几年之前，要是没有付出巨大的努力和高昂的花费，相信谁也不可能找到这些资料。如今，人人都可以在网络上说出自己的故事，无论是用照片、视频，还是在社交网络上发一个帖子。不管你是为了自己所患的疾病而感到难堪不已，还是渴望了解自己的性别身份，又或者是渴望能与自己信仰相同的人交流，你都可以在互联网上找到很多事实、观点、建议甚至是友谊。当然，还有很多因为年龄太小而无法独自离开家的孩子，也会使用家里的电脑偷看一些不适当的色情内容。那么，社会究竟能否控制人们看什么内容、和什么人交谈呢？

不同于其他事物的隐喻

在很多的价值观冲突中，最近的一场冲突是关于SESTA-FOSTA法案，即《禁止为性贩卖者提供便利法案》和《允许各州和受害者打击网络性贩卖法案》。该法案于2018年4月通过，修改了《通讯规范法案》中的部分内容，并强调那些有意为性交易提供便利的网站也应当承担一定的责任。[1]然而，该法案的推出也限制了互联网上一些言论的出现，也就是说，它与第一修正案中对言论自由的保护背道而驰。由于SESTA-

---

[1] 安·瓦格纳：H.R.1865——《2017年允许各州和受害者打击网络性贩卖法案》，第115届国会（2017—2018年）。

FOSTA对人贩子本身只字未提——他们的活动本来就是非法的，所以一些批评者（包括执法部门的人）认为，这可能只会将人口贩卖都变成地下交易，或者说，是让它们都躲回到"黑暗小巷"里。让和backpage.com一样的低俗网站尝到道德耻辱的味道，以及看到这些网站的经营者受到惩罚时的满足感，也都是需要我们付出一定代价的：不仅是言论自由的代价，还有被贩卖的孩子们的代价——因为<u>一旦这些交易离开了互联网，人们就无法轻易地对他们进行监控了</u>。政客们可能会<u>对外宣称已经为打击儿童拐卖做了一些事情，但也许他们所做的，只是将这些拐卖行为掩盖起来而已</u>。事实上，在SESTA–FOSTA通过后的几个月里，就开始有报告显示，由于无法与潜在客户进行网络交流，很多性交易者在皮条客的指使下，又开始在大街上拉客。①要知道，这种做法不仅古老，而且也危险得多。但与此同时，我们也不能否认SESTA–FOSTA让在线网站的经营者承担起了一定责任，使得他们要对网站上的每一个用户进行监督，而且也为以后限制其他形式的一些不受人们欢迎的言论开创了一个先例。

SESTA–FOSTA之所以会遭到抵制，是因为担心它对互联网的影响可能会比它要打击的那些声名狼藉的网站大得多，而这个争议，也只是因为互联网前所未有的通讯能力而引发的一系列冲突中的最新一起而已。一方面，社会关心儿童保护这件事，而互联网可以将各种各样的数字信息直接传输到每一个家庭；但另一方面，社会也希望开放式的交流能够达到最大化，比如美国宪法在很大程度上是保护人们言论自由和倾听权利的。于是，我们整个社会一遍又一遍地想为电子通信找出一个恰当的比喻，以捕捉它与过去那些媒体的相同之处和不同之处。而法律法规又是建立在传统之上的，我们只有通过类比的方法，才能让过去的话语规则延伸到现在已经变化了的环境中——或者，还能有意

---

① 卢克斯·安尔陶姆：《国会正迫使性工作者回到一个更危险的前互联网时代》，"边缘"网站；萨曼莎·科尔：《皮条客们正在操控那些因为SESTA–FOSTA而被赶出网络的性工作者》，"维采"网站。

识地进行超越。

那什么样的法律才适合呢？我们会发现，互联网和其他任何东西都不一样。如果你创建了一个网站，那就像是出版一本书一样，所以也许关于书籍的法律是适用于互联网的。不过，这还只是网络1.0版本——允许"发布者"发布自己的内容，而浏览者进行浏览的一种方式。而在今天的数字世界中，像Facebook这样的网站和服务则会根据用户发布的信息不断地发生变化。如果你发了一条短信，或是写了一篇博客，那就像是打了一个电话（或者电话会议）一样，所以也许关于电话的法律应该会是一个好的起点。然而，其实这两种比喻都不完美，也许电视才是一个更好的类比，因为浏览网页就像是浏览电视频道一样——除了互联网是双向的，没有限制"频道"的数量。

在网络和各种应用软件的背后，就是互联网本身。互联网只是在传输一个个载着比特的数据包而已，它并不知道，也不会关心自己传输的是书籍、电影、短信还是声音的一部分，也不清楚这些比特是否会出现在网络浏览器、电话或电影放映机中。约翰·佩里·巴洛是"感恩而死"乐队的前作词人，也是电子前沿基金会的联合创始人。当互联网在20世纪90年代中期突然进入大众视野的时候，他使用了一个非常独特的比喻来描述互联网：长期以来，世界对信息流动的监管就像是在控制"酒瓶的运输"一样，在"肉体空间"，即我们生活的物理世界，不同的规则适用于书籍、邮件、无线电广播和电话——就像不同种类的"瓶子"。而现在，这个瓶子里的"葡萄酒"——也就是一个个的比特数据，开始在网络中自由流动。我们可以往瓶子里放入任何东西，而同样的东西也可以从瓶子里出来。但在这两者之间，它们都是相同的东西——就是比特而已。到底网络空间的规则是什么？比特本身的规则又是什么呢？[①]

当信息在两方之间传递时，无论该信息是口头的、书面的、图片的

---

① 约翰·佩里·巴洛：《概念经济》（《连线》）。

还是电影的，都会有一个发出端和一个目的端，或许还可能会有一些中间人。举个例子，在演讲大厅里，听众就可以直接听到演讲者的声音，尽管提供了大厅使用权的人，也可能在这次交流中发挥了重要的作用。一本书籍的背后会有作者，也有读者，但同时也会有出版商和经销商。在互联网通信中，我们自然也会给每一方赋予类似的角色，这样一来，当事情出错的时候，就可以让任何一方（或所有人）负起相应的责任。

互联网的结构是很复杂的，其发送端和目的端可能是两个互相发短信的朋友，也可能是一个商业网站在和一个坐在家里的客户进行交流，又或者是同公司的一个办公室在向另一个办公室发送广告手册的模型资料。发送端和目的端都会有一个ISP，而ISP的连接是通过路由交换机、光纤电缆、卫星链路等。一个流经互联网的数据包可能会经过几十个不同群体所拥有的设备和通信链路。按照乔纳森·斯特兰的说法，我们就把连接ISP的设备集合称为"云"。如图7.1所示，互联网上的语音从发送端传到ISP，进入云端，然后再从云端传到另一个ISP，最后才到达目的端。

图7.1 应该从哪个环节对互联网进行监管？（根据乔纳森·斯特兰的数据）

如果一个政府试图控制言论，那它可以从几个不同的角度进行控制：首先，它可以试图控制说话者或说话者的ISP，并将某些类型的言论定为犯罪行为。但如果说话者和其听众不在同一个国家，那就行不通了。再者，它还可以通过禁止拥有某些类型的材料来试图控制听众。在美国，未经适当许可使用受版权保护的软件是非法的，因为软件只有拷贝之后才能进行使用；以牟利为目的传播其他受版权保护的文件也同样是非法的。然而，如果公民拥有合理的隐私权，那政府就很难知道公民拥有些什么。在像美国这样的社会中，公民享有正当诉讼程序的合理权利，但人们一次又一次地对其所有权提出诉讼，其工作量是庞大而难以控制的。最后一个方法，政府还可以尝试控制发送端和目的端之间的中介。

在很早以前，诽谤法是必须要适用于互联网的。在美国，如果某人的言论是虚假的，而又将其传达给了第三方，并损害了自己的名誉，那就是诽谤行为。

在现实生活中，当一个说话者诽谤了另一个人时，说话者和听话者之间的中介有时会需要与说话者分担责任，但有时又不会。如果我们在这本书里诽谤了某个人，那我们很可能会被起诉，而这本书的出版商同样也会被起诉，因为他们也许知道我们写的内容就是假的。但另一方面，将这些书运到书店的卡车司机就无须承担任何责任，尽管是他们帮忙把我们的文字送到了读者的手上。那我们的各种电子媒介，到底是更像出版商，还是卡车司机呢？而对backpage.com的指控就取决于这个问题的答案。

诽谤公众人物

对于公众人物的伤害性言论，即使是假的，也不会构成诽谤罪，除非这些言论是出于恶意。这一额外条款保护了新闻媒体免受名人们的诽谤指控，因为媒体的描述常常会冒犯到他们。然而，被唐纳德·特朗普（前）总统称为"非常微弱"的诽谤法[1]，至今才成立不到50年。影响这一法律的关键案件，是纽约时报公司起诉沙利文（Sullivan）一案[2]——在亚拉巴马州的官员们起诉了纽约时报，理由是它刊登了一个支持民权的广告。在安东尼·刘易斯的《不得立法侵犯》一书中[3]，有对这个故事的完整叙述，以及关于第一修正案的一些历史。如果想要了解宪法第一修正案的一些困境，请参阅安东尼·刘易斯的《言论的边界》[4]。

如今，整个社会都还在一直努力寻找一个合适的隐喻，来描述电子通信的各个组成部分。如果要对电子信息的这一部分进行了解的话，我们就必须从互联网之前的电子通信说起。

是出版商还是经销商？

CompuServe是早期的一家计算机服务提供商，其提供的服务包括电子公告板和其他用户可以付费加入的电子社区。而Rumorville（"谣言村"）则是其中的一个论坛，会提供一些关于广播新闻和记者的每日通讯报道。然而，CompuServe并不会对Rumorville上的谣言进行筛选或收集，而是与第三方公司DFA（Don Fitzpatrick Associates）签订了有关内容提供的合同。所以CompuServe只负责发布DFA提供的任何内容，而没有进行审查。就这样过了很长一段时间，也没有人对此有所抱怨。

1990年，一家名为Cubby的公司也推出了一项相似的服务，叫作

---

[1] 特里斯坦·勒热纳：《特朗普称他将会"严厉审视"诽谤法》（《美国国会山报》）。
[2] 纽约时报公司诉沙利文案：《美国判例汇编》第376卷，第254页，1964年。
[3] 安东尼·刘易斯：《不得立法侵犯：沙利案和第一修正案》（古典书局，1992年版）。
[4] 安东尼·刘易斯：《言论的边界：第一修正案的故事》（培基出版社，2007年版）。

Skuttlebut（"流言蜚语"），它也报道着一些有关电视和广播的八卦新闻。后来，在Rumorville上就出现了一些将Skuttlebut描述为一个"创业新骗局"的帖子，并声称它的新闻素材都是从Rumorville盗来的。Cubby表示强烈抗议，于是就向CompuServe公司提出了诽谤起诉。CompuServe承认，这些帖子确实是具有诽谤性的，但自己并不是这些信息的直接发布者，而只是一个"搬运机"而已——负责把别人给它的内容发送给订阅客户。所以，它并不需要为内容负责，就像卡车司机不需要为他所运输的杂志上可能会出现的诽谤言论负责一样。

那么，究竟什么样的比喻才是恰当的呢？到底CompuServe的角色是更像一份报纸，还是更像把报纸运送给读者的卡车司机呢？

根据法院的裁定，它更像是一位卡车司机的角色。美国长期以来的法律传统都认为发行商对自己所发行的出版物内容是没有任何责任的，但人们也不能指望分销商们可以把卡车上所有的书都一一读完。为了找到一个更好的类比，法院将CompuServe描述为"一家以营利为目的的电子图书馆"，但无论是作为一位"分销商"还是一家"图书馆"，CompuServe都是独立于DFA的，所以就不用对DFA发布的诽谤言论负责。最终，在Cubby起诉CompuServe一案中[1]，判决结果显示CompuServe更为有利一些。Cubby可能还会去找"发送端"的麻烦，但那一定不是CompuServe，因为它只是一个无可指责的"分销商"而已。

当Cubby对CompuServe一案的判决尘埃落定时，各地的计算机服务提供商都不禁松了一口气。如果当时的判决结果恰好相反的话，那么信息的电子传播可能就会成为一项没有人敢涉足的高风险业务。计算机网络以其低廉的开销创造了前所未有的信息基础设施，只需要很少的人利用很低的成本，就可以将数万人，甚至数百万人相互联系起来。试想，如果所有传播的内容在发布之前都必须经过人工审查，以确保里面任何

---

① Cubby诉CompuServe案：《联邦法院判例汇编增补版》第776卷，第135页，1991年。

具有名誉损害的声明都是真实的，那么所谓的参与式民主将会受到很大的限制。由此，在那个时候，这种倡导自由表达的精神还是占据了统治地位的。

既不自由，也不安全

在1995年的秋天，一位叫尤金·沃洛克的法学教授在评论一宗案件时说道："法律总是要求我们牺牲一些自由来换取更多的安全。然而，有的时候，它剥夺了我们的自由，却只提供了更少的安全。"[①]这宗案件和Cubby对CompuServe案件有很多相似之处，但也有一个关键的不同之处。

Prodigy是一家很像CompuServe的计算机服务提供商。在20世纪90年代初，随着人们对网上的色情内容越来越担忧，Prodigy试图将自己定位为一家面向家庭的服务公司，并承诺自己会对公告栏上的帖子进行编辑。Prodigy表示："我们所追求的价值体系，正反映了我们渴望服务的数百万美国家庭的文化，对此我们并不感到抱歉。当然，任何一家负责任的报纸都不会做得更少。"Prodigy在市场上的成功，很大程度上是由于人们在访问其论坛时感到很安全，而不像其他服务商提供的那种"什么内容都有的"网站。

Prodigy上面有一个公告栏叫作"财经对话"，是专门向人们介绍金融服务的。1994年10月，有人在"财经对话"上匿名发表了关于证券投资公司斯特拉顿·奥克蒙特的一些评论。这位未透露姓名的发帖人说，该公司涉嫌"重大刑事欺诈"，其总裁"很快就会被证明是罪犯"。而且整个公司的雇员"要么以撒谎为生，要么就被解雇了"。[②]

于是，斯特拉顿·奥克蒙特便以诽谤罪起诉了Prodigy，声称Prodigy作为这些诽谤性评论的发布者，应该要负上一定责任，并要求

---

① 《法律：令人心冷的奇才》，《理性》杂志网站。
② 斯特拉顿·奥克蒙特公司诉Prodigy案。

2亿美元的损失赔偿。但Prodigy反驳说，它并不需要对这些帖子的内容负责。根据Cubby诉CompuServe一案的判决结果（在几年之前），该诉讼案得到了裁定：Prodigy并不是这些评论的直接发布者，而是分销商而已。

后来，斯特拉顿·奥克蒙特公司的传奇故事，被改编成了2013年的电影《华尔街之狼》，由马丁·斯科塞斯制作，莱昂纳多·迪卡普里奥主演。但在这部电影里，斯特拉顿·奥克蒙特的描述却与"财经对话"上匿名帖子的说法一模一样。

该案的裁决震惊了整个互联网社区，于是纽约的一家法院又做出了相反的裁决。该纽约法院表示，Prodigy通过编辑来监管其网站内容，以营造其"有利于家庭生活"的形象，所以就承担了"出版人"的角色，以及该角色附带的责任和风险。的确，Prodigy也曾把自己比作是一家报纸出版商，所以，它不能到了法庭上就突然矢口否认。

这一切都是合乎逻辑的，只要在这两个比喻之间做出选择：分销商，还是出版商。但在现实中，服务提供商与这两个角色又不完全一样。Prodigy只是对网站上的不良语言进行监管，而这属于编辑过程中非常次要的一种工作，要是与审查所有内容真实性的工作相比，可就相去甚远了。

尽管如此，法院的裁决还是打击了人们试图在网络上创建安全区域的积极性。法院的裁决给出了一个显而易见的建议：不要再考虑什么编辑或审查了。如果你这样做了，斯特拉顿·奥克蒙特起诉Prodigy一案就告诉了你，要是你没有审查出那些恶意的言论，你就要承担相应的法律责任。而如果你什么也不做，你就可以免于任何责任。

对于网站经营者的安全来说，这样的法规还不错，但是公众的利益呢？因为没有几个家庭会愿意让孩子们自由地在网上浏览一堆淫秽的内容，所以言论自由就会受到威胁，而与此同时，网络的安全性也不会有什么大的改善，因为诽谤者总是可以把他们的谎言上传在其他的"一切都欢迎"的网站上。

地球上最肮脏的地方

从历史上来看，每一种通信技术都可以用来控制或促进思想的交流。在《古腾堡圣经》出版后还不到一个世纪，教皇保罗四世就发布了一份被禁作家的名单——足足有500位。在美国，第一修正案可以保护作者和说话人不受到政府的干涉："国会不得制定任何限制言论自由或新闻出版自由的法律。"但第一修正案的保护也不是绝对的，比如，任何人都无权出版淫秽内容。当政府认为某个出版物属于淫秽内容，就有权对其进行销毁，就像1918年邮政当局焚烧了含有詹姆斯·乔伊斯《尤利西斯》节选的杂志一样。

在美国历史的进程中，什么才算是淫秽的内容，一直是一个争论不休的问题。而到今天还流行的一个标准，是1973年最高法院在审理"米勒起诉加州案"时使用的标准，因此也被称为"米勒测试"。[①]法庭必须通过考虑以下的因素，才能决定有关作品是否属于淫秽内容：

1. 如果按照当代社会的标准，从整体上看普通大众是否会认为该作品引发了好色之徒的兴趣；

2. 该作品所描述的内容是否明显地涉及各州法律明确定义的性行为；

3. 该作品整体上是否缺乏严肃的文学、艺术、政治或科学价值。

只要每个问题的答案都为"是"，那么该作品就属于淫秽作品。米勒案的判决是具有里程碑意义的，因为它没有为淫秽作品确立一个国家通用标准，而是确立了一个以"社区"为主的标准，即密西西比州和纽约市的标准可以有所不同。然而，在1973年的时候，人们还没有计算机网

---

① 米勒诉加州案：《美国判例汇编》第413卷，第15页，1973年。

络。那现在，什么才算是网络空间的"社区"呢？

1992年，仍在"襁褓"中的万维网还没有遍布全球，但已经有很多美国人在使用拨号上网了，他们可以在中央电子公告板上获取信息。有一些公告栏是很自由的，人们会因为兴趣相投而聚集在一起，例如，爱好棒球或鸟类的人；而其他人则会分享一些免费的软件。位于加州米尔皮塔斯的鲍勃和卡琳·托马斯则经营着另一种公告栏，叫作Amateur Action（"业余活动"）。他们还在宣传中将其描述为"地球上最肮脏的地方"。

只要付费，任何人都可以从Amateur Action网站下载图片。而一般来说，这些图片都不是人们会在礼貌场合看到的那种，而是在旧金山和圣何塞附近城市很容易买到的杂志上的那种图片。于是，鲍勃和卡琳便遭到圣何塞警方的突击搜查，并怀疑他们可能在散播一些淫秽内容。而在看了他们网站上的图片之后，警方认定这些图片按照当地标准来说，并不属于淫秽作品。

虽然托马斯夫妇没有被起诉，但他们后来在公告栏上加了这样一条通知："圣何塞警察局、圣克拉拉县地方检察官办公室和加州政府一致认为，Amateur Action公告栏的一切运作均是合法的。"①

两年后，即1994年2月，这对夫妇再次遭到搜查，而且他们的电脑也被查获了。这一次的投诉是来自一位叫大卫·迪梅耶的警探，他是田纳西州西部的一名邮政警察。迪梅耶在该网站用假名支付了55美元之后，就把图片下载到了在孟菲斯市的电脑上。这些图片里的内容的确非常"肮脏"，尤其是对于孟菲斯人来说：兽交、乱伦和施虐—受虐。于是，鲍勃和卡琳双双被捕。他们俩在孟菲斯市法庭受审，被联邦控告为利用公共网络，在州和州之间传播淫秽内容。最后，田纳西州的陪审团认为，这对夫妇在米尔皮塔斯运营的公告栏违反了孟菲斯市的"社区标准"，所以罪名成立。因此，鲍勃被判了37个月监禁，卡琳被判了30个

① 大卫·兰迪：《依照谁的标准？哪里的社区？》（《芝加哥法律日报》）。

月监禁。

托马斯夫妇对该判决提出了上诉，理由是他们根本不可能知道这些"比特"会传播到什么地方，而且案中提到的"社区"，并不是真的圣何塞市，而是一个网络空间社区而已。然而，上诉法院却不同意这一说法，因为迪梅耶警探在申请加入 Amateur Action 时已经提供了一个田纳西州的邮政地址，而且托马斯夫妇还给他在孟菲斯市的号码拨了电话，告诉他登录密码，所以他们肯定知道迪梅耶的所在地。法院的裁决是，一旦托马斯夫妇开始把他们的图片售卖到其他州，他们就应该更加注意该州的相应法律。运送这些比特就像通过美国联合包裹运送服务公司（UPS）运送一盘录像带一样（就算是以该罪名进行起诉，托马斯夫妇也会被定罪）[1]，存在于物理空间的法律同样也适用于网络空间——有时候一个城市的法律标准也可以适用于数千英里之外的另一个城市。

大众参与性最高的一场对话

从能够将文字和图像进行存储和传播的那一刻起，色情内容就成为电子世界中的一部分。相信托马斯夫妇也认识到了，比特就像是书籍，使用的都是同一套"淫秽标准"。

在 20 世纪 90 年代中期，还发生了另外一件事：计算机和网络的普及使得数字图像的数量，以及观看这些图像的人数都大大地增加了，于是数字化的色情内容也不再是"新瓶装旧酒"，而像是一个全新的东西，因为它几乎到处都是，而且人们待在家里就可以看到。后来，内布拉斯加州的参议员詹姆斯·艾克森在一项电信法案中还附加了一项"反互联网色情"的修正案，但从公民自由的角度来看，这项修正案似乎注定是要失败的。然后，确实一切都乱了套。

1995 年 7 月 3 日，《时代周刊》杂志在其封面大肆抨击"网络色情"，

---

① 美国诉罗伯特·艾伦·托马斯（94-6648）以及卡琳·托马斯案（94-6649）：《联邦法院判例汇编（第三辑）》第 74 卷，第 701 页。

而该报道的内容主要基于乔治敦大学法学院的一份报告：

> 卡内基·梅隆大学的研究人员发现，"网上出现了大量的色情内容"。在一项为期18个月的研究中，该团队调查了917410张色情图片、描述、短篇故事和电影片段，并发现在存储了很多电子图片的世界性新闻网络（Usenet newsgroups）中，83.5%的图片都是色情图片。①

随后，该报告指出，这一统计数据还只涉及所有数据流量中的一小部分，但它没有解释为什么这些具有冒犯性的图片大多是出现在限制访问的公告栏上，没有向儿童或其他人公开。此外，它还提到了政府审查的问题，并引用了约翰·佩里·巴洛关于父母所起到的重要作用的论述。当爱荷华州参议员查克·格拉斯利在国会会议中谈到这篇研究时，他呼吁国会应该"帮助那些正在遭受打击的父母们"和"帮助遏制目前的趋势增长"。

格拉斯利参议员的演讲，以及一位叫艾克森的参议员的某个朋友公然在国会大厦里下载了不雅图片的事件，刺激了美国国会要去拯救孩子们的决心。1996年2月，《通讯规范法案》几乎一致通过，由克林顿总统签署成为法律。

《通讯规范法案》规定"以任何交互式计算机服务的方式，向18岁以下的未成年人显示任何以当代社会的标准来看，都属于描述了具有冒犯性的性行为、排泄行为或器官有关的评论、要求、建议、提议、图像或其他信息"都是违法的，而任何"故意将其控制下的任何电信设施用于"这些被禁止的行为的人也将受到刑事处罚。最后，该法案将向已知不满18岁的未成年人传播"淫秽或不雅"内容定为犯罪行为。

《通讯规范法案》的这些"内容显示条款"大大地扩充了目前适用于

---

① 菲利普·埃尔默－德威特：《网络色情：你身边的屏幕》（《时代周刊》）。

互联网的反淫秽法。"禁止向18岁以下的未成年人提供具有冒犯性的图像"和"禁止向已知为18岁以下的未成年人传播不雅内容"的双重禁令，与任何适用于印刷出版物的规定是不同的。不管这里的"不雅内容"具体代表了什么，它都是一种缺少了"淫秽"的表达，而在《通讯规范法案》出台之前，只有"淫秽的内容"才算作是非法的。不过，在现实生活中，一家报摊的小贩可以分辨出12岁的未成年人和20岁的顾客，但在网络上人们又要如何确定对方的年龄呢？

当《通讯规范法案》颁布时，约翰·佩里·巴洛认为该法案将会限制互联网信息自由流动方面的潜力，于是他发表了一份如今已成为经典的宣言，以反对政府规范人们言论的做法：[1]

> 工业世界的政府们，你们这些令人厌倦的钢铁巨人，我来自网络空间——思想的新家园。代表未来，我请求还活在过去的你们，离我们远点。在我们聚集的地方，你们没有任何主权……我们正在创造一个人人都可以进入的新世界，这里没有任何因种族、经济实力、军事力量或出生地点而赋予的特权或偏见；我们正在创造一个新世界，在这里任何人都可以在任何地方表达自己的想法，无论它们是多么独特，也不用害怕会被强迫保持沉默或顺从……在我们的这个世界里，所有人性的情感和表达，从低贱的到天使般的，都成为一个毫无缝隙的整体，成为一场关于比特的全球对话……而你们，却试图通过在网络空间的边界设立哨所来抵御所谓的"自由病毒"。

这些话语是多么勇敢而又振奋人心，即使其将网络空间作为一个"毫无缝隙的整体"的说法是值得好好商榷的。但至少，就像托马斯夫妇所得到的教训，孟菲斯市的"比特"也必须符合与米尔皮塔斯不同的"淫秽标准"才行。事实上，把互联网比作一个有"边界的空间"是有其致命缺陷的，而对

---

[1] 约翰·佩里·巴洛：《网络空间独立宣言》，电子前沿基金会。

于这个比喻的滥用至今仍困扰着很多相关的法律和政策。

接着，公民自由主义者们也加入了挑战《通讯规范法案》的行列。不久之后，就发生了美国公民自由联盟起诉里诺一案，而联邦法院和美国最高法院对此做出了裁决，并表示《通讯规范法案》的"内容显示条款"是违宪的。达尔泽尔法官在地区法院的判决中写道："政府只有给出一个令人信服的理由才能够规范人们的言论自由，而且还应该是最低限度的。在互联网上要求对每一个可能会看到任何成年人才有合法权利看的内容的人进行年龄核查，这将是人们无法接受的。"

但政府认为，联邦通信委员会（FCC）对电视和广播内容的监管权力——不允许有"不雅内容"，和政府对互联网通信进行监管是同一个道理。

法院并没有同意该看法，他们认为这个类比方法是错误的，因为互联网要比广播媒体的开放度大很多。不同的媒体就需要不同的法律，而电视和广播的法律比印刷媒体的法律是更为严格的，那么对互联网来说，也应是如此。达尔泽尔法官写道：

> 国会之所以会通过《通讯规范法案》，是因为在《纽约时报》上刊登了一篇关于非洲女性生殖器切割的头版文章，并且很多女孩都读了该文章，而国会认为这显然是违宪的……互联网就是一场永远不会结束的全球对话，所以政府不能通过《通讯规范法案》来打断这场对话。作为迄今为止的大众参与性最高的一种言论形式，互联网应该受到最高程度的保护，而不是受到政府管控的入侵。

《通讯规范法案》的"内容显示条款"已经"死"了。从本质上说，法院不愿为了保护未成年人不受到猥亵的狭隘目的，而冒险让整个互联网市场失去原有的活力。于是，法院将对这些不雅内容的监管从发送端的ISP转移到了其目的端。从法律上讲，控制言论传播的最好时机，似乎就是在它们从"云"里冒出来，传达给听众的时候。

捍卫网络表达的自由

电子前沿基金会是一个领先的公共倡导组织，倡导人们在网络空间中应该享有第一修正案规定享有的和其他的个人权利。但讽刺的是，该组织却发现自己常常与媒体和电信公司处于对立面。在原则上，通信公司应该是在这些不受限制的信息交换中能获取最大利益的一方，而在实际生活中，他们却往往是从一些限制消费者选择或是可以对人们私人数据进行监管和收集的政策中获益。而电子前沿基金会也是推翻《通讯规范法案》的原告之一。

"卡内基·梅隆大学研究报告"使得美国开始针对网络不雅内容进行立法，但在1995—1996年出现的"猥亵之风"，恰好就说明了在《时代周刊》的报道一出现，该报告的真实性就遭到了人们的质疑。该报告的作者马丁·里姆是一名电气工程专业的本科生，而他的研究方法是有缺陷的——或许说是具有欺诈性的。例如，他对一些成人布告栏的经营者说，他正在研究如何最有效地在网上推销色情作品，而且承诺自己将会通过分享一些建议来回报他们的合作。[1] 然而，既然他的研究结论并不可靠，那为什么他的文章在发表时没有人发现这一点呢？正如格拉斯利参议员所说，这篇文章其实并不是出自乔治敦大学的研究，而是发表在《乔治敦法律评论》上——这是一份既没有同行，也没有专业评审员的学生刊物。在"网络色情"文章发表三周之后，《时代周刊》承认里姆的研究并不可信。尽管遭到了大家的否定，里姆还是从自己的"努力"中挽救了一些东西：他出版了一本名为《色情作品作者手册：如何剥削女人，欺骗男人，赚很多钱》的书。

---

① 《卡内基·梅隆大学的肮脏生意》(《互联网世界》)。

保护"善良的撒玛利亚人"，以及一些"坏人"

1995年，当斯特拉顿·奥克蒙特公司起诉Prodigy一案得到裁决的时候，国会正在准备颁布《通讯规范法案》，以保护儿童免受网络色情内容的侵害。然而，国会也认识到斯特拉顿·奥克蒙特诉讼案的结果，将会使得互联网服务提供商都不会愿意去屏蔽其网站上的冒犯性内容。因此，该法案的发起人又在《通讯规范法案》中添加了一个"善良的撒玛利亚人"条款。

而这样做的目的，主要是让互联网服务提供商可以扮演"编辑"的角色，而不必承担起对编辑内容负责的风险，从而让自己陷入像Prodigy服务商一样的困境。因此，《通讯规范法案》增加了一项条款——当网络服务提供商出于善意，过滤掉了有关"淫秽、淫荡、肮脏、过度暴力、骚扰或其他令人反感"的内容，是不需要承担任何责任的。此外，加入了新条款的《通讯规范法案》也把Cubby一案中的"分销商"角色作用推到了极致。ISP"不应该"被认为仅仅是一个出版商或是信息的发送端而已。正如《通讯规范法案》第230条中所叙述的一个重要思想："交互式计算机服务的提供者（或使用者），都不得被视为其他信息内容提供者所提供的任何信息的出版者（或说话者）。"[①] 而这就意味着，不会再有像斯特拉顿·奥克蒙特起诉Prodigy一样无法摆脱的困境发生了。

《通讯规范法案》中的"歧视"

"善良的撒玛利亚人"条款在"服务提供者"（获得豁免权）和"内容提供者"（没有豁免权）之间划出了一条清晰界限。但随着科技的发展，这界限变得模糊起来。举个例子，位于加州的一家室友配对服务公司曾被起诉，而起诉的理由是该公司允许其用户对室友

---

① 《〈美国法典〉第47卷，第230条——保护私人封锁和屏蔽攻击性材料》，法律信息研究所。

偏好进行分类（例如，仅限女性），因为这属于一种歧视行为。而法院的裁决是，该网站的运营商是作为服务提供者，所以享有豁免权。然而，上诉法院又推翻了这一裁决，其理由是当该网站在过滤申请者提供的信息时，它就成为一个内容提供者：寻找女性室友的人就无法知道还有男性也在寻找室友。但根据《通讯规范法案》的规定，这也没有什么错，因为室友服务享有全面的保护权，可以按照自己的意愿进行信息过滤，也就是说，在不受任何惩罚的情况下，它可以询问租客有关种族偏好的问题，并予以尊重。但这种形式的歧视在报纸广告中却是非法的。"我们甚至怀疑，这就是国会在通过《通讯规范法案》时已经料到的事情。"上诉法院的法官如是说[①]。

当美国最高法院在1996年推翻了《通讯规范法案》时，它只否定了其"内容显示条款"，即不允许出现"不雅内容"的条款，而"善良的撒玛利亚人"条款得以保留至今。因此，ISP可以尽可能多地对其提供的内容进行过滤或审查，而且在这个过程中他们也不用承担出版商责任——又或者，像肯·泽兰在几年之后得到的惨痛教训一样，他们也可以"尽可能少地"去过滤或审查。

在2001年纽约世贸中心被毁之前，美国领土上所发生过的最严重的恐怖袭击是1995年4月19日的俄克拉何马城的阿尔弗雷德·P.默拉联邦大楼爆炸事件。该爆炸造成了168人死亡，其中一些还是日托中心的儿童。在当时，周围的建筑都纷纷倒塌，玻璃和碎石就像雨点一样散落在附近，造成了数百人受伤。

而不到一周后，一位网名为"肯ZZ03"的人在美国在线（AOL）的公告栏上发布了一则广告，他在出售"淘气的俄克拉何马"T恤，其中的标语中包括"请来参观俄克拉何马州——给你奇妙的爆炸体验"，以及

---

① 圣费尔南多谷公平住房委员会诉"找舍友"网站案：《联邦法院判例汇编第二辑》第489卷，第921页（第九巡回法院，2007年）。

"Rack'em，Stack'em，and Pack'em——俄克拉何马州1995"，甚至还有一些更粗俗、更没品位的标语。该广告上还说，要想购买T恤的话，就要亲自打电话给肯，帖子上也附了肯的电话号码。

后来查明，这个号码属于华盛顿州西雅图的一位艺术家和电影制作人，他叫肯·泽兰，但是泽兰和美国在线上面的发帖并无关系。这是一场骗局。

但是，肯·泽兰却不停接到电话，一开始还只是有些生气、带有侮辱性的言论，然后居然还收到了死亡威胁。

泽兰给美国在线打了电话，要求他们撤下帖子，并发一份相关声明。美国在线的一名员工承诺会删除最初的帖子，但同时也表示了撤销帖子是违反公司政策的。

到了第二天，又有一个匿名帖子发布了更多待售的T恤，其网名与之前的略有不同，但上面的标语更加具有冒犯性。

上面写着："给肯打电话。顺便说一下，现在的T恤需求量很大，如果电话占线，请之后再拨打。"

肯·泽兰一直给美国在线打电话，要求删除这些帖子，并阻止该账号进一步发帖。虽然美国在线总是在承诺会关闭这些账号并删除相关的帖子，但它始终没有这么做。到了1995年4月30日，肯·泽兰几乎每两分钟就会接到一个电话，而他的艺术生意就靠着这个电话号码，所以为了生计着想，他没办法重新换一个号码，也没办法不接电话。

就在这个时候，西雅图一档早间电台脱口秀节目KRXO的主持人香农·富勒顿通过电子邮件收到了其中一篇帖子的拷贝。通常他的节目总是充满了轻松好玩的段子，但在爆炸事件之后，富勒顿和他的电台搭档便开始以这次悲剧发生之后的悲痛为主题，一起做了几期节目。于是，富勒顿就在节目中向听众念了这些T恤上的标语，还公布了肯的电话号码，并让听众给肯打电话，表达自己的看法。

结果，肯·泽兰接到了更多的电话和死亡威胁。由于担心自己的安全，他还让警方对他的家进行监控。大多数打来电话的人都对肯所说的话不感兴趣，但他还是设法让其中一个人和他通了比较久的电话，并从对方那里知道了KRXO广播的事情。于是，肯·泽兰联系了电台。在KRXO发布了一份声明之后，肯·泽兰收到的电话数量终于降到了每天15个左右。最终，是一家报纸揭露了这个骗局。而美国在线上的这些帖子在出现了一周之后，也终于被删除了。肯·泽兰的生活开始恢复正常。

除了其他的一些罪名，肯·泽兰以诽谤罪起诉了美国在线。他声称，在已经被告知这些信息是假的之后，美国在线并没有及时删除它们，而是让其公开了很长一段时间，因此严重损害了他的利益。

然而，法院并不同意肯·泽兰的观点，而下级法院的裁决也在上诉过程中耽搁了下来。在这里，美国在线的行为显然就像出版商的角色，从一开始就让帖子发布，而当被告知这些帖子具有欺诈性时，它也选择不予以删除。不像Cubby诉CompuServe一案中的被告，美国在线很清楚它发布了什么内容，但《通讯规范法案》中的"善良的撒玛利亚人"条款又明确规定，美国在线在法律上"不应该"被视为一位出版商，于是它就不用对肯·泽兰的不幸负责。[①]

肯·泽兰的唯一办法就是找出这些帖子背后真正说话的那个人，也就是以"肯ZZ03"为网名的那个用户。但是，美国在线却不愿意帮他，即使每个人都为肯·泽兰的遭遇感到难过，却没有人给他任何实质性的帮助。

广播电台应该负法律责任吗？

此外，肯·泽兰还单独起诉了KRXO电台，但也以失败告终。法院认为，尽管他可能遭受了很大的痛苦，但这并不足以构成诽谤罪，因为给他打电话的人并不知道肯·泽兰到底是谁——所以当电

---

① 肯·泽兰诉美国在线案：《联邦法院判例汇编增补版》第958卷，第1124页，1997年。

台说"肯"的坏话时，他的名誉也不可能会受到损害[①]。

换句话说，只要这些发帖人保持匿名（在互联网上是很容易做到的），他们就可以逃避任何法律责任。而且，国会也给予网络服务提供商们对于虚假和破坏性内容的"免死金牌"，即使他们明明知道这些内容是虚假的，他们也不用承担任何责任。所以，国会中真的有人好好想过"善良的撒玛利亚人"条款的含义吗？

非预期后果法则

《通讯规范法案》的"善良的撒玛利亚人"条款一直是"言论自由"的朋友，也让互联网服务提供商们松了一口气。然而，这个条款在使用的过程中，其逻辑却违背了在最初创造时的初心。在对backpage.com的判决中，一家联邦地区法院向M.A.的母亲和其他被性剥削儿童的父母表达了同样的无奈和沮丧：

> 我要澄清的是，法院并不是对这些"无名女"1号、"无名女"2号、"无名女"3号的悲惨遭遇无动于衷，再者，法院也没有将未成年人的性交易仅仅当作是一种令人憎恶的罪行而已。最后，法庭也不是幼稚的——我很清楚地知道有很多性贩子和其他贩卖毒品、色情等非法商品的人都在利用互联网的弱点作为营销工具。无论人们是否同意已经颁布的政策……国会已经决定了，在打击非法贩运和言论自由之间，后者对于互联网而言更为重要一些。[②]

此外，《通讯规范法案》也为"诽谤"创造了一个安全港湾。西德尼·布鲁门撒尔是比尔·克林顿总统的助手，其工作职责就是对克林顿

---

① 肯·泽兰诉RRXO广播公司案：《联邦法院判例汇编》第203卷，第714页，2000年。

② 无名女1号诉backpage.com网站案：案件编号15–1724（第一巡回法院，2016年）。

总统的敌手进行诽谤。在1997年8月11日，一位叫马特·德拉吉的保守派网络专栏作家报道称："西德尼·布鲁门撒尔曾虐待过其配偶，但这一事实却已经被有效地掩盖了。"白宫对此予以否认，而第二天，德拉吉撤回了这一声明。后来，布鲁门撒尔夫妇起诉了与德拉吉有交易关系的美国在线（其财力更为雄厚），并要求赔偿6.3亿美元。布鲁门撒尔夫妇声称，美国在线和德拉吉一样都犯了诽谤罪，因为美国在线可以对德拉吉提供的内容进行编辑，甚至还可以让德拉吉删除其不想发布的内容。然而，法庭最终站在了美国在线的一方，并援引了《通讯规范法案》的"善良的撒玛利亚人"条款，即美国在线并不能被看作是出版商的角色，所以它就不用为德拉吉的诽谤负责。于是，就此结案。[①]

正是在这种背景下，《通讯规范法案》中的"善良的撒玛利亚人"条款，非常奇怪地，就开始被用来维护互联网上的性犯罪行为了。

1998年，一位母亲和她11岁的未成年儿子共同起诉了美国在线，其理由是美国在线的聊天室被用来出售这位男孩拍摄的色情图片，对该男孩造成了伤害。这对母子声称，在1997年的时候，一位叫理查德·李·拉塞尔的人引诱了这名男孩（还有另外两个男孩）和拉塞尔发生了性关系。然后，拉塞尔又利用美国在线的聊天室来推销这些性行为照片和录像。

因此，这位母亲控告了美国在线。根据美国在线与用户的协议条款，当其用户涉及此类不当行为的时候，美国在线可以选择终止该用户的使用权利。然而，美国在线并没有停止拉塞尔的使用权，甚至也没有对他进行任何警告。于是，这对母子要求美国在线对男孩受到的性侵犯伤害做出赔偿。

然而，他们没能打赢这场诉讼。佛罗里达州法院援引了"善良的撒玛利亚人"条款和肯·泽兰案的判决先例，便认为美国在线是没有任何责任的。如果在线服务提供商们有意让儿童色情内容出现在他们的公告

---

① 布鲁门撒尔诉德拉吉案：《联邦法院判例汇编增补版》第992卷，第44页，1998年。

栏上，那也不能说是他们直接发布了儿童色情广告。

之后，这对母子上诉到佛罗里达州最高法院，但依然败诉了。最高法院以4∶3的票数，做出了有利于美国在线的判决。而在该判决中，J.刘易斯法官毫不留情地发表了自己的反对意见，"善良的撒玛利亚人"条款的设立，就是为了过滤和屏蔽技术的消除阻碍，因为这些技术将帮助父母对孩子进行保护。刘易斯法官写道："这是非常不可思议的，国会居然打算通过《通讯规范法案》来保护ISP免于承担相应责任，尤其是当它们完全没有采取任何行动来遏制其网站上的非法行为……而与此同时，又让它们从使用该服务的用户身上获取利益。"于是，法律就变成了一种"对于ISP在……呈现很多毫无疑问对儿童是有害的内容时的明目张胆的、应受谴责的失职行为的宽恕，并为其开脱罪名"。刘易斯法官认为这根本就毫无道理。此外，他还写道，这一系列的条款"使得国会走到了一条本不该如此的道路上，即制定了鼓励和保护互联网服务提供商在对其上传内容默不作声中通过参与犯罪行为而获取利润的法律"。[①]

在刘易斯法官看来，仅仅强调ISP的作用和出版商不一样，是远远不够的。正如肯·泽兰试图争辩的那样，它们实际上更像是分销商，而分销商"并非"对自己所分销的内容完全不用负责。如果一名卡车司机知道了自己运输的是儿童色情作品，并从中也获得了一定的利润，那他将会因参与非法贸易而承担一定的法律责任。此时，这位司机的角色不是一个出版商，但也不是"什么"都不是。肯·泽兰的法院裁决就使用了错误的类比，于是造成了混乱；而国会在说出版商是错误的类比之后，却对正确的类比只字未提，同样也造成了混乱。

而这一切，就导致了在20年之后M.A.的母亲所经历的痛苦。在驳回对backpage.com的上诉时，第一巡回上诉法院明确表示，《通讯规范法案》的制定是有意扩大其范围的，如果需要缩小其范围，应由国会进行修改，而不是

---

① 无名女诉美国在线公司案：《南方判例汇编（第二辑）》第783卷，第1010页，2001年。

由法院来重新诠释。"国会在颁布《通讯规范法案》时并没有表示过不确定，而是选择了要对互联网出版商给予广泛的保护。也就是说，就算一个网站是通过一些低俗的商业模式进行运作的，也并不足以剥夺其被保护权。如果上诉人认定某个网站的罪行已经超过了推动《通讯规范法案》的第一修正案的价值，那么弥补方法也应该是通过重新立法，而不是进行诉讼。"[1]

互联网能像杂志商店一样吗?

1997年，《通讯规范法案》中的"内容显示条款"被认定是违宪的之后，国会又重新投入保护儿童的工作中，于是在1998年，国会通过了《儿童网络保护法》（COPA）。该法案包含了许多《通讯规范法案》的关键条款，但为了避免像《通讯规范法案》一样的宪法问题，它缩写了这些条款的使用范围：只适用于"商业"言论，并将故意向未成年人提供"对未成年人有害的内容"定为犯罪。根据该法案，这里的未成年人指的是17岁以下的青少年。此外，该法案还拓宽了"米勒测试"的适用范围，并为"对未成年人有害"的非淫秽内容给出了定义：

> "对未成年人有害的内容"一词指的是……（A）以当代社会的标准来看，普通人会认为该内容（作为一个整体来看，并且带有相应尊重）是为了故意……引起未成年人的生理反应；（B）以明显冒犯未成年人的方式描绘、描述或呈现……性行为，淫荡的生殖器或青春期后的女性乳房；（C）总体上，对未成年人来说，缺乏严肃的文学、艺术、政治或科学价值的内容。[2]

然而，《儿童网络保护法》不久之后就受到了人们的质疑，因此从未

---

① 无名女1号诉backpage.com网站案：《联邦法院判例汇编（第三辑）》第817卷，第12页（第一巡回法院，2016年）。

② 迈克尔·G.奥克斯利：《人力资源3783——儿童在线保护法案》第105届国会（1997—1998年）。

正式生效。一名联邦法官禁止政府执行该法案，并认为它可能是违宪的，而这个问题也在两届总统任期内在不同的法院之间来来回回：一开始被称为"美国公民自由联盟起诉里诺案"，过了一段时间又改叫"美国公民自由联盟起诉阿什克罗夫特案"，最终又被决定称为"美国公民自由联盟起诉冈萨雷斯案"。法官们都一致赞同国会通过此法案的意图，即保护儿童不受到一些对其身心健康不好的内容影响。但在2007年3月，《儿童网络保护法》却被宣布撤销。宾夕法尼亚州东区美国地方法院的法官小洛厄尔·A.里德也认为，该法案在限制言论方面做得太过火了。

其一部分问题在于"对未成年人有害"定义过于模糊：一个16岁的孩子和8岁的孩子的生理反应是不一样的；对青少年有文学价值的东西，对于一个年幼的孩子来说可能就会毫无价值。因此，网站设计者们又要使用哪种标准才能避免牢狱之灾呢？

然而，该法案还有一个更为核心的问题：《儿童网络保护法》的宗旨就是让未成年人远离那些对成年人来说是完全合法的内容，于是就给"信息经销商们"制造了难题，即他们必须确保这些信息的接受对象是成年人才行。而对于那些认真地核对用户年龄的ISP，《儿童网络保护法》就为他们提供了一个不会被起诉的"安全港"。换句话说，国会其实是设想了一家杂志商店，而其店员不会把色情杂志卖给那些够不到柜台的孩子们，而且还会要求任何无法轻易辨认年龄的人出示身份证明。同样的情况应用到网络空间就会如下：

> 根据本节的条款，如果被告认真地限制了未成年人访问对其有害的内容，那将会成为一个积极抗辩，即通过（A）要求填写信用卡或借记卡账户、成人访问代码，或者成人身份识别号码；（B）要求出示可证明年龄的数字证书；（C）在可行的现有技术下，使用任何其他合理的方法证明年龄即可。

然而，这里最大的问题是，这些方法要么就起不了什么作用，要么就根本不存在。不是每个成年人都会有一张信用卡的，而且信用卡公司也不希望他们的数据库被用来核查客户的年龄。如果你不知道"成人身份识别号码"或"可证明年龄的数字证书"是什么意思，请不要感到难过——因为我们也不知道。而（B）和（C）条款基本上算是国会在要求网络服务商们使用一些可以远距离确认客户年龄的"技术魔法"。

就目前的技术水平而言，计算机还没办法精确地判断在通信链路的另一端到底是人，还是另一台计算机；而且，对于计算机来说，要判断一个人的年龄是超过17岁还是不到17岁，即使是大概估计，也是非常困难的；而现在很多淘气的15岁孩子也可以躲过一些家庭使用的简单筛查系统。因此，互联网和杂志商店是不一样的。

里德法官认为，即使信用卡号码或个人身份识别系统可以区分成人和未成年人，但这种方法也只会让电脑用户感到害怕。其代价就是，由于担心身份被盗或政府监视，许多电脑用户可能会拒绝接受审讯，也不愿透露个人身份信息。而在实际生活中，这个庞大的"电子图书馆"就会慢慢被废弃，继而被关闭，就像一家普通的图书馆，如果它对每个想进入儿童区的人都要进行一番背景调查，那它就会变得毫无用处。

里德法官还总结说道，国会的"安全港"建议，如果真的奏效的话，将会极大地限制网络言论自由。而到那时，对成年人来说，他们有权看到的信息将会变得遥不可及。而当《通讯规范法案》被推翻时，在此前提到的一些信息过滤技术已经取得了很大进步，所以政府也无法令人信服地声称保护儿童的唯一方法就是限制言论。即使人们对言论自由的限制不再担忧，即使《儿童网络保护法》所建议的一切都完美地发挥了作用，未成年们仍然可以接触到大量的色情内容，因为互联网是无国界的，而《儿童网络保护法》的覆盖范围又仅仅限于美国境内，也就无法阻止国外的有害内容"泛滥成灾"。

在总结陈词里，里德法官引用了最高法院肯尼迪法官关于某个"焚烧国旗"案件的想法："事实是，有时候我们必须作出一些我们不喜欢的决定。而我们之所以会这样做，是因为这样做才是正确的，而在我们看来，所谓的'正确'就是法律和宪法迫使我们做的事情。"尽管里德法官对保护儿童免受有害信息的目的表示很同情，但他的结论是："如果第一修正案是以保护未成年人的名义削弱对他们的保护，那我们就会对这个国家的未成年人造成伤害，而随着年龄的增长，他们还会完全继承这项保护权利。"①

动动你的手指就能进行跟踪

在20世纪80年代早期，很多分享性信息和性经验的新闻网开始出现。而到了20世纪90年代中期，甚至还出现了各种性倾向的专门网站。于是，在1998年的时候，就有一名28岁的女子在某个网络聊天室里分享自己的一些性幻想，但她所做的事一点也不普通：她在这个聊天室里发帖说，她希望能被人侵犯。她还邀请男生用户来读一下她的电子邮件，希望他们可以将她的幻想变成现实。"我要你砸开我的门，强奸我。"她如此写道。

不同寻常的是，她还给出了自己的名字和地址，并说明了如何通过其所住大楼的安全系统。在接下来的几周时间里，共有9个男人接受了她的邀请，并在半夜的时候出现在她的家门口。当她把这些男人送走之后，她又在聊天室里发了一封邮件，解释说她的拒绝只是整个幻想的一部分而已。②

最后，人们才发现其实发送电子邮件的这个"女人"是一名50岁的男保安，叫作加里·德拉潘塔，而他在现实生活中确实曾被这名28岁的女子拒绝过。③作为这场可怕骗局的受害者，这名女子甚至连一台电脑都没有。德拉潘塔之所以被抓，是因为他直接回复了那些想要诱捕

---

① 美国公民自由联盟诉冈萨雷斯案：《联邦法院诉讼程序判例汇编》第237卷，第120页，2006年。

② 格雷格·米勒和达文·马哈拉吉：《一名好莱坞北部男子在第一起网络跟踪案中被起诉》（《洛杉矶时报》，1999.1.22）。

③ 美联社：《加州的首例电脑跟踪案件》（《纽约时报》，1999.1.25）；瓦莱丽·阿尔沃德：《网络跟踪者必须要小心电子法律》（《今日美国》，1999.11.8）。

"他"的电子邮件。根据加州最近颁布的一项"反网络跟踪"法令，该男子最终被判有罪并入狱。这起案件之所以引人注目，并不是因为事件本身的非同寻常，而是因为其犯罪者最终成功地被起诉和定罪。要知道在生活中，大多数的跟踪受害者在寻求公正时往往是以失败告终，因为多数州都没有相应的法律，而且这些受害者也无法辨别跟踪者的身份。有时，跟踪者甚至都不认识受害者——而只是在网络上找到了她的联系方式而已。

在美国，带有"骇人内容"的演讲和出版物长期以来都受到第一修正案的保护，尤其是当它们的主题涉及政治的时候。只有当该内容可能会煽动一些"迫在眉睫的违法行为"（用1969年最高法院的一项裁决的话说）时，其言论才会被视为非法——但很少会有印刷的文字能做到这一点。[①]政府可进行干预的这一高门槛是建立在"明确存在的危险"的标准之上，而这一标准则是由路易斯·布兰代斯法官在1927年颇具说服力地提出来的：

> 我们对于可能会发生的一些严重伤害的恐惧，不应该成为压制言论自由的理由……言语所能带来的危险是无法被确定是明确地存在的，除非其灾祸已经迫在眉睫，而且在我们能进行充分讨论之前就不幸降临了。[②]

而法院对网站也使用了同样的标准。在一个名为"纽伦堡档案"的网站上，某个反堕胎组织列出了一些实施堕胎手术的医生的姓名、地址和车牌号码，并建议人们跟踪这些医生。该网站还通过将"堕胎受伤人员"的名字涂成灰色，而将"被谋杀的孩子"的名字用线划掉，以进行信息更新。然而，这个网站的创建者承认堕胎是合法的，并声

---

① 勃兰登堡诉俄亥俄州案：《美国判例汇编》第395卷，第444页，1969年。
② 惠特尼诉加利福尼亚州案：《美国判例汇编》第274卷，第357页，1927年。

称此做法不是要对任何人进行威胁——只是希望通过留下这些档案，能在以后的某个时候让这些医生因"反人类罪"而被追究责任。于是，这个反堕胎组织在民事诉讼中被告上了法庭。经过一段漫长的法律诉讼过程，该组织最终被判有赔偿责任，因为"真正的暴力威胁都带有恐吓的目的"。

在决定纽伦堡档案网站是否具有威胁性的问题上，法院遭遇了很大的困难，但其出版模式本身并没有使这个决定变得复杂。实际上，该组织还印发了纸质版的"通缉令"海报，于是便成为案件所涉材料的一部分。关于纽伦堡档案网站上的言论是否达到了司法中"明确地存在的危险"的标准，理性的法律专家们可以，也确实得出了不同的结论。[1]

但德拉潘塔案中的受害者，以及其他遭遇类似事件的女性的情况，似乎又有所不同，毕竟以牺牲这些女性为代价的"复仇"没有任何政治意义。因为已经有了禁止跟踪和电话骚扰的相关法律，而互联网又会被用来"招募"跟踪狂和骚扰者，所以在加利福尼亚州和其他州的带头下，国会通过了一项联邦反网络跟踪法。

你喜欢接到烦人的电话吗？

《针对妇女的暴力行为和司法部重新授权法案2005》[2]（于2006年年初正式签署成为法律）规定，凡是涉及以下行为者，将受到刑事处罚：

> ……利用任何全部（或部分）通过互联网传输的电信，或其他类型通信的设备或软件……在没有披露其身份的情况下，有意地进行惹

---

[1] 哥伦比亚计划生育/威拉米特公司诉美国生命活动家联盟案：《联邦法院判例汇编（第三辑）》第290卷，第1058页（第九巡回法院，2002年）；雷内·桑切斯：《一家"反堕胎"网站被控告》（《华盛顿邮报》，1999.1.15）。

[2] H.R.3402——《针对妇女的暴力行为和司法部重新授权法案2005》，第109届国会（2005—2006年）。

恼、辱骂、威胁或骚扰任何人。

当众议院以口头表决和参议院一致通过该法案之后，几乎没有什么人注意到这个法案的存在。

然而，该法案中的一个词，却再次让公民自由主义者们怒吼了起来。将网络上的辱骂、威胁和骚扰定为非法行为是毫无问题的，毕竟这些术语都有自己的法律历史。虽然很难判断事实是否符合这些词汇的定义，但至少法院有一套判断的标准。

但为什么还有"惹恼"（annoy）呢？要知道，人们经常会把很多令人讨厌的内容放在网站上，也会在聊天室里说很多令人讨厌的话，甚至还有一个名为annoy.com的网站，专门匿名发布一些恼人的政治信息。难道国会真的打算禁止人们在互联网上"惹恼"其他人吗？

国会将电话法延伸到了互联网，其应用的原则是与VoIP电话骚扰相比，固定电话骚扰应该得到更多的法律保护。然而，在使用更为宽泛的语言（网络）进行电子通信时，这一做法又制造出了一个造成法律混乱的错误类比。

《1934年电信法》规定，任何人"在没有透露身份的情况下，向一方拨打电话，无论是否进行通话，有意地进行惹恼、辱骂、威胁或骚扰"都是犯罪行为。在电话的使用过程里，这项禁令并不会对言论自由构成威胁，因为电话是人们一对一的交流。如果和你打电话的人不想听你说话，你的言论自由权也没有受到任何侵犯，因为第一修正案并没有规定其他人一定要听到你的声音。别人可以讨厌你所打的电话，而你也可以很容易地找到一个觉得很讨厌的论坛。《通讯规范法案》在一项没有与"内容显示条款"一起被废除的条款中，还将禁令扩展到了传真和电子邮件——基本上仍然是人与人之间的通信。但根据《1934年电信法》，VoIP电话的骚扰并不构成犯罪行为。为了在同一规则下掌控所有类似电话的技术，同样的条款被应用到了所有形式的电子通信中，包括巨大的"电子图书馆"和"大众参与性最高的言论表达形式"——

互联网。

　　该法律的捍卫者向充满担忧的博主们保证，"令人讨厌的"网站并不会被起诉，除非它们存在人身威胁、辱骂或骚扰的行为。他们辩称，这只是一项反网络跟踪条款，而不是一部审查法律，而第一修正案所保护的言论自由当然也是安全的。另一方面，在线出版商们也不愿相信起诉人对于该法案适用情况的解释，毕竟该法案的叙述过于宽泛。基于《通讯规范法案》的"善良的撒玛利亚人"条款中奇奇怪怪和意想不到的用途，人们几乎不敢相信，该法律的立法背景会使其只能在网络空间的一个角落得到应用。

　　于是，该法律受到了来自一个叫作"意见箱"组织的质疑，该组织称自己会以"向媒体报告敏感信息"和"向执法机构匿名发送犯罪线索"等理由帮助人们发送匿名电子邮件。[①]正如本次诉讼中所述，在发生很多公司会计行为丑闻之后，这项法律可能会将国会所鼓励的员工检举定为犯罪行为。而当政府声明仅仅"令人讨厌"的内容是不会被起诉的——只有那些"令受害者感到恐惧"的信息才会，"意见箱"组织最终放下了质疑。因此，该法律得以继续生效，但许多同意将其留下来的人都希望国会的措辞能够再准确一些！

数字保护、数字审查和自我审查

　　第一修正案对于政府审查的禁令，使得政府在保护美国公民安全时陷入了困境。在保护自己免受人身伤害和阻止某个傻瓜的污言秽语之间，想必我们大多数人都会选择自身安全。因为安全是立即可以做到的，但自由则是需要长期的努力，而我们大多数人都不是有远见的思考者。此外，大多数人会认为安全是一件比较私人的事情，所以也就乐意把国家

---

　　① 《免费匿名电子邮件和私人电子邮件，私人标签电子邮件》，"匿名邮箱"网站。

的存亡留给别人去操心。

但用一位学者的话说，第一修正案的底线是，"在一个承诺自治的社会中，从长远来看，国家的安全决不会因人民的自由而受到威胁"。[①]由于国会议员不敢公开投票反对其选民的安全保护——特别是对儿童的安全保护，所以互联网审查法案在国会以较大优势得以通过。因为可以不受到政治压力的影响，所以法院一再取消了当选官员们通过的限制言论的立法提议。

在《权利法案》中，言论自由比其他列举的自由都要更早，但不仅仅是在时间顺序上。从某种程度上来说，言论自由在逻辑上也要先于其他的自由。用最高法院法官本杰明·卡多佐的话说，它是"几乎所有其他形式的自由的母体，不可或缺的条件"。[②]

对于大多数政府来说，审查电子信息的顾虑并没有那么严重。

互联网自由

目前，有许多组织都致力于保护互联网作为一个自由思想市场的潜力。除了本章前面提到的电子前沿基金会（EFF）之外，还有其他的一些机构，包括电子隐私信息中心；自由表达网络，其实际上是一个联盟；美国公民自由联盟；专门对于因为法律威胁而从网上删除的资料进行分类的Lumen（lumendatabase.org）；对全球的互联网审查进行分类的自由之家报告（https://freedomhouse.org/report-types/Freedom-net）。

很多互联网公司的自我审查也在不断增加，而这是他们在某些国家做生意所要付出的代价。谷歌的一名高管称审查是该公司"No.1

---

① 亚历山大·米克尔约翰：《第一修正案的意义》，参议院司法委员会关于宪法权利，1955年。

② 帕尔科诉康涅狄格州案：《美国判例汇编》第302卷，第319页，1937年。

的贸易壁垒"①。在可能会失去生意和法律诉讼的成本刺激下，这些互联网公司已经成为直言不讳的信息自由主义者，即使他们仍必须要按照外国政府的要求做一些事情。对于这些问题，或许赞成孤立主义的美国人可以很容易地耸耸肩膀，并认为只要所有的信息在美国可用就行。

但是，流入美国的信息自由，仍然会受到其他国家有关新闻界运作的法律的威胁。下面，我们就来看看约瑟夫·古特尼克和《巴伦周刊》的故事。

2000年10月30日，《巴伦周刊》刊登了一篇文章，暗示澳大利亚商人约瑟夫·古特尼克涉嫌洗钱和逃税。于是，古特尼克以诽谤罪起诉了《巴伦周刊》的出版商道琼斯公司②，而该诉讼在澳大利亚的一家法院正式立案。古特尼克坚称，《巴伦周刊》的网络出售版本实际上是在澳大利亚进行出版的，但道琼斯却反驳说，该杂志网络版的"出版"地点在新泽西州，也就是其网络服务器所在的地方。因此，道琼斯认为，这起诉讼应该在美国法院立案，并根据美国诽谤法的标准进行判决——美国的诽谤法对新闻自由的言论权利要宽松得多。澳大利亚法院赞成古特尼克的说法，因此该诉讼继续在澳大利亚进行。最终，古特尼克赢得了道琼斯的道歉以及58万美元的罚款和法律费用。③

而该判决的影响是令人震惊的。在美国领土上的美国人是可以非常自由地发表言论的，但澳大利亚法院却声称，不管到达澳大利亚领土的比特来自哪里，全球互联网都使得澳大利亚法律在本案中同样适用。于是，我们在之前提到的Amateur Action难题——如何将无国界的互联网应用到不同标准的社区，已经成为一家"全球性的新闻行业"了。那从今以后，网络新闻自由是否会依照地球上自由度最低的一个国家为标准呢？会不会有某个无赖国家通过向其所称的诽谤者勒索大量金钱，或者将其

---

① 美联社：《谷歌加入反对审查的游说团》(《每日新闻》，2007.6.24)。

② 道琼斯公司诉古特尼克案。

③ 《道琼斯在诽谤案中进行庭外和解》(《华尔街日报》，2004.11.12)。

认为侮辱了该国家领导人的记者们判处死刑，从而削弱了全球互联网新闻界的威信呢？[①]

美国媒体会倾向于为真相的公布斗争到底，但这些审查问题却更隐晦地影响到了西方民主国家，而不是这家"全球新闻公司"。对于美国公司来说，达到信息自由的最低"世界"标准，会比在国内保持信息的多样化更加容易。甚至在很多国际法和贸易协定中，会有更多条款让这些对审查制度的调整成为可能。比如，雅虎法国。

2000年5月，反种族主义和反犹太主义联盟（LICRA）和法国犹太学生联盟（UEJF）向法国一家法院提出诉讼，要求雅虎停止在其网站上拍卖纳粹物品、展示纳粹纪念品的图片，以及在法国的讨论小组里传播反犹太人的仇恨言论。根据法国的法律，在网站上出售和展示纳粹物品是非法的，由此该法院判决，认为雅虎冒犯了该国的"集体记忆"，同时也违反了法国刑法的第R654条。法院还说，雅虎公司的做法是对"内部公共秩序"的威胁，其必须确保在法国没有人能看到这些内容。

雅虎从yahoo.fr网站删除了可在法国看到的相关内容。然而，反种族主义和反犹太主义联盟和法国犹太学生联盟随后发现，从法国版的雅虎网站里，他们仍然可以通过一些间接的方式访问到美国的雅虎网站。于是，法国法院要求雅虎从其美国网站上删除有冒犯性的内容、图片和文字，而这和隔海相望的澳大利亚法院的诽谤案判决如出一辙。

雅虎顽强抵抗了一段时间，并声称它无法控制这些比特的去向——但这种理由多少有点缺乏可信度，因为该公司会在传输到法国的网页上精准地附加一些法语广告。最后，雅虎对其美国网站的标准进行了重大修订：仇恨言论被禁止，而且大部分纳粹纪念品的内容也消失了。不过，纳粹邮票和硬币仍然还可以在美国的网站上进行拍卖，希特勒所著的

---

① 费利西蒂·巴林杰：《〈媒体事业〉：互联网让道琼斯在澳大利亚面临诉讼》（《纽约时报》，2002.12.11）。

《我的奋斗》也是如此。2000年11月，法国法院确认该情况后又扩充了其决议：《我的奋斗》一书不能在法国进行出售。于是，雅虎的罚款又增加了一笔。

后来，雅虎向美国法院寻求帮助，并声明自己在美国并没有任何犯罪行为。法国的法律无法越过大西洋，也无法超越美国第一修正案的保护，如果执行法国的决议，那就会对美国的言论自由产生寒蝉效应。美国地方法院对此表示同意，随后由加州北部第九巡回上诉法院的三名法官组成的小组进行上诉，并维持了该决议。

但在2006年，由11名成员组成的上诉法庭推翻了这一决议，并做出了不利于雅虎的判决。多数人都认为，该公司遭受的损失还不够多，而且对于寻求第一修正案的保护，它也并没有做出足够让法国人改变主意的努力。法官威廉·弗莱彻的不同意见似乎清楚地说明了法院正在做的事情，他写道："我们不应该允许外国法院的决议，被用作压制受宪法保护的言论的手段。"[1]

随着更多的比特在国与国之间流动，这样的冲突在未来将会更加常见。未来几年的法律、贸易协定和法院判决都将会重新塑造我们的未来世界。例如，欧盟就已经设立了一项"被遗忘权"，欧洲法院将该权利阐释为：当任何的欧洲人声称网络上的个人信息是"不准确、不充分、不相关或夸张的"——包括即使在上传时是真实的帖子，他们就可以要求搜索引擎和其他的第三方机构删除其个人信息链接。于是，欧盟法院裁定，一位叫马里奥·格斯蒂亚·冈萨雷斯的西班牙公民有权要求西班牙谷歌删除一篇与其个人相关的文章链接（该文章提到了他因为债务而被执行的房屋拍卖，但后来他还清了债务）[2]。相比之下，在美国，第一修正案将会保护搜索引擎和其他为人们提供真实信息（即使是过时信

---

① 雅虎公司（位于特拉华州）（原告/被上诉人）诉反对种族主义和反犹太主义联盟、法国犹太学生联盟（被告/上诉人）案：《联邦法院判例汇编（第三辑）》第433卷，第1199页（第九巡回法院，2006年）。

② BBC新闻：《欧盟法庭支持谷歌案件中的"被遗忘权"》。

息）的出版商。

从"被遗忘权"出台以后，各大搜索引擎收到了越来越多的请求，要求删除相应的链接，而许多搜索引擎在欧洲的网站上遵照了这些要求，但在非欧洲的搜索中仍然保留了相关链接。于是，一些欧洲数据保护专员争论道，搜索引擎公司们所做的本地删除是不够的，应该在全球范围内对这些"被遗忘的"链接进行删除。而像这样的争议，仍在不断地发生。

然而，如果在像美国一样的国家里，存在了几个世纪的信息自由，突然在21世纪就沦为国内儿童保护法和国际赚钱联盟的结合，那将是一种可悲的讽刺。但正如一位英国评论员在一家照片托管网站按照新加坡、德国、中国香港和韩国的法庭决议删除其照片时所说的，"当你是一名黑客时，自由主义是很好的。但是，生意就是生意"。[①]

那社交媒体呢？

你能在Facebook这样的社交网络上畅所欲言吗？社交平台是更像出版商，还是经销商呢？一方面，Facebook是不可能像出版商一样的，因为那样的话，它就要对每个用户发出来的每一个字负责。而Facebook用户每天平均会产生4000万亿字节的数据，可以说是非常庞大的数据量了。于是，根据《通讯规范法案》第230条提供的保护条款，如果爱丽丝在Facebook上说了鲍勃不喜欢的话，那Facebook也不用承担任何责任。

另一方面，Facebook也不必遵守第一修正案对言论自由的保护，它可以通过限制一些文字或图像表达内容来建立自己的规则。而且，正因为它建立了这些规则，人们才会想要使用Facebook，因为一旦用户觉得使用体验不愉快，他们就会立马停止使用。因此，我们可以有规则，规

---

① 约翰·诺顿：《德国人对"审查制度"的看法发生了变化》(《观察者报》)。

则也可以有例外，而例外还可以有例外。

但是，这些规则也让情况变得复杂起来，因为Facebook的核心使命是让人们联结在一起，让很多人（很多不同的人）相互谈论自己的兴趣、展示和看到很多不同的东西，就像Facebook所解释的：

> 为了确保每个人的声音都得到重视，我们用心地制定了可以包容不同观点和信仰的政策，特别是那些可能会被忽视（或边缘化）的人和社区的观点和信仰。[①]

比如，Facebook上不允许有裸体出现，除非是婴儿的照片——但如果是虐待儿童的照片就不行；禁止裸露乳房——除非是在哺乳，或者是为了抗议的裸露；一般来说，光屁股也是不允许的，但如果是为了达到讽刺效果，而将其合成到公众人物的照片上，也是可以的；对于什么时候暴力行为才可以被允许存在，什么是不被允许的仇恨言论，以及其他各种各样的话题，Facebook都有相应的规定。而每条规定都受制于对意图的解释和判断，例如，谁算是"公众人物"？究竟是什么让暴力成为"无端的"行为，并因此不被允许？在公共领域，这些问题将由法院和立法者来解决，而第一修正案将会提供相应的言论自由保护。如果政府也颁布并执行像Facebook的这些规定，那恐怕所有美国人都会大喊"反对审查"。

作为一家私人公司，Facebook或多或少可以做些自己想做的事情。然而，事情往往并非如此简单。在美国，几乎一半的美国人都通过Facebook收看新闻。2016年美国总统大选期间，Facebook就被用来传播一些具有政治性的"假新闻"——看起来像是真的新闻的故事，在这之后，Facebook就开始扮演起了监督真相的角色。Facebook公司表示，它一般不会对已知是虚假的内容进行删除，除非它们违反了其他的一些标

---

① 《Facebook 的社区标准》。

准。但后来Facebook的算法经过了调整，所以用户是不太可能看到其认定为虚假内容的信息。

因此，对于种族大屠杀的否认观点被保留了下来，但被给予了较低的优先显示级别。即使是恶意虚假的反犹太人的谩骂也没有被禁止，然而，光屁股却被明令禁止了。显而易见，第一修正案的复杂性正在社交媒体公司内部重演，却没有任何基本原则。比如，如果一条假新闻会导致人们受到伤害，那它就要被删除。那么"比萨门"呢？曾经有个阴谋论认为，希拉里·克林顿总统竞选团队参与了一个儿童性交易集团，就在华盛顿的一家叫"彗星乒乓"的比萨店里。后来，这一离奇的谣言被澄清了，但这家比萨店的老板却遭到了死亡威胁，一名男子跑到店里开了枪，宣传自己是在做一些个人"调查"。那这是否就意味着在Facebook上不能讨论"比萨门"事件呢？

所有的这些规定都会有一些令人非常不安的地方，除了一个明显的事实——关于什么可以被允许，没有一套决策是能让每个人都开心的。互联网的先驱者们希望能在网络空间里重新创造出一个美国早期民主的公共广场，用约翰·佩里·巴洛的话来说，"我们正在创造一个世界，在这里任何人都可以在任何地方表达自己的信仰，无论这种信仰多么独特，人们都不必害怕会被迫保持沉默或顺从"①。在现实生活中，像这样的表达在美国是不会受到政府管控的，但其大部分会受到位于加利福尼亚州门洛帕克②的少数人的控制——几乎就像是18世纪新英格兰城镇会议的现代版本。人们可以在网上一对一地进行交流，碰撞出了很多精彩话语，但是他们的交流却要通过一些制定了对话规则的私人机构；但那些毫无规则的交流中就会充斥着欺凌和威胁，以至于想参与对话的人会觉得不能够很安全地行使自己名义上的言论自由。也许，我们无法找到一个让所有人都皆大欢喜的媒介。

---

① 约翰·佩里·巴洛：《网络空间独立宣言》，电子前沿基金会。
② 门洛帕克（Menlo Park）被誉为硅谷最负盛名、最引人注目的城市之一。因此，这里的意思是在硅谷的各大网络科技公司可以对用户们的表达进行管控。——译注

撤销发布的内容

SESTA-FOSTA修正案的出台意味着backpage.com的终结，因为如果有用户公然利用该论坛进行性交易，那么网站的经营者就要承担相应责任。然而，这一从《通讯规范法案》第230条的宽泛条款中踏出了（有限的）一步的法案，并没有改变多少现实情况：互联网论坛的经营者对其用户发布的内容基本上不用承担什么责任。但是除了SESTA-FOSTA法案之外，还有一个重要的例外：拥有版权的内容。根据美国法典第17条、第512条的规定，当被告知用户发布的内容侵犯了其所有者的版权时，网站运营商就必须将内容删除。更准确地说，网站的操作人员必须将其删除，或者准备好为该帖子进行辩护，就像是该操作人员亲自发布了这些内容一样。这听起来似乎是很公平的，但是由于原告提出投诉的成本很少，而网站的运营者却要花费很高的法律成本以捍卫第三方所发布内容的合法性，于是第512条还提供了一个在国内有效的审查方法——如果你不喜欢别人对你所说的内容进行评论，你就可以对其引用了你的话提出版权侵权诉讼（详见第六章"被打破的平衡"）。

互联网上的信息自由是一件棘手的事情，因为技术的变革要比法律的变革快得多。当一项技术的转变引起了民众的警觉时，立法者往往会以过于宽泛的法律作为回应。而当法庭好不容易适应了这些挑战之后，新一轮的技术变革又已经发生了，于是缓慢的立法步伐又将催生出另一个拙劣法案的起草。

同样，广播和电视技术也对立法程序发出了挑战，但是以不同的方式。在广播界，强大的商业力量在支持着限制言论的法律，尽管这些法律早已超越了让其得以出现的技术。下面，让我们来看看广播领域又有什么样的变化。

第八章

在空中的比特

旧隐喻、新技术和言论自由

对于总统候选人的审查

2016年10月8日，也就是离美国总统大选还有6周的时候，《华盛顿邮报》抛出了一枚重磅炸弹。[①]《华盛顿邮报》收到了一段关于当时总统候选人唐纳德·特朗普的视频，在视频里面，他用粗俗的语言吹嘘自己曾对某位女性进行了性侵犯。正如新闻报道里所写，特朗普在视频中说：

> 我确实性……了她，而且她结婚了……当你是明星的时候，他们就会让你这么做……你可以做任何想做的事……包括抓住她们的屁……

这就是《华盛顿邮报》的报道原文，用省略号代替了某些字母，但因为有足够的上下文，所以人们也可以清楚地知道是什么意思。这篇报道还链接到了完整的、未经删节的原视频，于是任何可以上网的人都能听到特朗普的"更衣室谈话"了。

---

① 大卫·A.华伦霍尔德：《特朗普在2005年录下了关于女性的极其下流的对话》（《华盛顿邮报》，2016.10.8）。

而《纽约时报》则选择了全文刊登，没有对这些无礼的字眼进行遮掩。[①]有线电视网络CNN也播放了完整的视频，但其记者使用了"F字"和"P字"，就像《华盛顿邮报》使用了省略号一样。而这些措辞方式都属于不同编辑做出的判断，无论哪种方法都是可以被接受的。《华盛顿邮报》编辑马蒂·巴伦表示，"我们在权衡言论的品位和清晰度时做出了最好的判断。"而《纽约时报》编辑卡罗琳·瑞恩则表示："我们认为低俗词汇本身就有一定的新闻价值，如果将它们省略或进行委婉的描述，就没有那么直白了。"

　　在选择报道什么内容时，这些媒体都得出了不同的结论，却没有相关的法律或政府规定告诉我们怎么做才是正确的。只有第一修正案明确规定报纸和有线电视台可以按照他们的意愿，对这个视频进行报道。

　　但是，它并不包括广播电视台。虽然大多数美国人现在都通过有线电视盒或互联网观看ABC、CBS和NBC的节目，但"广播"和"空中"仍然区分了那些可以被天线接收到的电台，它们所接收的是从巨大的发射天线发出的无线电信号。而这些电台会受联邦通信委员会的监管：在孩子们可能会听广播的时段里，不得使用不雅或亵渎的语言——而特朗普的语言很显然越过了这个门槛。根据美国联邦通信委员会的说法，不雅内容是指"米勒测试"的淫秽标准之外，对性行为、排泄器官（或活动）的描述，而亵渎内容是指被认为造成公共滋扰的"十分冒犯性"的语言。

　　广播电台在播放这段视频时用"哔哔声"将侮辱性的字眼删除了。他们别无选择：如果不这样做的话，他们很可能会被联邦通信委员会处以巨额的罚款，甚至还会被吊销广播执照。

　　根据第一修正案，政府一般不会去限制人们的言论。即使是为了读

---

① 亚历山大·伯恩斯等：《唐纳德·特朗普为猥亵录像道歉》（《纽约时报》，2016.10.7）；艾尔·汤普金斯：《随着脏话视频泄露，媒体难以应对特朗普所用的语言》。

者能够获取更多的信息，政府也不能把自己的社论判断强加给各大报纸。曾经，佛罗里达州提出了一项法律，即希望政治候选人可以对攻击他们的报纸保有简单的"回应权"，但最高法院以违宪为由否决了这个提议。有线电视台不必担心联邦通信委员会的起诉，尽管有些电视台曾被起诉过，因为在很大程度上，有线电视媒体是不会受到政府审查的。

尽管如此，2016年的时候，联邦政府的一个机构禁止了广播电视发表言论，甚至还使其删除了一名总统候选人在政治竞选期间的言论。我们正处于一个对未成年人可能会看到的节目都高度敏感的时代，而美国人仍然普遍反对让政府为他们的电视节目提供"保姆服务"。那为什么联邦通信委员会就可以对无线电波的内容进行监管呢？

广播内容是如何被监管的

在信息传播途径还比较少的时候，联邦通信委员会在广播和电视广播内容上拥有绝对的权威。从理论上讲，因为公共信息通道是稀缺的，所以政府必须确保它们的使用是有利于公共利益的。随着广播和电视的普及，政府可以对广播言论进行监管的第二个理由出现了。正如最高法院在1978年所说，因为广播媒体"在所有美国人的生活中都有着独特的、无处不在的地位"，所以政府必须保护手无寸铁的公众免受不良广播和电视内容的伤害。

而随着通信技术的爆炸式发展，这两个理由也变得站不住脚了。在数字时代，比特可以通过更多的方式直接传输到消费者，所以广播电台和电视在普及方面并不是独一无二的。稍微借用一下技术，任何人都可以坐在家里或是一家星巴克里，随意选择数十亿个网页和数千万个博客中的内容。电台怪嘴音乐节目主持人霍华德·斯特恩从原来的广播台转到了卫星广播，因为在那里联邦通信委员会没有权力对他的言论进行监管。几乎90%的美国电视观众通过同样不受管制的电缆或卫星接收电视信号，而不是通过屋顶的天线进行信号接收。①而且，网站聚合内容摘要（RSS）内容订阅也在为数百万移动电话用户提供最新信息。因此，现今的广播电台和电视频道既不稀少，也不普遍。

为了保护儿童不会受到任何传播媒介所带有的攻击性信息的侵害，政府的管控范围必须继续扩大，并且不断地更新。尽管政府已经提出了一些建议，但国会还没有通过任何法律，将联邦通信委员会对广播媒体中的不雅内容的管控权，扩大到卫星和有线电视。因为有线电视和卫星电视所播放的内容一直是由观众和广告商来左右的，并没有受到任何政府当局的管控。

然而，通信技术的大爆炸为我们带来了另外一种可能性。如果现在每一个人都能同时向很多人发送信息的话，那么政府就会对限制信息传播失去兴趣，而不是更感兴趣。在信息不再稀缺的情况下，也许政府对于广播和电视上的言论的管控权，就会比对报纸上的言论管控更小一些。在这种情况下，国会就不应该扩大联邦通信委员会的审查权力，而是应该完全取消它，就像最高法院终止佛罗里达州对于报纸内容监管的提议。

但那些已经在广播和电视频道中占有一席之地的政党回应说，频谱——公共电波，仍然是一种有限的资源，所以仍然需要政府的保护。从理论上讲，没有人在制造更多的无线电频谱，因此它需要用于公共利益。

但是看看你的周围，现在只有几家电台还坚守在调幅和调频广播的调频盘上，成千上万的无线电通信却在你周围的空气中进行传输。大多数美国人的口袋里都有一个双向收音机——我们称之为手机。确切地说，我们在走路时手里都会拿着手机，因为我们中有许多人宁愿冒着撞到灯柱的风险，也不愿晚几秒钟阅读手机里的信息。如果你正在使用蓝牙耳机听音乐，通过Wi-Fi浏览网页，那你就正在使用两个以上的无线电连接。收音机和电视机是可以比现在的更加智能，并且还可以更好地利用

---

① 《只有宽带电视的家庭数量在上升》，信息科技资讯网站。

电波进行传输，就像手机一样。

电子工程的发展使得政府在广播和电视上推翻了第一修正案。根据宪法要求，在这种遭遇变化的情况下，政府可以选择停止口头警告，进行其他的一些措施。事实上，当美国最高法院否决了联邦通信委员会对一些名人在直播时进行"短暂的咒骂"所施加的罚款时，它就限制了该决议的使用范围，但同时也暗示了政府可能很快就会对整个广播审查问题进行新的考虑。

通过科学论证，认为频谱肯定是很稀缺的说法，现在已经没有什么说服力了。然而，这一观点仍然被一个正在被监管的行业强力推进。现有的许可证持有者——目前的广播电台和网络，都会有一种要保护它们在频谱中的"地盘"的想法，以防止任何真实（或想象的）风险出现——它们的信号可能会被破坏掉。而通过阻止技术的创新，这些现有的许可证持有者就可以控制住竞争局面，并避免资本投资。而这些以奇怪的方式交织在一起的问题——政府对人为造成的信息稀缺感兴趣，恰好证明了言论监管的合理性；广播和电视台对人为造成的信息稀缺感兴趣，是因为帮助其限制了竞争和成本——都对目前的文化和技术创造力造成了伤害，对社会而言就是一大损失。

而要理解造成当今广播电视审查制度背后的各种原因，我们就必须先回到这项技术的发明者身上。

从无线电报到无线混乱

红、橙、黄、绿、蓝（彩虹的颜色），是各不相同的，但又都是一样的。任何一个拿着蜡笔盒的孩子都会知道它们是不同的，但它们也是一样的，因为它们都是电磁辐射击中我们眼睛后的结果。辐射会以振荡非常快的波进行传播，而红波和蓝波之间唯一的物理区别，就是红波每秒振荡大约4500万亿次，而蓝波大约是9000万亿次。

因为可见光的光谱是连续的，所以在红色和蓝色之间存在着无穷无尽的颜色。混合不同频率的光，就会产生其他颜色——例如，一半蓝波和一半红波就会产生一种被称为"品红"的粉红色，但它没有在彩虹中出现。

19世纪60年代，英国物理学家詹姆斯·克拉克·麦克斯韦发现了光是由电磁波组成的。他的方程式预示着世界上还可能存在着其他频率的光波——人们无法感觉到的。事实上，这种波从一开始就在我们的身边穿过，它们从太阳和星星那里向我们洒下来，当打雷的时候，它们也会辐射下来。从来没有人想过会有它们的存在，直到麦克斯韦方程组证明说它们应该是存在的。实际上，应该说是有一整个光谱的不同频率的不可见波存在，而且它们的传播速度与可见光的速度也是一样的。

1887年，亨里希·赫兹的一次实验开创了无线电时代。他把一根金属丝弯成一圈，并在两端之间留下一个小空隙，而当他在几英尺外点燃一个巨大的电火花时，其中一个微小的电火花跳过了这个近乎圆形的金属丝间隙。巨大的火花引发了一股肉眼无法看见的电磁波，而这些电磁波在空中传播，导致了另一根电线中也产生了电流。那个微小的电火花就是完成了一个完整电路的电流。由此，赫兹发明了世界上第一根天线，并发现了无线电波。频率的单位就是以他的名字命名的：每秒钟转一个周期就是1赫兹，或简称Hz。所以，千赫（kHz）就是每秒钟转1000个周期，兆赫（MHz）就是每秒钟转100万个周期。而这些都是调幅和调频收音机转盘上的单位。

古格列尔莫·马可尼既不是数学家也不是科学家，他只是一个富有创造力的修补匠。当赫兹在做实验的时候，马可尼才13岁。而在接下来的10年里，他通过不断的摸索，找到了能在更远的距离探测到无线电波和制造天线的方法。

1901年，马可尼在纽芬兰收到了一封来自英国的摩尔斯电码信。在这一成功的推动下，马可尼无线电报公司不久之后就让海上的船只之间，以及船只与海岸之间的通信成为可能。1912年，当泰坦尼克号驶向其命中注定的航程时，它也配备了马可尼的无线电设备。船上无线电操作员的主要工作就是帮助乘客传递私人信息，但他们也收到了至少20条来自其他船只的警告，让他们注意前方的冰山。[1]

马可尼公司名称中的"无线电报"一词，就暗示了早期无线电存在的最大的局限性，即该技术被设想为一种点对点的通信设备。无线电解决了电报发送中最棘手的问题——任何灾难、破坏或战争都无法通过切断电缆来阻止无线电的传输。但它也有一个附带的缺点：任何人都可以进行监听。广播拥有可以让成千上万的人同时听到的巨大能力，但在一开始却被人们视为一种负担。毕竟，当人们在给某个人发消息时，并没有人会希望其他人都能听到这条消息，就更不要说为此付钱了！

随着无线电报的普及，一个新的问题出现了——并从那时起就影响了无线电和电视的发展。如果几个人同时在同一地理区域发送信号，那他们的信号就会重叠在一起，无法分辨。泰坦尼克号的灾难就证明了其可能会发生的混乱。在泰坦尼克号撞上冰山后的第二天早上，美国报纸兴奋地报道说，所有的乘客都获救了，而且船也被拖到了岸边。这一报道错误是由于一个无线电操作员混淆了两段不相关的摩尔斯电码造成的。在当时，有一艘船在询问"泰坦尼克号上的所有乘客是否都安全获救"？而另一艘完全不同的船却报告说，它"正在泰坦尼克号以西300英里处，拖着一船油罐驶往哈利法克斯"[2]。在那个时候，所有的船上都有无线电和无线电操作员，但关于是否、如何以及何时使用它们，并没有相关的规则或惯例。

马可尼早期无限发射机的接收者很容易混淆各种信息，因为他们没有办法"调入"某个特定的通信频道。马可尼在扩展无线电传输范围方面很有天赋，但他实际上仍是在使用赫兹的方法来产生无线电波——巨大的电火花。电火花在无线电频谱中可以溅射出电磁能量，而该能量又可以转化成点和线，但没有其他东西可以对其进行控制。一个无线电报务员发出的电报声音和其他人的没什么两样，于是当多个信号同时传输

---

① 坎加茨米罗斯：《泰坦尼克号收到的冰川警告》，"泰坦尼克号"信息记录网站。

② 卡尔·巴斯拉格：《SOS救援》（牛津大学出版社1935年版）。

时，就会产生混乱。

如果把可见光的许多颜色混合在一起，看起来就像是白色的。滤色器可以允许可见光的某些频率通过，但无法通过其他频率的光。比如，如果你透过红色滤镜看世界，那么所有的东西就会是较浅或较深的红色阴影，因为此时只有红光才能通过。因此，无线电所需要的正是与无线电频谱类似的东西：一种可以产生单一频率的无线电波，或者至少是一个狭窄的频率范围，以及一个只可以通过这些频率而屏蔽其他频率的接收器。事实上，这种技术早就已经存在了。

1907年，李·德·福里斯特为德·福里斯特无线电话公司申请了一项关键技术的专利，该技术致力于通过无线电波传输声音，甚至还可以传送音乐。1910年1月13日，当他在纽约大都会歌剧院里对恩里科·卡鲁索演唱的歌剧《丑角》进行广播时，这些歌声还传到了远在海上的船只。在纽约和新泽西，很多人簇拥在电波接收器旁边，而且声音效果非常好。在接下来的几年里，数以百计的业余广播人员也迅速行动起来，急切地通过无线电波说出想说的任何话，播放任何想播的音乐，给另一头碰巧在接收器旁的任何人听。由于人们并不知道该使用哪个频率，于是无线电通信就成了一种碰运气的事情。就连卡鲁索广播中被《纽约时报》称为"无家可归者的歌声"的内容，也与另一家电台发生了冲突，而后者"不顾所有人的恳求"，坚持要用相同的350千赫频率进行播放。因此，一些人可以"捕捉到卡鲁索狂喜"的声音，但其他人就只能从另一个广播公司那里获得一些令人不快的摩尔斯电码："我刚才拿了一瓶啤酒。"[1]

他们频道里的无线电波

而在这种情况下，新兴的无线电产业是无法继续发展的。于是，人们对于商业利益的追逐，帮助美国海军解决了对其舰船通信受到业余船只干扰的担忧。泰坦尼克的灾难，虽然并不是因为无线电通信的失败造

---

[1] 《用无线传输的歌剧令人不悦》（《纽约时报》，1910.1.14）。

成的，但也促成了政府的行动。1912年5月12日，威廉·奥尔登·史密斯在美国参议院呼吁实行无线电的管制，他强调："当全世界都在为共同的损失而哭泣时，为什么各国还不摒弃掉海洋中相互冲突的语言，一起来明智地管理人类的新仆人呢？"[①]

高频率

多年来，技术的进步让人们使用越来越高的频率成为可能。早期的电视广播在当时被认为是"甚高频"（VHF），因为它们比调幅广播的频率还要高。后来，技术再次进步，于是更多的电台开始出现在了"超高频"（UHF）。目前商业上使用的最高频率是77GHz——也就是77千兆赫，也就是77000MHz。一般来说，比起低频信号，高频信号随着距离的增加会减弱得更快，因此它们主要适用于小范围的（或者城市）环境。而短波就对应高频，因为所有无线电波都是以相同的速度——光速传播的。

1912年出台的《无线电通信规范法条》规定只有执照持有者才能使用无线电广播，而无线电许可证将"由商务和劳工部长根据申请予以批准"。在颁发许可证时，局长将规定该电台"为避免干扰而被授权使用的固定频率，以及该电台可以工作的时间"。该法案为政府保留了200千赫到500千赫之间的选择频率，而这些频率都会使得长距离通信达到最清晰的效果；业余的无线电爱好者则只能使用1500千赫以上的"短波"频率，由于当时的技术原因，该频段被人们认为是无用的；1000千赫的频率是专门预留给险遇呼叫的，并且要求有执照的电台每15分钟就要收听一次（这一规定原本是可以帮助"泰坦尼克号"的，因为当时附近一艘船的无线电操作员刚好下班了，于是就错过了"泰坦尼克号"的救援请求）；而其余的频谱就被分配给了商业电台和私营企业。该法案强调了无线电作

---

① 威廉·奥尔登·史密斯：《美国参议院调查报告》（《泰坦尼克号调查项目》）。

为"无线电报"的性质，并规定任何听到无线电信息的人，若将其泄露给了除预定接收者以外的任何人，都将被视为违法行为。

自1912年以来，无线电的应用发生了很多变化：其使用变得更加多样化，频谱块的分配也发生了变化，以及可用频率的范围也扩大了。目前的频谱分配图就好像变成了一床密密麻麻的、杂乱无章的被子，这便是几十年来所罗门式的联邦通信委员会判决之后的产物（详见图8.1）。美国政府规定了频谱的哪些部分可以用于哪些目的，并通过要求用户以有限的功率和指定的频率进行广播，避免干扰到用户之间的通信以及政府通信。如果没有这么多的广播电台，那么1912年法案中隐含的"一经申请"就会颁发许可证的承诺并不会引起任何问题。随着一些讨厌的业余爱好者的"八卦言论"传到了更远的无线电领域，便出现了许多可用于商业、军事和安全用途的频谱。

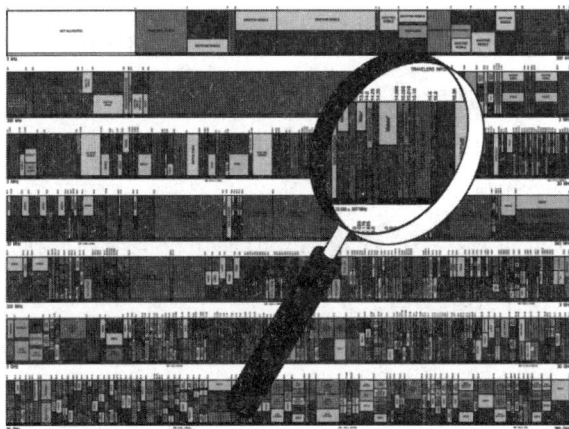

图8.1　美国无线电频谱的频率分配图。从3兆赫到300千兆赫的频谱依次从左到右，从上到下进行排列，而且每一行之间的比例密度差是10倍。例如，图中第二排最宽的区域就是调幅无线电范围，大约有1兆赫兹，而同样的光谱量在最下面一排大约只有0.00002英寸那么宽。[①]

---

① 《美国频率分配图》，国家电信和信息管理局，2003年。

在10年之内，无线电的使用情况发生了巨大的变化。1920年11月2日，底特律的一家电台就播出了沃伦·哈丁当选美国总统的信息，向为数不多的听众传达了这个重要的消息。于是，无线电也不再只是点对点的通信了。一年之后，纽约的一家电台一场接一场地转播了巨人队和洋基队之间的世界职业棒球大赛。而最初的体育广播，就是一位播音员在沉闷地重复着一位在球场的记者传来的击球和得分消息。①

于是，公众对于无线电台的了解迅速提升。在1921年，美国最早有5家广播电台获得了广播许可证。仅仅一年之内，就又增加到了670台②，而无线电接收器的数量在一年内从不足5万台，跃升到了超过60万台，也许甚至是100万台。③而在同一城市使用相同频率的12个电台会将一天的时间进行划分，各自不相冲突。因此，无线电广播便成为一项有利可图的行业，然而这种增长势头不可能永远持续下去。

1921年11月12日，城际广播公司在纽约市的广播许可证到期，而当时的商务部部长赫伯特·克拉克·胡佛拒绝其续期的请求，理由是城际广播无法在不对政府或其他私人电台进行干扰的情况下在城市空域播出。城际广播起诉了胡佛，要求恢复其执照——最终赢得了诉讼。④法院说，胡佛可以让其重新换一个广播频率，但他无权拒绝颁发执照。正如国会委员会在《1912年无线电法》中指出的那样，许可证制度"基本上与2.5万艘商船的许可证制度相同"。其暗含的意思就是，胡佛应该像管理海洋中的船只一样对无线广播进行管理，他可以制定每个船只使用的航线，但不可以禁止这些船只下水。

无线电行业请求政府维持其秩序，于是在1922年，胡佛召开了一次全国广播会议，试图在混乱局面形成之前就新的规定达成共识。他说道，

---

① 埃里克·巴努：《巴别塔》（牛津大学出版社1966年版）。

② 埃里克·巴努：《巴别塔》（牛津大学出版社1966年版）。

③ 《请求无线电专家绘制以太图》（《纽约时报》，1922.2.28）。

④ 商务部长赫伯特·克拉克·胡佛诉城际广播公司案：判决案件号3766。

频谱是"一项巨大的国家资产，因此由谁、在什么情况下、用什么内容进行广播，就成为公众最主要的利益"。[1]"大量的用户也需要保护他们接收器里出现的噪声"，所以无线电波需要"一位警察"去查找会"危害到交通的猪"。[2]

胡佛将从550千赫到1350千赫的频谱用10千赫兹的频带进行划分，而这些被划分出来的区域被称为"频道"，与航海领域用的比喻一样——让很多的电台挤在一起。而空闲的"保护频带"则被留在已分配频带的两侧，因为广播信号不可避免地会扩散，就会减少可用频谱的数量。对人们的劝说，以及大家的自愿服从都帮助胡佛限制了政府进行干涉的想法。随着无线电台的不断建立，人们都发现遵照胡佛的方法是有利的，但创业公司要想打入市场就更难了。胡佛说服了某个宗教团体的代表们，提醒他们在即将到来的"世界末日"之前，应该在现有的无线电台中购买一定的广播时间，而不是自己建立一个新的无线电台。毕竟，新建一个无线电台会花掉他们更多的钱。在6个月后，即"世界末日"之后，他们就不再使用无线发射机了。[3]胡佛的做事效率使得国会沾沾自喜，显然，这个系统在没有法律的情况下也可以运转得很好。

但随着频带切分得越来越细，麻烦也就越来越多。直到1924年，辛辛那提的WLW和WMH两家电台都在同一个频率上进行广播，直到胡佛后来促成了一项协议，让三家电台轮流共用两个频率。最后，这个共用机制崩溃了。[4]1925年，齐尼思广播公司获得了在芝加哥使用930千赫的许可证，但只能在周四晚上的10点到12点，而且也只有在丹佛的电台没有进行广播的时候才可以使用。后来，在未经许可的情况下，齐尼思开始以910千赫的频率广播，这个频率更为空闲，因为它通过条约

① 《赫伯特·克拉克·胡佛回忆录》第二卷（麦克米伦出版社1952年版）。
② 《请求无线电专家绘制以太图》（《纽约时报》，1922.2.28）。
③ 《赫伯特·克拉克·胡佛回忆录》，广播部分，口述历史研究计划，第12页，1951年。
④ 《辛辛那提无线电集市的终结》（《纽约时报》，1925.2.15）。

已经被割让给了加拿大。于是，胡佛对齐尼思公司进行罚款，但齐尼思却选择挑战胡佛监管频率的权力，并在法庭上赢得了诉讼。[1]接着，胡佛从美国司法部部长那里得知了一条更为糟糕的消息：在1912年法案起草时，广播的概念都还没有形成，所以该法案的相关叙述非常模糊，以至于胡佛可能没有任何权力来管理广播无线电——包括频率、电力或使用的时刻表。

胡佛举双手表示认输。但如果这样做的话，任何人就都可以启动一个新电台并选择一个频率——有600个申请正在等待处理，所以他们"完全是在自己承担风险"[2]，其结果就是胡佛所预言的"空中的混乱"。然而，这个混乱局面要比1912年法案颁发之前更糟糕，因为此时人们有了更多、更强大的发射机，于是各种电台都突然间冒出来，在所有的频谱上"跳来跳去"以寻找没有被占用的频率，还把它们的传输功率调到最大，试图淹没其他的竞争信号。于是，无线电就变得几乎没什么用了，尤其是在城市里。最后，国会也不得不开始采取行动了。

国有化的频谱

1927年《无线电法》[3]的前提仍然是有效的，从那以后，频谱一直被视为稀缺的国家资源，由政府进行管理。正如该法案所述，其目的是：

> 维持美国对所有无线电传输……渠道的控制；并根据联邦当局颁发的许可证，规定个人、公司或企业在有限时间内使用相应渠道，但不包括出让其所有权。

---

[1] 美国诉齐尼思广播公司案：《联邦法院判例汇编（第二辑）》第12卷，第614页，1926年。

[2] 《胡佛请求帮助避免"空中的混乱"》（《纽约时报》，1926.7.19）。

[3] 《1927年无线电法》，编号 HR 9971，1927年。

也就是说，在政府规定的条件下，公众可以对一定的频谱进行使用，但不能拥有它。另外一个新的权威——联邦无线电委员会（FRC），作出了有关许可证颁发的决议。当公众达到相应的要求时，其许可申请将被批准：

> 许可证颁发的机关，如果是应公共便利、利益或必要性的情况下……应向其申请人颁发电台许可证。

然而，该法案也认识到人们对于许可证的需求可能会超过频谱的可使用范围，因此规定了当申请人之间存在竞争时：

> 许可证颁发机构在分配许可证、频带……频率使用时间、使用功率时，应在不同州和社区之间进行分配，以提供公平、有效和合理的无线电服务。①

关于"公共便利、利益或必要性"的说法，与胡佛1922年关于"国家资产"和"公共利益"的演讲不谋而合。这项法律是在蒂波特山油田丑闻正闹得满城风雨时起草的，而这也并非偶然。1923年，在向内政部部长行贿的协助下，怀俄明州联邦土地上的石油储备被租给了辛克莱石油公司。国会和联邦法院花了几年时间才揭露了这些不法行为，而这位内政部部长最终被关进了监狱。到1927年年初，美国所关心的一个主要问题就是如何在公共利益的前提下，对国家资源进行合理使用。

随着1927年法案的通过，无线电频谱成为"联邦土地"，随后各国还签订了国际条约，以避免在国家边界附近的无线电干涉。但是在美国，就像胡佛5年前曾经要求的那样，联邦政府对无线电进行控制——

---

① 《1927年无线电法案》，编号 HR9971，1927年，第1页。

哪些人被允许进行广播，他们可以使用哪些无线电波，甚至他们能说什么。

山羊腺体和第一修正案

1927年的《无线电法》规定联邦无线电委员会不能限制无线电的言论自由：

> 本法案中的任何规定都不应被理解（或被解释）为给予许可证颁发机构审查的权力……任何规定或条件……都不应干涉无线电通信的言论自由权。[1]

不可避免地，总会出现某个案件暴露出该法案中隐含的矛盾：一方面，委员会必须使用公共利益的标准来批准和更新许可证；而另一方面，它又必须避免对其内容进行审查。而这个关键的案件是关于一家叫作KFKB电台的许可问题的，该电台是由堪萨斯州的一位叫约翰·拉姆斯·布林克利的山羊腺医生所有（详见图8.2）。2004年，美国哥伦比亚广播公司（CBS）因播放了珍妮·杰克逊的胸部闪过的画面而招致政府监管部门的愤怒[2]；2015年，弗吉尼亚州罗诺克的WDBJ电视台也因不小心播放了长达3秒钟的图像而被处以32.5万美元的罚款。[3]

---

[1] 《1927年无线电法案》，编号HR9971，1927年，第29页。

[2] 塞西莉亚·康：《法院否决了联邦通信委员会对珍妮·杰克逊"服装错误"的罚款》（《华盛顿邮报》，2011.11.2）。

[3] 拉尔夫·贝瑞尔：《联邦通信委员会向WDBJ提出32.5万美元猥亵罚款》（《罗厄诺克时报》）。

图8.2　这是一篇关于布林克利"医生"的山羊腺诊所的文章，在这张图的左边是布林克利本人，他手里抱着一个婴儿——其名字叫作"比利"，也就是经过山羊腺移植之后怀上的孩子。

*文章源自1926年9月11日的《纽约晚报》，图片由国会图书馆提供。

　　布林克利生于1885年，在花钱购买了位于堪萨斯城的折衷医学大学（Eclectic Medical University）的学位之后，他获得了在堪萨斯州执业的"医生"执照。他曾在一家叫斯威夫特的肉类加工厂做过一段时间的实习医生，1917年，他在托皮卡市（堪萨斯首府）以西约70英里的米尔福德小镇正式开始行医。有一天，一个男人前来咨询自己阳刚之气不足的问题，并描述自己的"轮胎瘪了"。布林克利回忆起自己曾在屠宰场里看到的山羊的行为，便说："如果你的身体里能有一对山羊腺体，那就什么问题都解决了。"接着，这位病人反问道："那为什么不干脆把它们放到我身体里呢？"于是，布林克利便在一间密室里做了山羊腺的移植手术，一项新业务就此诞生了。很快，他一个月就能做50例移植手术，并且每次手术收费750美元。随着时间的推移，他发现治疗性行为障碍甚至要比治疗生育问题更加有利可图。[①]

布林克利年轻的时候曾在电报局工作过，所以他明白通信技术会有很好的前景。于是在1923年，他建立了堪萨斯州的第一家广播电台KFKB——"堪萨斯第一，堪萨斯最好"，有时也叫作"堪萨斯人了解一切"。该电台会播放一些乡村音乐、原教旨主义的布道以及布林克利医生本人的一些医疗建议。听众们常常会投稿来倾诉自己的烦恼，而布林克利的建议几乎总是让他们购买一些自己的专利药。典型的例子如下：

> 我们收到了一位女性的来信，她叫作蒂莉。她说自己曾经生过病，并在10年前做了卵巢切除手术。但我认为这个手术是没有必要的，而且也不是一个明智的选择，因为这样就没办法再怀孕了。所以，我的建议是搭配服用50、67、61号"女性滋补药"，只要连续使用3个月，就可以达到你的目的。[②]

KFKB电台的无线发射机非常强大，其发送的无线电信号连大西洋的彼岸都能听到。在一项全国的民意调查中，它还是美国最受欢迎的电台，而且获得的选票还是第二名的4倍。[③]布林克利每天平均会收到3000封信，在平原地区的多个州都引起了巨大轰动。当天气好的时候，甚至还可能会有500多人出现在米尔福德镇。但是美国医学协会（在当地一家与之竞争的电台鼓动下），公然反对布林克利的江湖骗术。联邦无线电委员会的结论是，在"公共便利、利益或必要性"的情况下才可以进行许可证更换，但布林克利却反对说，取消了他的许可证就相当于政府实行了审查制度。

---

① 埃里克·巴努：《巴别塔》（牛津大学出版社1966年版）；杰拉德·卡森：《布林克利医生的流氓世界》（莱茵哈特出版社1960年版）；蒲柏·布洛克：《江湖骗子：美国最危险的叫卖者和他的追随者们，以及充满谎言的年代》（皇冠出版社，2008年版）。

② KFKB广播协会诉联邦无线电委员会案：华盛顿巡回法院，1930年。

③ 杰拉德·卡森：《布林克利医生的流氓世界》（莱茵哈特出版社，1960年版）。

后来，上诉法院作出了一个里程碑式的判决，并站在了联邦无线电委员会的一边。法院解释说，审查制度是一种事先对播放内容的限制，所以在布林克利的案子中并不是关键所在。联邦无线电委员会"只是行使了自己的正当权利——发现了上诉人在过去的行为"。正如阿尔伯特·加勒廷在200多年前对于媒体受到事先限制时所说的那样："如果认为惩罚某种行为，就等于限制了人们去做该行为的自由，这是很荒谬的。"[1]

法院还以公共土地的比喻为联邦无线电委员会的行为进行辩护：

> 由于可用的广播频率有限，联邦无线电委员会必须对所提供无线电服务的特性和质量纳入考虑……而很明显，现有的广播频谱并不能容下所有类型的商业或者思想。

"必须"和"很明显"——如果人们都能仔细审视这些不言自明的观点，那将会是很明智的做法。

费利克斯·法兰克福法官在1943年就另一个不同的案件发表意见时，重申了这一原则（该说法后来也常被引用）：

> 无线电的使用在1927年之前所陷入的困境，都是基于其作为一种通信手段的一些基本事实：它的基本设施有限；并不是所有想使用电台的人都能得到它们；无线电的频谱不够容纳下所有人的电台。因此，要想各个电台之间不会相互干扰，那么电台的数量自然就会有所限制。[2]

上述的这些，在当时都是关于无线电技术的事实陈述。它们是正确的，但它们只是工程学中"偶然"的真理。它们从来不是普遍的物理定

---

① 安东尼·刘易斯：《不得立法侵犯：苏利文案和第一修正案》（古典书局1992年版）。
② 国家广播公司诉美国案：《美国判例汇编》第319卷，第190页，1943年。

律，也不是技术发展中的缺陷。由于工程技术的创新，广播电台的数量实际上并没有明显的"自然限制"。因此，关于无线电频谱稀缺的问题，已经不再是美国政府可以拒绝人们使用电波的理由了。

政府制定了庞大的监管政策，就是为了让有限的无线电技术能够对频谱进行合理的使用，但当其要做出相应调整时，动作总是很慢——这几乎是不可避免的：官僚机构的行动并没有技术创新者们那么快。联邦通信委员会试图超前预测一下未来的资源需求，但是，技术的发展会导致供给的突然变化，而市场也会导致需求的突然变化。所以，这些中央计划对联邦通信委员会的作用并不会比对苏联的好到哪里去。

此外，在一些既有技术领域的很多利益相关者，也都不愿意看到规则被改变。就像租客在公共土地上享受租赁权一样，现有的无线电许可证持有者并不想让他们控制的资产投入竞争使用。人们投资的资金越多，盈利企业的杠杆作用就越大。无线电许可证几乎从一开始就是很有价值的，但随着其越来越具稀缺性，价格也水涨船高。到1925年，一张在芝加哥的许可证就可以卖5万美元。随着广告业务的扩大，以及电台本身积攒的人气，该交易额甚至达到了7位数。在1927年的无线电法案之后，电台之间的纠纷都变成必须通过诉讼、前往华盛顿或者由友好的国会代表出面施压，才能够得以解决——但仅仅针对财力雄厚的电台。起初，还是有许多大学电台存在的，但因为广播的价值不断上升，联邦无线电委员会将它们挤了下来。并且，作为非营利的组织，这些大学电台也无法坚守阵地。最终，大多数的大学电台都卖给了商业广播公司。事实上，正如一位历史学家所说："当从公共利益的角度讨论时……通信委员会实际上是在促进商业广播公司的发展。"[1]

---

① E.赫林：《政治与无线电管制》（《哈佛商业评论》，1935年第13期）。

频谱管制的解除之路

时至今日，我们每一个人都可以是无线电广播者和接收器。你口袋里的智能手机可以通过无线电波把你的照片发布到Instagram上；把你的搜索查询发送到谷歌上；给你的弟弟发短信；当然，如果你还在过时地用手机拨打电话，它还可以通过无线电传输你的声音。然而，无线电波可以让无数其他的设备为你工作，但它们通常都不会离你太远。比如说，只有使用短距离内的无线信号，你的蓝牙耳机才能接收到智能手机或iPod上的"编码"音乐；而你口袋里的车钥匙则会使用另一个无线信号来解锁你的车，以保证不会解锁旁边的车；我们中的一个人还戴着一个胰岛素泵，它可以与他身上的血糖传感器进行无线交谈，并粗略地模仿人体进行血糖调节。

这里的每个无线信号都使用到了频谱中的相应频率。与WBZ电台在波士顿的广播一样，它们都遵守了相同的基本物理定律。自WBZ电台在1921年成为美国东部第一个商业电台以来，WBZ的广播一直在继续。然而，这些"新兴的"的无线电广播有两个重要的不同点：第一，其每天都会发生数十亿次；第二，WBZ电台的广播功率是5万瓦，而汽车钥匙的功率才不到0.0002瓦。

如果政府仍然要为每台无线电发射器都颁发许可证的话——就像国会在20世纪20年代无线电的使用出现混乱之后所做的那样，那么无线电钥匙和其他数百种低功率无线电的创新发明也许都不会出现了。由此，法律和官僚机构就会将这一部分的数字爆炸给扼杀掉了。

在无线电的"爆炸"现象背后，人们还取得了另外一个进步。为了更有效地利用现有的频谱，相应的技术就必须有所提升。于是，数字化和小型化的通信设备出现了，并由此改变了通信工具的世界。手机、无线互联网以及许多尚未想象到的生活便利，都是政治、科技和法律共同作用下的产物。如果你没有对它们进行一一了解的话，你就无法理解它们之间的关系，但是在未来，也许它们就不再需要像今天一样被"绑"在一起了。

从几个扩音器到数十亿的私人对话

回溯到40年前，那时人们还没有手机。只有少数的企业高管能拥有移动电话，但这些设备不仅体积庞大，价格也很昂贵。正是因为设备小型化的技术，才使得手机从少数企业大亨的特权，变成了每个美国青少年与生俱来的权利。但是这当中的主要进步是在"频谱分配"上——对于无线电频谱的使用方式进行了新的思考。

在手机大而笨重的时代，无线电话公司都会有一条很大的天线，并且还要从联邦通信委员会那里申请在城市地区使用某一些频率的权利。在当时，那些高管的电话就像是一个小型的广播电台，可以播放出其呼叫的内容；而无论手机在城市的哪个位置，其功率必须要足够大，才能将信号传输到电话公司的天线；此外，手机同时呼叫的数量也会受到分配给该公司的频率限制。这种通信技术与广播电台使用的技术是相同的，只是移动电话的无线电是双向的而已。由于频谱数量的缺乏，当时广播频道的数量仍然是被限制的，而后来又限制了移动电话的数量。胡佛在1922年就预料到了这一点，他曾说："显然，如果有1000万电话用户同时在电话线上为他们的伴侣哭泣……那么空中将会充满无数的疯狂与混乱，于是便不会有任何形式的通信存在。"[1]

手机、Wi-Fi、蓝牙——这些技术统统都利用了摩尔定律，无线电发射器和接收器变得更快、更便宜、更微小。以手机为例，因为手机信号塔之间只有一英里左右的距离，所以手机只需要能将其信号发送到一英里以内就可以了。一旦天线接收到其信号，该信号就会通过"电缆"（在电线杆上，或埋在地下的铜线和光纤电缆）发送到手机通信公司。只要有足够的无线电频谱，就可以处理围绕发射塔的"蜂窝"呼叫，因为相

---

[1] 《请求无线电专家绘制以太图》（《纽约时报》，1922.2.28）。

同的频率可以同时用来处理其他"蜂窝"内的呼叫。当一个信号更为强劲的手机在"蜂窝"之间传输信号时，为了防止另一个手机的通话中断，人们还需要进行大量的技术调整，但是电脑，包括手机内部的微型电脑，目前都可以智能地、快速地跟上这种调整。

　　手机使用的技术说明了无线电频谱在使用方面的一个重要变化。现在大多数的无线电通信都是短距离的，但是其信号却可以在手机信号塔和手机之间进行传输；在无线路由器，办公室职员的电脑和喝咖啡的人之间；在无线的电话听筒和其底座之间；在高速公路收费站和乘客挡风玻璃上的应答器之间；在人们的电子钥匙和他们的车之间；在电子游戏玩家和其游戏之间；在手机和蓝牙耳机之间。

　　有时，甚至"卫星无线电"也不是直接从外太空轨道上的卫星进行信号传输的，而是从附近的天线传输到客户的接收器上。而在城市地区，实在有太多的建筑物挡在了接收器和卫星之间，以至于无线电公司都会安装"中继器"——通过电缆相互连接的天线。因此，当你在城市里一边开车一边收听天狼星电台的节目时，其信号很可能就是从几个街区外的天线发出的。[①]

　　而5G蜂窝技术，就是无线电频谱应用方面所取得的另一大进步。与4G相比，5G通过使用不同的、频率更高的频谱来实现更高的数据传输速率。但是，使用这种高数据率、高频的无线电也必须付出一定代价：其信号会随着距离发射器的距离而迅速减弱。因此，5G蜂窝会比4G蜂窝要小，而且还必须安装更多的蜂窝发射器，而这就是为什么5G使用最为广泛的地区是在城市里。

　　抛开其他的细节，我们会发现无线电频谱如今已经不再主要用于远程信号了。当无线电的主要用途还只是从船只到岸边的信息传输、发送远距离的SOS信号以及在巨大的地理区域进行广播时，美国就制定了频谱的使用政策。但随着这个国家逐渐地被无线电覆盖，大多数的无线电

[①]　马克·劳埃德：《卫星广播的奇怪案例》，美国进步研究中心。

信号就只用传输几英尺或几百英尺，而在这些变化的情况下，老旧的频谱管理规定也就失去意义了。

我们能以不同的方式分配频谱吗？

在实践中，甚至"分配"给被许可方的一部分频谱也可能未得到充分利用。联邦通信委员会的一份报告是这么说的："频谱的短缺通常是因为其频谱的接入有问题，也就是说，频谱资源是可用的，但是因为基于过时技术而制定的过时政策，导致其使用发生了故障。"[①]联邦通信委员会所得出的这个结论，有一部分依据是通过收听不同频率组的电波，来测试什么也没有被传送的情况有多频繁。在大多数时候，即使是在圣地亚哥、亚特兰大和芝加哥这样人口稠密的城市环境中，很多重要的频段几乎都是100%空闲的。因此，如果其他人也可以使用这些闲置的频谱，那么公众就将会获得更好的服务了。

于是，20年以来，联邦通信委员会一直在实行"二次频谱营销"。想要临时使用一些频谱的人就可以从有权使用它的那一方进行租赁，而对方也可以换取一些报酬。例如，为了对几场重要的足球比赛进行报道，某个大学的广播站可能需要在某几个周六下午进行高功率的广播，而这段时间刚好是股票市场休市，因此一些频谱就不会被金融企业大量使用。又或者，可以将专门为紧急广播预留的一个频段租给其他人，以播放一些娱乐内容，只要双方达成共识——通过连接到发射机的代码来实施，即在需要进行公共安全广播的时候，该频率可以优先使用。

计算机化的拍卖可以使商品得到非常有效的分配，无论是eBay上的二手物品，还是小范围的频段。如果未能充分利用频段的许可方有意愿将其一些时间出售给其他人，那么对特定的频谱片段进行使用——在特定的时间，特定的地理区域，就可以创造效率。

---

① 《频谱效率工作组报告》，联邦通信委员会，频谱政策工作组。

但这样的二手市场也不会改变无线电使用的基本模式：一个频带每次只能属于一方使用。所以，这样的拍卖想法改变了频谱原有的分配方案，与其让政府机构死板地将频谱仅仅许可给拥有专有权的一方，倒不如让多方以交易的方式对其进行使用分配。而这些方法的底层逻辑都是一样的，即频谱就像土地一样，要在那些想要对其使用的人之间分配才行。

共享频谱

法兰克福大法官在1943年的一份意见书中使用了一个类比，无意中为我们指明了另一种思维方式。频谱的缺乏是不可避免的，所以他认为："对于无线电的发展来说，无线电管制就像交通管制对于汽车的发展一样重要。"

正如人们所说的，公路是国家资产，是由联邦、州和地方政府控制，并为它们的使用制定了相应规则。例如，你不能开得太快；根据道路的不同，你的车辆不能超过一定的高度和重量限制。

但是，每个人都可以对这些道路进行使用。在美国，没有政府车辆专用的高速公路，而货运公司也无法通过使用特定道路的许可证，从而将竞争对手拒之门外。总之，每个人都可以共享道路承载交通的能力。[①]

在法律上，道路被称为"公地"（这个概念在第六章"被打破的平衡"中提到过）。同样，海洋也是公地，是一个受国际捕鱼协议约束的共享资源。然而，至少在理论上，海洋是不需要成为公地的。渔船可以在海洋表面的不同区域拥有专属的捕鱼权，而如果这些地区足够大的话，渔民也有可能在这些条件下通过捕鱼过上好日子。但是对整个社会来说，这种对海洋资源进行分配的方式是极其低效的。如果海洋被当作公有的资源，渔船能和鱼类一起合作——在商量好捕鱼强度的情况下，那么海

---

① 艾里·诺姆：《超越频谱拍卖的下一步：开放频谱的使用》，1995年。

洋就能更好地满足人类的需求。

约凯·本克勒的网站 www.benkler.org 上面有几篇重要的论文供免费下载，包括经典的《克服广场恐惧症》[①]等。在本克勒撰写的《网络财富》[②]一书中，他还详细介绍了许多相关的概念。

频谱可以被人们共享，而不是死板地被分割成各个小块。在电子通信中，我们就有这样的先例。互联网是一个数字公地，在因特网主干网的光纤和卫星链路上，每个人的数据包都会和其他人的混在一起，但这些数据包会被编码，然后在传送末端会再进行分类（哪个数据包是属于谁的）。因此，任何机密的信息都可以被加密。

在制定与频谱相关的政策过程中，我们有两个选择：一个是对频谱进行分配（或许可以允许一些频段进行交易，以提高使用率），而另一个则是更为开放、基于公地理念的、类似互联网模式的方法。随着无线技术在 21 世纪最初的 20 年间飞速发展，国会逐渐开放了一些以前分配给广播电视，但未得到充分利用的频段，并结合了"许可"和"开放"的两种方法来对其进行使用。[③]

要想使频谱可以进行共享，有两个重要的方法：第一，使用大量的带宽不会引起相互干扰，而且还能大大增加传输容量；第二，将计算机装入无线电接收器里可以大大提高频谱的利用率。

---

① 约凯·本克勒：《克服广场恐惧症：构建数字化网络环境的公地》（《哈佛法律与技术期刊》，1998 年第 11 期）。

② 约凯·本克勒：《网络财富》（耶鲁大学出版社，2007 年版）。

③ 约凯·本克勒：《开放无线 vs 授权频谱：来自市场采用的证据》，SSRN 学术论文；《2012 年中产阶级税收减免和创造就业法案》，法案编号 112–96。

世界上最美丽的发明家

曾经有好几个国家发现了扩频技术，然后又将其遗忘了。[①] 多家公司（国际电话电报公司、喜万年照明公司和米罗华公司）、大学（尤其是麻省理工学院）和政府实验室都在从事机密研究，并共同促成了现代电信技术中的一个关键组成部分（扩频），但他们往往又对彼此在做的事毫不知情。

到目前为止，扩频最引人注意的先例就是好莱坞女演员海蒂·拉玛——用电影大亨路易斯·梅耶的话来说，她是"世界上最美丽的女人"和被称为"音乐坏男孩"的前卫作曲家乔治·安太尔一起发明的专利。

1933年，19岁的拉玛在捷克电影《狂欢》中赤身裸体，而这使她在欧洲声名狼藉。于是，她成为奥地利军火制造商弗里茨·曼德尔的花瓶妻子，而曼德尔的客户甚至还包括希特勒和墨索里尼。1937年，拉玛把自己伪装成一个女仆，逃离了曼德尔的家。她先是逃到了巴黎，然后又逃到了伦敦。在伦敦，她认识了梅耶，然后才进到了好莱坞。后来，她成为一个明星——而且还是她那一代人中的偶像美女（详见图8.3）。

1940年，拉玛安排与安太尔见了面。她觉得自己的上半身需要一些增强，所以希望安太尔能给她一些建议。安太尔自诩为女性内分泌学专家，还曾为《时尚先生》杂志写过一系列文章，比如说《男性寻找自己

---

① R. A. 朔尔茨：《扩频通信的起源》（《IEEE 通信汇刊》，第30卷，1982年第5期）；R. A. 朔尔茨：《扩频历史注释》（《IEEE 通信汇刊》，第31卷，1983年第1期）；R. 普里斯：《关于扩频起源的进一步注释和逸事》（《IEEE 通信汇刊》，第31卷，1983年第1期）；罗伯·沃尔特斯：《扩频》（书浪责任有限公司，2005年）。

的腺体指南》①，而在其文章里安太尔会建议使用一些腺体提取物②。然后，他们又聊到了其他问题——特别是鱼雷战。

一枚鱼雷——仅仅是一枚带有螺旋桨的炸弹，就能击沉一艘巨大的船只。无线电控制鱼雷在第一次世界大战结束时就已经投入使用了，但它并不是万无一失的。如果在控制信号的频率上广播出巨大的无线噪声，鱼雷的信号就会受到干扰，继而就会失控，最后就很有可能无法击中目标。通过在曼德尔身边观察其从事的军火生意，拉玛便对鱼雷有所了解，并且还知道为什么很难对它们进行控制。

拉玛后来变得非常"亲美"，并希望能帮助盟军一起作战。她提出了在短时间内用不同频率发射鱼雷控制信号的想法。鱼雷和控制舰内所使用的不同频率的序列密码都是一样的，又因为敌人并不知道这个序列，所以鱼雷信号就不会被任何有限频段的噪声所干扰。如果想要同时干扰所有可能的频率，那就会需要特别大的功率。

图8.3　图为海蒂·拉玛，大约是在她和乔治·安太尔发现扩频时的年龄。
＊图片来源：©Bettmann / CORBIS

---

① 乔治·安太尔：《老生常谈的腺体》（《时尚杂志》，1936年4月）。乔治·安太尔：《男性寻找自己的腺体指南》（《时尚杂志》，1936年5月）。乔治·安太尔：《关于腺体的实用手册》（《时尚杂志》，1936年6月）。
② 乔治·安太尔：《音乐坏男孩》（道布尔戴出版社，1945年版）。

安太尔的贡献则是用一种演奏钢琴的装置来控制跳频顺序——他很熟悉这种装置，因为他曾为多架同步自动钢琴写出了其代表作《机械芭蕾》。当他和拉玛构思这个装置时（它从未被制造出来），无线信号就会在88个频率之间跳跃，就像钢琴键盘上的88个键一样。因此，控制舰和鱼雷都将使用相同的钢琴乐谱——实际上，就是对广播信号进行了加密。

1941年，拉玛和安太尔将他们的专利授予美国海军（详见图8.4）。《纽约时报》"娱乐"版上的一篇小文章引用了一位陆军工程师的话，说他们的发明是如此"充满活力"，以至于他都说不出这是干什么用的，只知道它"与战争中使用的遥控装置有关"。[①]但尽管如此，当时海军并没有对这项发明有进一步的行动。相反，拉玛开始销售起了"战争债券"，以进行筹款。她称自己是"山姆大叔的拜金女"，通过售卖自己的吻，她曾在一顿午餐中就筹得了450万美元[②]。之后，这项专利被人们忽视了十多年。罗穆亚尔德·埃利纳斯·齐博尔-马乔基是20世纪50年代中期一家海军承包商的工程师，他回忆说，当他被派去研究一个定位敌方潜艇的装置时，他得到了这个发明的一份副本。但他不认识专利权人是谁，因为拉玛没有使用她的艺名。

> 罗伯·沃尔特斯在《扩频》一书中讲述了安太尔和拉玛的故事，以及他们的发明在扩频史上的地位[③]。

简言之，这就是一个关于机缘巧合、团队合作、虚荣心和爱国主义的奇怪故事，然后导致拉玛和安太尔发现了扩频。直到20世纪90年代，人们才将他们两个与扩频的发现联系起来。而那时，他们的发明已经出

---

① 《作为发明家的海蒂·拉玛》（《纽约时报》，1941.10.1）。
② 《价值454.7万美元的战争债券》（《纽约时报》，1942.9.2）；《好莱坞的一场表演》（《时代周刊》，1942.10.12）。
③ 罗伯·沃尔特斯：《扩频》（书浪责任有限公司，2005年版）。

现在了好几个机密军事研究中。不管海蒂·拉玛在这片新领地上是利夫·埃里克森还是克里斯托弗·哥伦布，她看上去都不像是能发现扩频的人。1997年，电子前沿基金会还表彰了她的发现，而她对此次获奖表示欢迎："都是时间的功劳。"当被问及她的双重成就时，她说："电影在一定时期会有一定的地位，但技术却是永恒的。"

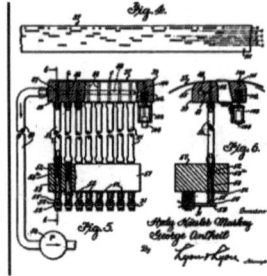

图8.4　图为海蒂·拉玛（其姓为基斯勒，基恩·马基是她的第二任丈夫，并与其育有6个孩子）和乔治·安太尔发明的扩展频谱专利原件。该图左边是专利证明，而右边是作为专利插图的自动钢琴结构示意图（美国专利局）。

信道容量

拉玛和安太尔偶然发现了一种利用宽频率范围的特殊方法——在整个频谱中"扩展"了信号。扩频的理论基础是20世纪40年代末克劳德·香农卓越的数学成果之一。虽然当时还没有数字电话或数字收音机，但香农推导出了许多数字电话或数字收音机一定会使用的基本法则。香农—哈特利定理预测扩频的方式与麦克斯韦方程预测无线电波的方式相同。

香农的研究结果（以20年前拉尔夫·哈特利的研究为基础）表明，在考虑无线电频谱中可以携带多少信息时，"干扰"并不是一个正确的概念。信号可以在频率上重叠，但可以被足够复杂的无线电接收器完美地分开。

早期的工程师们认为，无线电之间的沟通错误是不可避免的。在通过电线，或者使用无线电波向空中发送比特时，部分信息可能会因为噪声而出现错误传达。工程师们认为，可以通过减慢传输速度来让信道更为可靠，就像人们想要确保别人理解自己时，会放慢说话的速度一样——但你无法永远保证交流都是正确的。

香农的研究表明，每个通信渠道实际上都是非常不同的。任何通信信道都有一定的信道容量——能处理信息的每秒比特数。如果电信公司宣传说你的网络连接可以达到3兆比特/秒的比特率（或3Mpbs，300万比特/s），那这个数字就是你和你的网络服务提供商之间进行特定连接的信道容量（或者应该是这样，毕竟不是所有广告说的都是真话）。如果你是通过电话线进行连接的，而且还切换成了光纤电缆运行的服务，那你的信道容量就会增加。

无论信道容量有多大，香农证明了它们都有一个显著的特性：只要信息的传输速率不超过信道容量，比特就可以通过信道从发送端传输到目的端，而且误差概率可以忽略不计。而让任何以高于信道容量的速率传输比特的尝试，都会不可避免地导致数据丢失。在不超过信道容量的条件下，如果在把发送端的数据放入信道之前，对其进行足够的编码，那么信息传输的错误率基本上就是零。只有当数据速率超过信道容量时，传输错误才会不可避免。

错误和延迟

虽然传输错误不太可能发生，但它们也绝不是万无一失的。不过，其发生错误的可能性会比当比特在途中传输时，该信息的接收者却因为地震的发生而死亡的可能性要小得多。想要保证信息的正确性，就需要在信息中添加冗余的比特，就像易碎的邮政货物需要添加聚苯乙烯泡沫塑料（或充气包装材料）作为保护一样。达到接近"香农极限"的数据速率需要对比特进行预处理，这可能就会增加延迟——从"打包"过程开始，到将比特插入信道之间的时间延迟。在语音通信等应用程序中，延迟可能会成为一个问题，比如声音的延迟，而这可能会惹恼一些使用者。但令人高兴的是，电话是可以容忍传输内容发生错误的，毕竟我们都习惯了通信时会有一些卡的情况。

功率、信号、噪声和带宽

无线电信道的容量取决于发送信息的频率和发送信息所用的功率。如果我们将它们两个分开来看，或许就可以帮助我们更好地理解。

无线电广播绝不是"只在"一个单一的频率上，而是常常会使用一个范围或带宽的频率来传达出实际的声音。唯一能以单一、纯频率传播的声音将会是不变的一种音调。广播的带宽就是频带的大小，即频带的最高频率和最低频率之间的差值。因此在之前，我们才说胡佛为每个AM电台都分配了10千赫的带宽。

带宽

因为信道容量取决于频率带宽，所以带宽这个术语常常被通俗地用来表示"每秒钟通信的信息量"。但从技术层面上来说，带宽和电磁通信有关，而即使如此，它也只是影响比特承载信息能力的因素之一。

如果你能在一定的带宽下每秒传输这么多比特，那么当你使用两倍的带宽，你就能在每秒传输两倍的比特量。这两种传输可以简单地并排进行，并且不会以任何方式相互影响。因此，信道容量是与带宽成正比的。

信道容量与信号功率的关系更是令人惊讶。为了易于叙述，在这里我们就用简单的数字来表示，假设现在你可以在1秒内传输1个比特——0或1，如果你能使用更大的功率，但时间和带宽保持不变，那你可以传输多少比特呢？

有一种方法可以在无线电传输中区分0和1，那就是根据这两个值的信号功率进行判断，因为不同的信号具有不同的信号功率。再来简化一下，假设零功率的代表是0，而再多一些的功率，比如1瓦特，就代表1。

然后，为了区分1和0，无线电接收器就必须有足够的灵敏度来分辨1瓦特和0瓦特。不可控制的噪声——例如，来自太阳黑子的无线电波，也必须要足够弱，才不会使代表0瓦特的信号失真，从而被误认为是1瓦特的信号。

在这种情况下，4倍的功率就可以在1秒内同时传输2个比特。功率值为0瓦特就可以表示为00；而1瓦特就表示为01；2瓦特表示为10；3瓦特表示为11。连续的功率值之间必须至少间隔一瓦特，这样才能确保一个信号不会与另一个信号混淆。如果两个功率级别很接近，那么不变的噪声可能就会使它们无法清晰地进行区分。当一次传输3个比特时，就会需要8倍的功率，使用从0瓦特到7瓦特的电功率值——也就是说，其需要的功率会随着一次传输的比特数呈指数级增长（见图8.5）。

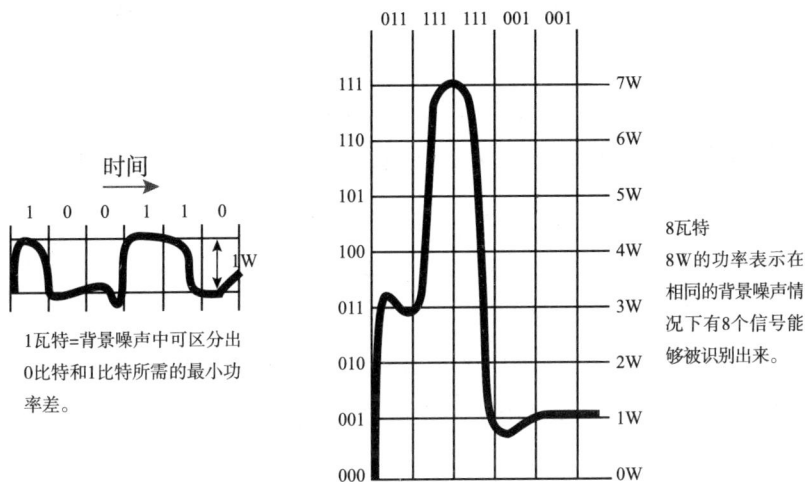

图8.5　香农—哈特利定律。信号的电功率值之间必须足够远，才能在由于噪声造成失真的情况下，区分出信号。增加3倍的比特率，就需要增加8倍的功率。

所以香农—哈特利定律的结果表明，信道容量同时取决于带宽和信号功率，而带宽每增加一倍，就相当于信号功率增加其指数倍。也就是说，当带宽增加了10倍时，信号功率要增加1000倍（因为$1024 = 2^{10}$）才能获得相同的信道容量增长。因此，带宽确实很重要。

我的信号就是你的噪声

香农—哈特利定律关于带宽重要性的发现是相当惊人的。如果WBZ电台用5万瓦特的发射机进行数字传输，而且能获得100千赫兹的带宽，而不是联邦通信委员会允许的10千赫兹带宽，那它就能用比平板电视还少的功率（在更短的距离内）传输同样数量的信息。

当然，没有一个电台可以独家使用100千赫兹，而即使给了每个电台10千赫兹，频谱也会很快被消耗完。只有当频谱被视为"公地"时，频谱扩展的想法才是有效的。而现在，要想知道在同一频段内传播多个信号的后果会是什么，我们还需要知道一件更为关键的事。

影响无线电信道容量的功率水平实际上并不是信号功率，而是信号功率与噪声功率的比值——信噪比。换句话说，如果你可以把噪声降低10倍的话，你就可以用1瓦特的功率传输出和10瓦特的功率相同的比特率。这里的"噪声"表示的是属于其他人的信号，但这种干扰究竟是来自其他人类的广播，还是来自遥远的恒星，其实是无关紧要的，因为所有的干扰广播都可以共享同一个频段，以至于它们可以与等量的噪声共存。

　　1998年，大卫·R.休斯和德韦恩·亨德里克斯共同撰写了《扩频广播》，这是一篇关于扩频广播的文章，值得一看[1]。

香农—哈特利定律的另一个令人吃惊的发现是，即使噪声（包括其他人的信号）比信号强，仍然也会存在一定的信道容量。想象这是一个嘈杂的聚会：如果你对一个声音足够专注，那你就能从嘈杂的背景中分辨出一段对话，即使这个声音比其他的噪声要微弱许多。然而，香农—哈特利定律的发现还预示了更多：即使噪声比信号强很多倍，该信道也

---

[1]　大卫·R.休斯，德韦恩·亨德里克斯：《扩频广播》（《科学美国人》，1998年4月）。

可以完美地传输比特，尽管速度很慢；如果还可以获得很大的带宽，那就可以在不需要降低比特率的情况下，大幅降低信号功率（详见图8.6）。对于随便收听某一频率的人来说，这似乎只是噪声，但实际上其中却嵌入了一个有用的信号。

香农—哈特利定律是数学家们的一大乐事——它表达了在理论上什么是可能的。这就像爱因斯坦的 $E = mc^2$ 理论一样，它并没有提到核反应堆和原子弹，却能说明一切。海蒂·拉玛的跳频技术在后来得以应用，但在20世纪后期人们还发明了很多巧妙的扩频技术，不过它们的缩写命名着实有些奇怪。

在香农—哈特利定律和可用的扩频设备之间，还有两个主要的障碍。首先是工程学：计算机必须变得足够快速、强大和廉价，才能对比特进行处理，将高质量的音频和视频传输给消费者，而这种情况直到20世纪80年代才出现。另一个问题就是监管，这里的问题与数学或科学无关，而是官僚机构的变化总会比它们要监管的技术慢上许多。

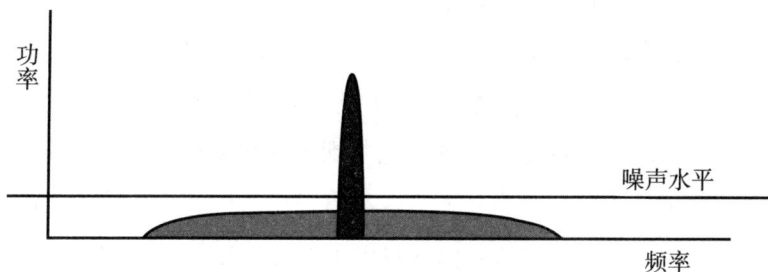

图8.6　扩频原理。通过使用更多的带宽，就可以在更低的功率下实现相同的比特率，而且是在信号功率还可以小于噪声的情况下。

解除频谱管制

到了今天，美国有3/4的家庭[①]都在使用Wi-Fi上网；许多酒店的客房和办公套房也都有无线上网；而在一些建成未满20年的建筑中，数千

----

① 帕克斯联合公司：《超过75%的美国家庭在家庭连接中使用Wi-Fi》，IEEE通信协会。

英里长的电缆都是"黯淡的"：它们是在互联网使用不断激增时，被安装用来传输比特的，但现在已经不再需要了，因为电脑可以直接进行无线连接。

Wi-Fi之所以会出现，是因为图8.1中，有一小片不到一毫米宽的光谱被解除管制，并由一些富有创造力的工程师们进行了试验。而对于放松管制如何能够刺激工业创新，以及现有的频谱所有者如何才会对一个保持其特权地位的监管环境感到满意，这就是一个好例子。①

迈克尔·马库斯是一个不可思议的创新者。他是麻省理工学院毕业的一位电气工程师，并且还在越战期间当了三年空军军官。在服役期间，他设计出了用于地下核试验探测的通信系统，而那个时候，阿帕网——最初由军方赞助的互联网版本，才刚刚开始投入使用。退役之后，马库斯在美国五角大楼的一个智库里工作，继续探索新兴通信技术的潜在军事用途。

1979年夏天，马库斯参加了陆军电子战研讨会。就像在陆军活动中常见的那样，参会者都要按姓名的字母顺序就座，而在马库斯的邻座是联邦通信委员会的首席科学家史蒂夫·卢卡西克。在阿帕网络开发期间，卢卡西克曾是美国国防部高级研究计划局（ARPA）的主管，后来又成为了施乐公司阿帕网的专家。现在他来到了联邦通信委员会工作，但这个机构通常被认为是一个在技术上没有冒险精神的机构，因为当时卡特政府的官员们都很轻率地认为现有的联邦法规可能会扼杀人们的创造力。卢卡西克问马库斯，什么才能刺激无线电通信的发展，马库斯则回答了"扩频"，以及其他的一些因素。可以说，马库斯的工程技术是一流的，但他的政治主张却就没那么一流了，因为人们很可能不会喜欢他的这个想法。

很少有民众知道军方对扩频的使用，因为军方一向喜欢将其事务进行保密。联邦通信委员会禁止所有民用的扩频使用，因为在联邦通信委员

---

① 《早期民用扩频技术的历史》，马库斯频谱解决有限责任公司。

会使用了几十年的模式中，扩频需要跨越很多不同的频带，而现有频谱则是被分配给各个电台专用的。由此，在联邦通信委员会的相关规定下，民众要想使用大量的带宽，即使是在低功率水平下，是不可能的。后来，卢卡西克邀请马库斯加入联邦通信委员会，以帮助扩频和其他创新技术的发展。然而，这就需要改变联邦通信委员会多年来的工作方式了。

在联邦无线电委员会成立后不久，美国就陷入了有史以来最严重的经济萧条。20世纪70年代，当国家经济政策仁慈地控制了资本主义的自由市场之后，联邦通信委员会仍像生活在20世纪30年代的文化中。一般来说，革新者们是痛恨监管的，而既得利益者却很喜欢这种监管——因为监管能保护他们原有的利益。在无线电行业中，频谱是一种有限的、不可或缺的、由政府控制的原材料，而它的使用可能就会被极大地限制。[1]

现有的电台、电视台和手机等公司在过去（可能是几十年前）都拥有联邦通信委员会授予的频谱权，并且几乎是自动进行更新的。而这些现有企业也不可能会允许利用"他们的"频谱，进行一些可能会威胁到其业务的创新研究。然而，如果没有监管机构的担保，创业者就无法起步，因为投资者们是不会为依赖于政府所控制资源的企业提供资金的，于是他们就无法筹到资金。

通过征求公众们的意见，监管机构对其放宽规定的方案进行评估，他们听到最多的意见就是关于这些被分配了频谱的现有企业——他们有大把资源可以派游说团队去反对规定的修改。而他们的抱怨就预示着，如果政府放宽了频谱的使用规定，他们就将会面临灾难。但事实上，他们的"末日灾难"往往是被夸张化了的，只是希望能借此让监管机构帮其扫清竞争障碍。最终，政府的监管者们忽视了他们的终极责任——要对公众利益负责，而不是为这些现有企业做考虑。或许，撇开这些过度的考虑会让整件事容易一些。政府完全可以合法地声称，他们只是在履

---

① 德伯拉·L.斯帕：《技术简史：从海盗船到黑色直升机》（哈考特出版社，2001年版）。

行自己被告知的事情而已，不管无线电运输和游说团体的成本有多高。否则，原本是旨在防止电磁干扰的监管权力，最终反而阻碍了行业间的竞争。

然后，紧接着的是联邦通信委员会的人员频繁更替。大多数有关通信的工作岗位都在私人企业里，而联邦通信委员会的员工们都知道他们的未来在于频谱的商业使用。于是，数百名的联邦通信委员会工作人员和官员，包括在最近当过联邦通信委员会主席的人，都跳槽去了他们曾经监管的企业，或是直接成为这些企业的代表。①这些从政府机构到私人企业的人员流动并不违反政府的道德标准，但联邦通信委员会的官员们可能会面临这样的选择：要么激怒一家现任的大公司，而它很可能会是你跳槽之后的雇主，要么让一家濒临困境的初创公司（或者一个非营利的公益机构）感到失望。而他们选择了后者，因为在离开联邦通信委员会后还得继续谋生，这样的选择并不奇怪。

1981年，马库斯和他的同事们就一项允许在宽频带中进行低功率传输的提议征求了意见，②而使用这些频带的现有公司几乎全都"号啕大哭"起来。为了打破监管僵局，美国联邦通信委员会先发制人，试图寻找出一些就算因为其他用途受到干扰，也不太会有人抱怨的频段。于是，他们想出了可以解除三个"垃圾频带"管制的主意，而之所以叫这个名称，是因为它们只用于"工业、科学和医疗"（ISM）目的，比如，微波炉就是用2.450 GHz的电磁辐射（属于ISM频段）来烹饪食物的。如果是对这些频段解除管制，那应该就没什么怨言：微波炉不会受无线电信号"干扰"的影响，而且电信行业也没有在使用这些频段。③

针对可能会出现的低功率信号干扰，美国无线电公司和通用电气还

---

① 约翰·邓巴等：《网络的影响》，美国公共廉政中心。

② 《期民用扩频技术的历史》，马库斯频谱解决有限责任公司。

③ 《关于Wi-Fi的简史》（《经济学人》，2004.6.12）。

是有所抱怨，但他们的反对意见绝对是被夸大化了。[①]这一频带在1985年开始进入测试使用，而附带的条件就是一定要使用跳频，或者类似的技术来防止信号干扰。

马库斯自己也不知道之后会发展成什么样，但工程师们都在等着利用这个机会。几个月之后，欧文·雅各布斯创建了高通公司，到了1990年，该公司的手机技术就已经得到了广泛应用，并且使用的是一种名为CDMA（码分多址）的扩频技术。

在接下来的几年里，有几个团体都在致力于开发无线局域网的网络协议——可以让相距几英尺的计算机和其他设备，利用新解除管制的频谱互相交流。低功耗的电子设备是人们使用时最理想的产品，例如，可以连接到电脑的无线键盘等家用电器。台式电脑和其他由电池供电的消费型设备，都应该是低能耗的，并且它们的信号半径也应该是有相应限制的。于是，频谱扩频的技术使得在低功耗的情况下保持高比特率成为可能。

一个局域网组织将这项协议命名为"Wi-Fi"——尽管这个名字实际上没有任何含义。之后，NCR公司开始生产消费者可以使用的便宜的Wi-Fi设备，而史蒂夫·乔布斯也意识到了其发展潜力，于是苹果公司在1997年就将NCR技术纳入带有商标的机场无线路由器中。当美国联邦通信委员会通过了802.11标准之后，频谱终于对公众开放使用了，但各大媒体却没怎么注意到这条消息，尽管拍卖用于手机使用的其他频段的消息倒是被广泛报道了。在三年后，无线网络可以说是无处不在，几乎所有的个人电脑都准备好使用Wi-Fi了。

蓝牙是另一种低功耗的无线技术，它依靠扩频将相距几英尺的设备连接起来，也被称为"个人局域网"，与局域网的概念相反。各种各样的耳机、键盘、触控板，还有医疗设备现在都可以无线连接到电脑和手机，

---

① 《修订授权扩频及其他宽频开放的规则》；《确定有害干扰程度的适当测试程序》，联邦通信委员会。

因为有一小部分的无线电频谱（大约是2.4 GHz）已经解除了管制，因此无须许可证，任何人都可以使用。

登录迈克尔·马库斯的网站www.marcus-spectrum.com，你可以找到一些关于频谱管制和扩频历史的有趣材料和观点。

多亏了马库斯为无线电频谱打开了行业竞争的大门，所以他被联邦通信委员会内部流放了7年之久。他在克林顿时期崭露头角，然后又回到了联邦通信委员会工作。现在，他退休了，继续在一些私人企业担任相关顾问。

无线电的未来是什么

在无线电通信的世界里，就像在数字大爆炸的其他地方一样，时间并没有停下脚步。然而，数字通信的进步远不及计算机电影制作、语音识别，或者天气预报等，因为只有在无线电领域才有联邦在进行监管，由此阻碍了其爆炸性的增长。而在放松管制之后，可以说无线电的未来才刚刚开始。

如果无线电是智能的呢?

扩频是一种更好地对频谱进行利用的方法。而我们之所以会这么认为，还有可能是因为与今天电子设备的计算能力相比，我们意识到了普通的无线电技术算是极其愚笨的方法了。如果回到过去，今天的收音机就可以接收80年前的广播，而80年前的调幅收音机也可以作为今天广播的接收器，但要想完全实现这种"倒退的兼容性"，就必须牺牲大量的效率。这种"倒退的兼容"出现的原因，不是很多80年前的收音机还在使用，而是在任何时候，那些现有企业都会野心勃勃地要维持他们的市场份额。因此，他们便会游说政府，反对让无线电变得"更加智能"，然后容纳更多的电台。

如果无线电是更加智能和活跃的，而不是反应迟钝和被动的，那么我们就可以通过电波传输更多的信息。比如，我们不需要用很高的功率进行广播，才能使信号传输到很远距离的接收器，低功率的收音机也可以相互传递信号；对某一条特定信息的请求也可以从一个无线电台传送到另一个无线电台，然后信息还可以再传送回来；当这些无线电相互合作，就可以增加所有无线电接收到的信息流量；或者说，当多个信号微弱的发射机一起合作，偶尔就可以同步产生一个强大的远程通信波束。

"智能"是什么？

"智能"无线电有各种各样的专业名称，而其中两个最常用的术语就是软件定义无线电（SDR）和认知无线电。软件定义无线电指的是能够通过重新编程来改变目前通常由硬件实现的特性（例如识别调幅、调频或其他调制形式）的无线电。认知无线电是指使用人工智能来提高频谱利用率的无线电。"智能无线电"也被用作一个营销术语，用来描述连接到互联网以及调幅和调频广播电台的接收器。

这种"合作成果"已经在无线传感器网络中得到了应用。例如，用于温度或地震活动的传感器中就配备了带有无线电设备的小型、低功耗的计算机，而这些传感设备可以被放置在环境恶劣的偏远地区，如冒烟的火山边缘，或濒危企鹅的南极筑巢地。与人类观察者相比，它们的成本要低得多，而且安全性也更高，它们还可以和邻近的其他设备交换信息，最后将汇总的信息传送给一个大功率的发射机。

如果政府能放松对无线电行业的管制，并且大力鼓励创新的话，那么通过使用"智能"无线电来增加人们获取广播信息的途径，是有着很大发展机遇的。

从另一个方面来说，无线电也可以变得"更加智能"。即使是在频谱分配方案中的"狭窄频带"下（一个信号只能占据很小的频率范围），我们也可以通过廉价的计算带来改变。在1912年颁布的《无线电通讯法案》中，就写明了政府的职责就是防止信号"干扰"，但现在这个概念已经过时了。

无线电波并不会互相"干扰"——不会像人群中人们互相干扰彼此的行动一样。它们并不会相互反弹，而是直接穿过彼此。但是，如果两种不同的电波同时通过一台老式收音机的天线，那么两种信号都会无法听清楚。

想知道无线电的未来会是什么样？那你可以试试让一个男人和一个女人站在你身后，然后用一样大小的声音同时阅读不同的书。如果你不集中注意力，你就只会听到一堆语无伦次的语句；但如果你专注于其中一个人的声音，你就能理解其所说的内容，并忽略另外一个声音。如果你把注意力转移到另一个声音上，同样你也能把那个声音筛选出来。这一切之所以可能发生，是因为你的大脑可以进行复杂的信号处理工作：它能分清男性和女性的声音，它也知道英语，并且能把听到的声音和它希望听到的说话人的话匹配起来。同理，无线电也可以做这样的事情——如果现在无法做到，那么等计算机变得更强大一些的时候，肯定就可以做到。

但是，无线电的发展之路还存在着一个"先有鸡还是先有蛋"的死循环。没有人会购买一台"智能"收音机，除非上面有值得收听的内容；没有人能够在不进行资金筹集的情况下，就开展一种新的广播形式；没有投资者会为一个只能受限于联邦通信委员会管制的项目进行投资；而迟钝的无线电和低效的频谱使用又能保护现有的企业免受竞争，所以它们会游说政府，反对解除无线电的一部分管制。

此外，现有的电信和娱乐业是国会竞选活动的主要贡献者。国会议员经常会向联邦通信委员会施压，要求其违背公众的利益，转而支持一些现有利益相关者的利益。而这个问题甚至早在20世纪30年代就已经非常明显了，当时的无线电监管早期历史就表明了："没有一个准司法机构像联邦无线电委员会那样，受到了来自国会的如此大的压力。"[①]并且，这个模式一直都没有改变。

而在其他技术领域，比如个人电脑行业，就没有这样的死循环。任何想要创新的人都需要筹集资金，但投资者只会被技术的质量和市场对它的预期反应所劝退——而不是联邦监管机构的反应。正如我们在第六章所讨论过的，过度的版权保护会扼制人们的创造力，但这个问题应该归咎于立法者，而不是这些未经选举的委员。

但数字大爆炸是我们想要的吗？

如今，各种各样的技术都在相互融合，而在1971年，安东尼·厄廷格就预见到了计算机和通信之间的界限正在模糊化，并把这种新兴的单一技术称为"计算机通信"。[②]今天的计算机用户们甚至都没想过他们的数据是被存储在数千英里之外的——直到他们的网络连接断线了。最初的电话是用铜线连接起来的，而最初的电视台也是用电磁波进行广播的，但今天大多数的电话都是通过无线电波，而大多数电视信号则通过电线进行传输。

法律、法规和官僚机构的变化，比它们所管控的技术要慢得多。联邦通信委员会仍然还有独立的"无线"部门和"有线"部门，而广播电台和电视仍然要遵守一定的言语用词规定，尽管"广播"已经逐渐过时了。克拉伦斯·托马斯大法官在2009年签署的一项决议中表示，他愿意重新考虑适用于广播电台和电视的言语用词规定：

> 巨大的技术进步，已经让这些规定背后的事实假设变得空洞无物。与40年前相比，广播频谱的稀缺程度已经明显降低了……而驱

---

① 劳伦斯·F.施梅克比尔：联邦无线电委员会（布鲁金斯学会，1932年）。

② 马丁·格林伯格等：《计算机、通信和公共利益》（约翰·霍普金斯出版社，1971年版）。

使本院根据第一修正案使得广播公司处于不利环境的事实，如今已经不复存在了。[①]

法律结构中的这种独立监管部门，阻碍了现今分层技术的创新。对于内容层面的规定，不应该基于对物理层面的一些技术限制的过时理解；而在开发物理层面上所做的投资，也不应该使得相同的公司来控制内容层面。公众的利益在于创新和效率，而不是在对旧技术的保护之中，当然也不是在监管机构与受监管行业的现有企业之间的人员流动中。

但是如果频谱向公众开放，并且比现在更有效地进行使用，然后就出现了更多具有创造力的无线发明和"广播"频道——这会是我们想要的吗？

无线技术的创新具有普遍的经济和社会效益。电子汽车钥匙、Xbox游戏机和高速公路收费应答器无法拯救生命，但无线火灾探测器和全球定位系统设备可以。Wi-Fi的故事就足以证明，一项不可预见的技术可以快速地成为商业建设和个人生活中的重要组成部分。

但是电视和广播又会如何呢？我们现在所拥有的100万个频道，或者说几百个卫星和有线电视频道，难道就真的会比20世纪50年代的13个频道要好吗？随着真正的权威信息渠道的变窄，这些丰富的信息来源难道就不会导致内容质量的普遍下降和社会分裂吗？不管少数人，要把大多数人都不想看到的淫秽内容拒之门外难道就不可能了吗？难道我们真的希望无线电的使用会像互联网已经形成的混乱局面吗？

然而，我们也可以从另一个角度来看待这个问题。作为一个社会，我们必须要面对这样的现实，即我们对于广播和电视的想法都是错误的。长达数十年的"频谱稀缺论"塑造了我们的错误想法，而该论调现在已

---

① 联邦通信委员会诉福克斯电视台案：《美国判例汇编》第556卷，第502页；《最高法院判例汇编》第129卷，第1800页，2009年。

经"脑死亡"，只能靠某些机构的人工生命支持来为其续命，因为这些机构可以从其话语控制权中获得利益。如果没有这个"稀缺论"，那么电视和广播电台就不会像公共土地上的私人租赁，或者航道……而是会更像书籍一样。

随着电视变得更像图书馆之后，社会将有一个重新适应的过程。虽然到时候，其"出版文献"的多样性将会是惊人的，甚至是可怕的，这也不足以成为没有这座"图书馆"的理由。可以肯定的是，我们应该作出坚定的努力，以最大限度地减少国家在一些退休的旧电视台上投资的社会成本，以支持现在坐拥百万频道的电视大军。而我们也知道要怎么去做，每当一项新技术出现时，比如调频收音机或个人电脑，总是会有一个"先有鸡还是先有蛋"的问题出现。

当市场力量开始支配广播内容时，我们就会对其结果不满意，无论它的内容多么丰富。但如果人们想要的仅仅是不会看到自己不想看的东西，那么市场就会发展新的技术渠道，可以把脏话和其他内容排除在外。而目前的制度之所以保持不变，是因为现有的企业有着巨大的金融和政治影响力，以及政府对控制言论的喜爱。

我们需要什么样的政府监管？

当然，在言语结束、行动开始的地方，人们需要政府的保护。布林克利医生被吊销了行医执照，这在当时是正确的，今天来看同样也是正确的。

在新的无线电世界里，政府需要执行频谱共享的规则——只有在每个人都尊重功率和带宽限制的情况下，这种技术才能发挥作用。政府必须确保生产的设备遵守规则，而且也不会有流氓违反这些规则。政府还必须帮助开发和认可"智能"无线电的标准。而无线电通信显然也是政府的利益所在，比如，在自动驾驶车辆之间，以及它们感知和发送信号的各种交通控制设备之间的无线电通信。

对于现有企业就新技术会带来风险的可怕警告，政府也有最终的责任来决定其在科学层面上是否合理，如果合理的话，阻碍该技术的发展是否具有足够的社会重要性？其中一次典型的警告，就是在2007年秋天国家广播工作者协会（NAB）推出了一个全国性的广告活动，以阻止一项可以定位电视频谱中未使用的部分互联网服务的新技术："当英特尔、谷歌和微软的人发现该系统出现错误时，人们的电脑就会故障，还会自动挂掉电话，而广播公司却不会出现这样的问题。"[1]但是，与科学有关的问题就应该由科学来解决，而不是由广告或国会进行干涉。我们永远需要一个像联邦通信委员会这样的独立机构，可以从公众利益出发，理性地做出判断。

如果我们让科学来进行主导，那么"稀缺"问题就会消失。在这一点上，政府对内容的审查权威应该（而且在宪法上也必须）回到对其他非稀缺媒体（如报纸和书籍）的审查水平，即有关淫秽内容和诽谤的法条将继续适用于无线通信和其他媒体。当然，出于对国家的安全考虑，国会若采取了任何其他的合法限制也应是如此。

而对于广播文字和图像的其他规定应该就此停止，因为它们的法律基础不再适用于新的信息世界。我们有太多的途径可以获取到信息，所以我们需要为自己所看到的，以及我们的孩子所能看到的承担责任，而且他们必须要接受相关教育，以适应这个信息丰富的世界。

如果我们有更多的无线频道，那么政府就没有必要也没有权威去猜测广播公司的编辑判断。用大法官威廉·O.道格拉斯的话来说，人为的频谱匮乏使得"一个接一个的行政当局能够玩弄电视或广播，以达到其肮脏或有益的目的"。[2]这个观点是在1973年出现的——在手机和互联网主宰我们的媒体生活之前，而放到今天依然还是正确的。虽然法兰克福大法官也曾说过"现有的广播频带并不能容下所有类型的商业或者思

---

① 阿达里奥·斯特兰奇：《国家广播工作者协会发起反对"空白设备"的运动》（《连线》）。

② 哥伦比亚广播公司诉民主党全国委员会案：《美国判例汇编》第412卷，第94页，1973年。

想"，而现在却证明这种说法是错误的。

比特就是比特，不管它们代表的是电影、工资单、咒骂语还是诗歌；比特就是比特，无论它们是像铜线中的电子，玻璃纤维中的光脉冲，还是无线电波中的调制一样移动；比特就是比特，无论它们是存储在巨大的数据仓库里，还是存储在256GB内存的手机里，又或是存储在钥匙链上的闪存盘里。而对广播和电视上的言论自由的管制，也只是过去的技术留存下来的社会影响的一个例子。此外，还有许多其他的例子，比如，在电话领域。规范信息的法律和政策，都是围绕着信息所包含的技术而发展的。

数字大爆炸已经将所有信息减少到了其最小的公分母：0和1的序列。如今，全球信息网络的所有连接处都有适配器，每一个电话、私人信件和电视节目都是通过同一种媒介到达你所在的地方。而在这些比特到达之前，它们都要在无线电天线、光纤交换站和电话线之间进行多次分流。

比特的普适性给了我们一个千载难逢的机会，即我们可以比较全面地看待信息。在未来，我们只会被一些基本原则所束缚，而不是过去的一些偶然事件。而在美国，数字大爆炸已经把模糊第一修正案的很多技术包装给撕掉了。整个社会都知道了信息只是个比特而已，而我们都将面临一个严峻的问题：到底哪些地方应该公开信息，哪些地方应该控制信息，哪些地方又应该禁止信息？

第九章

下一个技术前沿

人工智能和未来的比特世界

在第一章"数字大爆炸"中，我们讲述了妮可莱特的故事。她在第一次面试之后没能进入第二轮面试，而其第一次面试却是由一个电脑程序进行的。因为并不知道自己被淘汰的理由是什么，所以妮可莱特感到很沮丧，而这是人们对于人工智能本质和使用上的疑虑的典型表现。过去，有许多思想家都对智能设备的潜力进行推测，并制定了一些抽象的原则，以帮助人们理解其使用方法。在1950年，科幻作家艾萨克·阿西莫夫就提出了"机器人三大原则"：

第一原则

机器人不得伤害人类，或坐视人类受到伤害而袖手旁观。

第二原则

机器人必须服从人类的命令，除非这种命令与第一定律相冲突。

第三原则

在不违反第一或第二定律的情况下，机器人必须保护自己生存下来。①

这三条简单的规则能够相互作用，尤其是出自这么一位科幻小说专家的手中，真的令人叹为观止。然而，这样的想象，如今都已经成

---

① 艾萨克·阿西莫夫：《我，机器人》（格诺姆出版社，1950年版）。

真了。

因此，在结束这场比特世界之旅之前，我们最后会来谈谈在目前的这些惊人但又有限的技术成就下，我们还有一些怎样的困境和机遇。

一辆"横穿马路"的公交车

在许多大城市的十字路口，经常会设置一块闪闪发光的LED屏，其中很多会被用来投放广告，但它们也会被用于交通监管的一种新方式：通过面部识别软件抓取真人影像，可以在屏幕上投出擅闯红灯的行人照片，以起到警示的作用。

人们也许会发现"人工智能"所犯的错误是极具破坏性的，并了解关于人工智能的现状——它的风险和潜力并存。它预示着未来各种各样的机器不仅能够思考和作出决定，而且还能够在我们不知道或控制的情况下单独行动。就在我们误认为已经理解了数字大爆炸的含义时，才发现我们其实正处在一个全新的世界。

抓拍照片的系统就是按照被设计的方式正常运转的：在十字路口的这台摄像机会对亮红灯时走在人行横道上的行人进行拍照，然后在一个庞大的人脸数据库里进行比对，并实时地将该违规行人的照片公开出来。这里还有很多值得我们探索的地方。这个摄像"系统"直接与周围环境互动，它会观察在十字路口发生了什么，也知道什么时候是红灯或绿灯，当它检测到有一个人的存在时——至少可以说，它错误地认为那是一个人，就会将照片与它的数据库中所有人的照片进行比对，然后就决定下一步该做什么，并采取相应行动。

而这短暂的一瞬间，最多就几秒钟，就囊括了人工智能、算法决策、隐私、道德、易错性、固有偏误、透明度和问责制的许多方面。因此，我们会将这些方面都进行——探索，甚至还有其他方面。但首先，让我们先来了解一些基础知识：人工智能、机器学习、它的"表亲"深度学习，以及算法决策——也就是这些元素都汇集在一起的方面。

人工智能的智能之处是什么

长期以来，从事科技的人们一直都梦想着，自己能创造出可以不断学习，并最终超越人类程序员的机器。就连在28个世纪以前的荷马，也曾想象过神圣的铁匠赫菲斯托斯①身旁有一些机器人在帮助他：

> 为了帮助它们的主人，这些侍从们动了起来。它们是金色的，看起来就像年轻的女人。它们的心中有智慧、语言和力量，从不朽的神那里，它们学会了如何做事情。它们灵活地摆动着，为它们的主人服务。②

人工智能的概念通常被认为是伟大的英国数学家艾伦·图灵（Alan Turing）提出的，在1948年，他发表了一篇关于智能机器的论文，并提出了机器可以在游戏、语言学习、密码学和数学等多种领域模仿人类行为的设想。1950年，在一篇名为《计算机器与智能》③的论文中，图灵引入了模仿游戏（我们现在称为图灵测试）的概念，作为衡量机器是否"智能"的一种方法。

而70年之后，人们已经对这种形式的人工智能司空见惯了。一个6岁的孩子都会说："Alexa，给我播放一部达斯·维德的电影。"并且他知道该设备能识别他是谁，了解他的要求是什么，并按照其父母

---

① 赫菲斯托斯是古希腊神话里宙斯和赫拉的儿子，也是火神、锻造与砌石之神。——译注

② 荷马：《荷马史诗：伊利亚特》（芝加哥大学出版社，2011年版）。

③ 艾伦·麦席森·图灵：《计算机器与智能》（《科学美国人》，第49卷，第236期，1950年）。

的要求控制某些内容，然后再进行视频播放。如今，我们将这些机器的语言理解能力——这在不久以前，还是完全不可想象的事情——已经完全视为理所当然的事情了。我们的手机、汽车和电视遥控器都能够理解人类连续的讲话，并将其置于一定的语境中，然后采取适当的行动。

可以模仿人类行为的机器——识别语音，理解语言，甚至通过图灵测试，我们将其称为人工智能1.0。而图灵最初的思考就奠定了人工智能2.0的基础——机器的学习能力。他在1948年关于智能机器的一篇报告中，探讨了这样一个概念：机器可以从经验中不断学习，并像人类一样对自己进行调整。

图灵测试

英国的计算机科学家艾伦·图灵为智能机器提出了一个测试方法：一个人类鉴定者同时向一台计算机和一位人类进行提问，但只能通过书面信息进行交流，如果这位人类鉴定者无法区分谁是计算机，谁是人类的话，那么该计算机就算"通过"测试。虽然图灵测试只是作为一个假想实验编写的，但它却引发了人们持续的讨论和实际的竞争。至少到目前为止，还没有哪台计算机能骗过大多数的人类鉴定者。

图灵的概念催生了一系列的聊天机器人——通过文本与人互动的程序。世界上的第一个聊天机器人，是约瑟夫·魏森鲍姆在1965年发明的有着心理治疗作用的伊莉莎[①]。尽管伊莉莎只是使用了一个简单的算法——在其无法回答人类问题的时候，她会再重复一次对方的问题，并给出一些笼统的回答，但她还是成功骗过了一些人类用户，例如下面的这段对话：

---

① 约瑟夫·魏森鲍姆：《伊莉莎——研究人机之间自然语言交流的计算机程序》（《ACM通信》，第9卷，1966年第1期）。

人类：天下的男人都一个样。

伊莉莎：你指的哪个方面呢？

人类：他们总是会为了一些事情来烦我们。

伊莉莎：你能给出一个具体的例子吗？

人类：就是我男朋友让我来这的。

伊莉莎：就是你男朋友让你来这的？

人类：他说我在很多时候都是抑郁的。

伊莉莎：我很抱歉让你提起了抑郁的事情。

机器学习系统：我会弄明白一切的

一直以来，程序员负责编写代码来告诉计算机该做什么，所以计算机科学的发展历史，在很大程度上就是编写出可以让计算机去做更为复杂、有用的事情的新算法，并且还可以让机器本身运作更快、更便宜，而机器学习（ML）却改变了这一切。

在机器学习中，程序员并不需要编写出让计算机做什么的代码，而是要编写出能让计算机学会学习的算法，其影响是极其深远的。在机器学习出现之前，你可以向专家们询问计算机程序是如何得到某个特定结果的，这是一个合理的问题，但目前的这个"美丽新世界"并非如此。程序员编写的机器学习代码只是提供了一个框架，而当该计算机软件收集到了足够的数据，它就"学会"了如何完成手头的任务：将俄语翻译成英语、决定谁应该被判处4年有期徒刑而谁应该被判8年有期徒刑、购买或抛售股票、自动踩下刹车以避免车祸。大多数的计算机软件最终都会给出一个明确的结果。如果你向它输入了自己去年所有的收入信息，那它就会自动计算出你应该缴纳多少税。也就是说，机器学习程序就是根据它们在过去见识的事物，来对没有见过的事物做出最好的猜测。

本质上，机器学习系统就是进行观察和预测的程序。这是一封垃圾邮件吗？这张照片上画的是猫还是狗？申请贷款的人具有良好的信用风险吗？红灯亮的时候横穿马路的人是谁？程序员们会生成一些数学模型，并用机器已经知道答案的数据来对其进行训练，然后再把它们应用到未知的情况中。机器学习的诀窍在于，它们不是每次都从零开始学习，而是会建立一个通用的模型，即一个人工的神经网络，所以你就可以往里面输入某个具体的"内容过滤模式"，以训练它们解决新的问题。

对于每个新任务（将电子邮件分类为垃圾邮件，或者是将新闻报道分类为假新闻），真正决定应该考虑哪些信息的人是机器学习解决方案的开发人员。就电子邮件而言，其信息就可能会包括发送者的电子邮件地址、主题、关键词库（"赚钱快""头发长得更多"）、已知的垃圾邮件发送者名单等。接下来，计算机系统将会被允许处理一组先前分类过的输入信息——已经区分好是正常邮件，还是垃圾邮件的内容。同时，这个软件也会调整权重——这是一个很重要的衡量方法，它会给自己区分过的每个特征进行赋值。在使用过程中，每当用户反馈说它作了错误的决定时，它的学习过程就会一直继续下去。

这就是机器学习中最简单的形式：程序员编写出基本规则，而计算机软件在查看足够大的样本数据集后，会对其鉴别权重进行相应调整。虽然这在概念上很简单，但在实践中，它还需要相当强大的机器和非常大的数据集来进行训练。而图灵最初对于机器学习的构想和制造出这样的机器之间的巨大差距，正是因为这里的规模问题。

机器学习系统的操作基于一定的结构化数据，即这些系统会假设自己可以得到结构化的内容输入，包括训练数据和实际操作。而这对于区分垃圾邮件之类的事情来说是没什么问题的，但对于自动驾驶汽车来说就行不通了。不过，深度学习又使得这个模型向前迈出了非常重要的一步。

1943年，也就是图灵的智能机器报告发表的5年前，沃伦·麦卡洛克和沃尔特·皮茨共同发表了一篇论文[1]，描述了以一种基于神经元网络的方式构建逻辑决策的可能性，即每个神经元在接受输入时，都会有一个阈值权重，然后再进行输出。大约在60年之后，这篇开创性的文章终于催生出了用于分类和决策的神经网络。神经网络会利用不同层级之间的节点获得的反馈，在几个不同层级上"学习"其通用性。而重要的是，与更为简单的机器学习系统不同，神经网络并不需要任何的结构化数据。

图9.1所示的就是一个神经网络模型，刊登在1958年的一篇论文上。[2]图中的每个圆圈就代表一个"节点"，也就是一组相互连接的神经元，负责在处理信息之后将其发送给右边的节点，又或者（以最右边的节点来说）发送给前一层的节点。神经网络利用节点层之间的反馈来"学习"几个不同层次的通用性，每个人工神经元获得输入之后，就会根据激活条件对信息进行处理，并将修改过的输出发送到下一层，或返回到上一层的神经元。

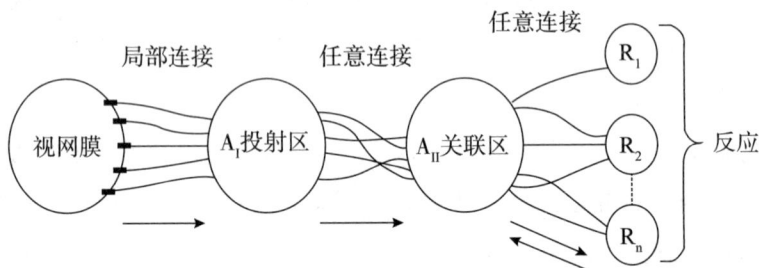

图9.1　模拟信号从视网膜到大脑的处理过程的人工神经网络。

建立在人工神经网络平台上的深度学习系统的计算强度，要比传统的机器学习系统高，并且常常还会需要一些特殊用途的处理器进行实时输出。特斯拉公司就曾说过，其一辆汽车上的人工智能处理器（2019年）

①　沃伦·麦卡洛克，沃尔特·皮茨：《神经活动中固有思想的逻辑演算》（《数学生物物理学通报》，第5卷，1943年第4期）。
②　弗兰克·罗森布拉特：《关于感知器》（《心理学评论》，第65卷，1958年第6期）。

每秒的运算能力就高达144万亿次，大概相当于1000台个人电脑的运算能力。

而语言之间的翻译，就是深度学习应用的一个最佳例子。早期的机器翻译，例如，从俄语到英语，完全是依赖于创建语法和词汇的逻辑模型。尽管这些语言模型很有趣，但要作为语言翻译的方法，就不太行得通了。那个时候，人们就认为或许某种形式的机器学习的翻译效果会更好。为什么不呢？毕竟，我们也都是像这样学习母语（英语）的。你不会从一开始就教一个两岁的孩子如何变化动词，而是和他不停地说话，并纠正他的错误。而当这个孩子从6岁开始学习第二语言时，他也不是从学习句子结构开始的，而是重复原来母语学习的过程。

深度学习在算法开发和计算能力方面取得了很多进步，而且还收集了多种语言的海量文档资源，使得"神经翻译"成为可能。互联网的发展让这一切成为现实，于是我们便有了谷歌翻译，它目前可以支持100多种语言，包括南非荷兰语和祖鲁语。

机器学习并不是魔法，它依赖于强大的计算机运转能力和大量的训练数据。但它看起来确实像魔法一样，可以帮助我们解决那些耗时，或者具有挑战性的任务。当它们得出结果的时候，通常都不会有任何解释——只有一个数字，一个等级，一个分数——是的，你获得了面试机会；抱歉，你没有获得面试机会。

机器学习和训练数据

为了给机器模拟出一个复杂的环境，就需要大量分类的训练数据，包括大量标明其含义的街道标志和交通信号的图片、大量对正常状况和危险状况做出区分的医学症状描述、大量进行了记录和注释的谈话内容等。因此，要想启动这些机器，就需要先投入大量的人力来做这些事情，而数据收集也会引发许多问题，包括训练数据集中包含的数据提供者的隐私、负责数据分类的工作人员的工作条件，以及大数据的竞争所带来的影响等。

隐私

吉利安·约克是一位科技和公民自由活动人士。有一次，当她还在度假时，她的一个朋友突然联系了她，问她是否知道自己的脸出现在了一个叫"名人照片"的在线数据库中[①]。但她没有上传过照片，经过调查之后，她惊讶地发现这些数据集中包括了朋友们几年前给她拍摄的照片，以及一些从视频中提取的静态图。这些图像被存储到了美国情报高级研究计划署（IARPA）的"雅努斯C标准"（Janus Benchmark-C）的数据库中，而且该数据库是由美国国家标准与技术研究院（NIST）提供的，其目的是为了提高"不受约束的自然环境下人脸图像识别"技术的水平，并且"旨在推动人脸识别、验证、身份识别和集群身份方面的研发"[②]。

约克对她的照片随意被收集和编入数据集索引感到非常不安，但对于NIST和IARPA来说，这才是真正的重点。这里的"自然环境"意味着要在各种不同的姿势、背景和地方下对人脸识别软件进行训练和测试，所以他们才收集了在"创意共用授权条款"下被放到了网络上的图片。然而，这一版权许可并不意味着图片中的主人公就会希望自己出现在人脸识别数据集中。如果不是因为深度学习对数据有着巨大的需求，像这样的隐私问题也许永远都不会出现。

劳动力

要想训练一个人工智能系统，就需要人工地给它的数据集进行分类，比如，这张图片里有一个"停止"的标志，而那张图片上的是一盏红灯；这是一个正常的上皮细胞，而那是一个恶性的细胞。一些

---

① 麦克斯·哈罗，马德胡米塔·穆尔吉亚：《是谁在使用你的人脸照片？关于人脸识别的丑陋真相》。

② 《关于人脸识别的挑战》，美国国家标准与技术研究院。

公司会将这项工作外包给亚马逊的土耳其机器人，而其他的公司则会安排员工整天待在一个像客户服务中心的小隔间里，一一地进行分类标记，就像在结肠镜检查图像中圈出可疑的息肉一样。如果你没有做过这些工作，那你应该在登录一个新网站时，回答过类似的验证码问题："这些照片中的哪个方格包含了人行横道？"当你在问答这个问题时，你就是在帮助整个数据集进行分类。而有时，这种隐藏的工作就会暴露出来，比如一些自动语音"助手"服务在更新其隐私政策时，就会写明你的对话有可能会被其他人听到，以作为提高系统服务的反馈。

因此，在我们不知情的情况下，这些智能系统会监控我们的一言一行，并从我们的实际互动中学习。然而，这些企业真的可以将客户作为无偿劳动力吗？

竞争

人工智能系统对大量训练数据的需求，就意味着数据处理存在着规模经济：能够收集到更多数据的系统，就可以从中学习到更多内容，而随着其服务质量的提升，又可以使它从服务的用户那里收集到更多的数据。在谷歌搜索的结果栏里每点击一次都会产生一个作用——将搜索者带到谷歌认为有用的页面，同时还会产生一个副作用——让谷歌知道该页面符合用户的查询。在比特的世界里，"规模"确实很重要，而且还会带来不可逾越的竞争优势。

几乎在路上行驶的每一辆特斯拉汽车都会向其公司传回一些数据，用来提高汽车的自动驾驶能力。每当特斯拉为了修正路线而自动转向，但驾驶员却对其进行干预的时候，该数据就会被捕获，然后传回公司进行分析。截至2020年的上半年，特斯拉已经使用自动导航驾驶了30亿英里。[①]每行驶的一英里，每一次自动变道，每一次驾驶员的干预，都会为

---

① 安德烈·卡帕西：《在大型机器学习研讨会上的发言》。

特斯拉公司提供相应数据，用于改进其自动驾驶软件，而其他的汽车制造商都没有类似的数据来源。

算法决策系统：我还认为只有人类可以做到

在大多数情况下，计算机的工作过程是先接受输入，然后进行处理，最后再输出。然而，现在的计算机正越来越多地涉及一些和决策有关的工作。有一些是无害的，但有一些可能就会彻底改变人们的生活，比如哪些病人应该接受临终关怀[①]，哪些人可以接受肾脏移植[②]，哪些人可以有第二轮面试机会，哪些罪犯可能会再次犯罪，等等。[③]尽管不是所有的算法决策系统都依赖于某种形式的机器学习能力，但仍有很多的算法决策系统确实如此。于是，这些系统的本质引起了人们的疑虑。

即使计算机是经过精密计算后作了一个决策，但并不意味着它就是正确的。有时这个决策的影响是好玩的，但有时也会是悲剧的。

我愿意花2300万美元买下一本讲苍蝇的书

有一位博士后研究员想买一本关于苍蝇的经典著作《苍蝇的成长》，但他却惊讶地在亚马逊上发现其售价居然超过了100万美元——确切地说，是1730045.91美元（外加3.99美元的运费）。而对于一本在1992年出版的书（标价为70美元）来说，这简直是难以想象的，因为在19年之后，一本二手书本来只需35.54美元就能买到。但几天后，这本书的价格还在不断攀升，直到有一位卖家标出了23698655.93美元的

---

① 克里斯·纽比：《富有同情心的智能系统：机器学习能为医疗保健带来更多人性吗？》，斯坦福大学医学，2018年夏天。

② 洛伦·拉森：《HireVue评估和防止算法偏差》。

③ 诺埃尔·L.希尔曼：《用人工智能衡量会再次犯罪的几率》（《法官杂志》）。

天价。①

　　究竟是怎么一回事？加州大学伯克利分校的生物学家迈克尔·艾森发现，亚马逊上只有两家书商 bordeebook 和 profnath 在出售该书的新版，而在他追踪了这两家书商列出的价格一周后，就发现他们不过是在算法上玩了"猫捉老鼠"的游戏而已。他们都在使用同样的策略，当一方看到另一方提高了售价时，自己也会跟着提高价格。但他们的售价略有不同，因为这两家书商针对的目标市场不同，bordeebook 的目标是达到市场中最高价格，而 profnath 的目标是略低于市场最高价格。随着 bordeebook 的机器人程序发现市场价格有所变化，它就会将其售价提高到 profnath 价格的 1.27059 倍；而 profnath 的机器人程序发现市场价格有所升高，也会进行重新定价，以 bordeebook 价格的 99.83% 出售这本书，但这仍然比它之前的价格提高了许多。于是，bordeebook 又注意到 profnath 提高了价格，又会再一次提高自己的价格，如此循环往复。由于没有人在这个循环中对算法给出的价格进行检查，所以这两个机器人就疯狂地把价格提升到了一个任何人都难以接受的天价，即使这是一本关于苍蝇成长的经典之作（在亚马逊上评分平均 4.1 颗星）。

　　而亚马逊并不是唯一一个机器人可以肆意横行的市场，会有一些顾问为亿贝网拍卖和克雷格列表网站的销售提供专门用于算法定价的模型；拼车的服务软件优步（Uber）和来福车（Lyft）同样也会根据计算机观察到的"需求超过供应"的情况而设定"峰时定价"——如果是在自然灾害或紧急情况下，它们需要人工进行干预或设置新的限制条件才可以阻止这种价格欺诈的行为②；甚至股票市场里也充斥着算法交易员，为了跟上其他算法并获得竞争优势，交易员会给机器编程，使其在没有任何人

---

① 迈克尔·艾森：《亚马逊上一本关于果蝇的书居然售价为 23698655.93 美元》，"这不是垃圾"网站；约翰·D.萨特：《亚马逊卖家将一书的售价标为 23698655.93 美元——加上运费》，CNN 网站。

② 维克多·里克森：《优步同意在紧急情况和灾难期间限制峰时定价》（《时代周刊》，2014.7.8）；迈克·艾瑟克：《优步与纽约就紧急情况下的峰时价格达成一致》，"比特"博客。

工监督的情况下进行高频的股票交易，但自动交易可能就会导致"闪电崩盘"——因为输入错误或连接故障引发市场快速下跌，从而引发一连串的自动抛售，并意外地导致大范围的经济混乱。

当我们处理有缺陷的自动化时，我们会牺牲一定的速度和效率来防止其出现一系列故障的风险。而我们对于算法错误的风险容忍度，就取决于这些风险本身。让一本珍本书籍的价格一路飙升，直到有人注意到才将其价格调下来，我们会觉得还是可以接受的；但对于日常生活用品或股票市场来说，我们就不太可能会容忍这种行为，与之相反，我们还会要求出台相关规定，以控制市场价格上涨的步伐，并进行一定监管。

算法正义联盟

乔伊·卜拉维妮是麻省理工学院媒体实验室的一名研究员，主要研究人工智能，尤其是面部识别。然而，当她在进行研究时，她却发现自己的脸并没有被准确地识别为一张"人脸"[①]。乔伊必须戴上面具才能被她所研究的系统识别出来，因为她是黑人，而该人脸识别的程序都是用白人面孔进行训练的。这个人脸识别的摄像头看不见她，是因为它的程序没有涵盖足够大的人类外貌范围。

乔伊不仅为自己准备了一个面具，还成立了算法正义联盟，呼吁人们关注这些存有偏见的数据集问题。她的研究显示，该算法对前第一夫人米歇尔·奥巴马和国会女议员的错误识别比率要远远高于白人的男性同事。即使这个算法的设计方案中并没有任何种族主义意图或性别偏见，但如果它收集到的数据主要是白人男性的面孔，这些偏差也会影响其面部识别的准确度。

但不幸的是，这些数据偏差不仅会持续存在，还影响了在现实生活

---

① 史蒂夫·罗尔：《如果你是白人的话，面部识别就是准确的》（《纽约时报》，2018.2.9）。

中的应用。目前，以黑人为主的底特律市已经安装了数千台带有面部识别功能的摄像机，作为遏制犯罪的"绿灯计划"的一部分[①]。然而，一种商用的算法对黑人面孔的错误识别率为千分之一，而对白人面孔的错误识别率则为万分之一。也就是说，在一个黑人数量是白人5倍的城市里，如果随机的一群人经过该摄像头，在错误识别了一位白人的同时，就会有50位黑人被错误识别。而在该州的驾照数据库或其他城市的记录中留下个人信息的人，就会很容易"掉入法网"。因此，这个会给黑人错误贴上嫌疑标签的人脸识别系统，将成为"黑人驾车"[②]的另一种危险吗？

2018年夏天，美国公民自由联盟使用亚马逊的Rekognition面部识别应用程序，将美国国会议员的照片与其面部照片数据库进行了比对。Rekognition一共捕获了28个可能的犯罪嫌疑人[③]（不管你对他们曾经的投票记录怎么看，但实际上并没有一个国会议员真的出现在了美国公民自由联盟数据库2.5万张公开的头像照片中）。同样，这种错误识别也不是均匀分布的："对于有色人种的错误匹配是不成比例的，包括了国会黑人议员同盟的6名成员，其中还有被称为民权传奇的众议员约翰·刘易斯。"而亚马逊则回应说，如果设置更高的阈值（而不是使用默认值）就可以避免这些错误[④]。也就是说，亚马逊表示它的软件是很好的，只是没有使用得当。如果这样的"假阳性"（识别出的人脸并没有真的匹配）是一个大问题，那么美国公民自由联盟就应该为该报告设置更高的置信度要求（比如设置99%置信度，而不是

① 艾米·哈蒙：《当人脸识别镜头对准底特律居民，引发了种族偏见的争论》（《纽约时报》，2019.7.8）。

② 原文为driving while black，这是一个美国俚语，指的是交通警察在执法时，黑人司机会比白人司机更容易被拦下，表达了美国警察在执法时的种族主义做法。——译注

③ 雅各布·斯诺：《亚马逊的面部识别错误地匹配了28名国会议员的面部照片》，美国公民自由联盟。

④ 瑞·克里斯特：《警察使用亚马逊的Rekognition软件进行人脸识别：而这些是你需要知道的事》，CNET网站。

75%置信度）。当然，这个解释明显也没有说明该软件为什么会更容易错误识别黑人。

由于类似这样的系统性错误，旧金山颁布了一项面部识别技术的禁令——也许，更好的一种说法是面部监控技术，毕竟没有人反对使用面部识别来解锁自己的手机。公民自由倡导者们将他们的担忧提交给了旧金山市的监事会，最终他们以8票赞成、1票反对通过了这项禁令，并认为面部识别系统所引发的歧视和错误的影响，远远超过了这项技术的潜在效用。

法律应用中的"黑盒"技术

在司法系统中，计算机算法有助于确定被告是否会被保释，或是在审判前是否该被关押，同样还可以帮助确定罪犯在认罪后的刑期长短。

一名叫朱莉娅·安格温的调查记者在ProPublica网站上撰文，比较了两位同被控告为80美元盗窃案的罪犯接受人工智能判断的情况[①]。18岁的布里莎·博登和一个朋友在散步时看到了一辆儿童自行车和滑板车，于是他们便擅自骑了一会儿，然后又将其放到了一边；而41岁的弗农·普拉特则是在家得宝商店偷了价值86.53美元的工具后被抓获。当他们进监狱进行登记的时候，电脑程序就会给他们再次犯罪的可能性打分：作为黑人女性的博登曾被指控犯有一项青少年的轻罪，被电脑判定为"高风险"，而身为白人男子的普拉特却被认为是"低风险"，尽管他曾被判持枪抢劫，还有一项在等待判决的指控。

在对博登和普拉特的再次犯罪可能性进行评估时，电脑程序只是询问了一系列关于他们背景的问题，然后就直接给出了一个数字。但是，后来发生的事情却与该程序的预测并不相符。被电脑认定为低风险的白人普拉特，却因重大电子产品盗窃案再次被捕，如今正在监狱服刑，期限为8年；而被电脑认定为"高风险"的博登却避免了进一步的法律麻

---

① 朱莉娅·安格温等：《机器算法中的偏见》。

烦。甚至，与博登一起被捕的朋友还说，正是因为之前的逮捕记录，曾让博登很难找到工作。

在美国各地，像Northpointe公司的COMPAS这样的程序会在法官们进行量刑裁决或保释听证会时使用。但这些程序本身是不透明的：当人们进行一系列的输入后，它们就只会输出一个数字，并没有提供任何对其推理（或结果）的反馈和解释。当辩护律师要求法庭提供更多细节，以帮助他们的客户进行反驳时，他们却被告知，这些程序是商业机密，无法透露。

而通过大规模的分析显示，这些程序的应用存在不一致性。在ProPublica的那篇文章中，安格温就发现COMPAS程序对于非洲裔美国人存在系统性的偏见，并且在几乎类似的情况下，该程序会认为他们要比白人被告更有可能再次犯罪。但我们还需要进一步研究，才能确定这种偏差是在编程中人为故意输入的，还是在用于训练系统的数据中嵌入的，又或是来自无法对未来进行完全预测的数据模式。这些程序本身就是一个黑盒：我们只能看到它的输入和输出，而无法看到里面发生了什么。不过，无奈的是目前它们都已经加入了司法系统。确实，它们可以节省时间，而且人们也会愿意相信它们的供应商所说的"提升决策能力"的说法，但是在必须要作出一些艰难决定时，它们也会被人们用来推卸责任："这并不是我的决定，是电脑告诉我这么做的。"

"不透明性"是深度学习的决策系统中的一个基本特征。这些系统都是从经验中学习，然后再制定出自己的决策规则，而且一般来说，也没有任何机制来解释它们是如何得出结论的。

因此，人工智能系统的本质就是一个个的"黑盒"。它们所得出的结论、做出的各种分类和判断，都不是来自由人类进行定义和实施的算法，而是通过观察而获得的知识积累。然而，一个不透明的程序就无法让"被控告"的一方以及作为旁观者的大众认为，其做的决策是公平的。在一场理性的司法判决中，无论是被告还是公众，都能理解其背后的法律逻辑，而若在这样不透明的判决下，想必他们肯定都无法理解什么才是正确的法律。因此，当这些算法在司法程序中得到重视，而其创造者却不知道它们为什么会得此结论，或者也无法解释到底有什么因素可以改变其结果时，那些对该算法结果存疑的人，就会被剥夺正当法律程序的权利了。

接下来的是什么

应用深度学习的 AI 2.0，有可能还会超越我们在数字大爆炸中已经看到的一切。但它们汇总复杂信息的能力，以及可以实时做出判断的能力，是一把"机遇和风险"并存的双刃剑。在接下来的几年里，仍有许多问题有待我们去探索。

责任

在2018年的一个周日晚上，伊莱恩·赫茨伯格在亚利桑那州的坦佩市推着自行车过马路时，不幸被一辆优步的自动驾驶汽车撞死。于是，该事件便成为美国第一例由自动驾驶汽车造成死亡的报道[①]。在接下来的几天里，优步的工程师和执法调查人员仔细研究了案发当时的数据，试图找出问题出在哪里。自动驾驶汽车的设计初衷是为了避免碰撞发生，但在这次案件中非但没有成功避免，还导致了致命的后果。问题究竟是出在哪里呢？是软件，还是硬件上？是在传感器，计算机视觉，数据处理，还是驱动反应？那到底是谁来负责呢？是软件开发者，汽车公司，还是车主？

汽车上有很多零部件可以记录数据，其数据输入和输出的方式就类似于飞机上的黑匣子飞行记录仪。查看这些日志，就可以知道传感器是否曾经探测到一个物体，以及当时是否发出了刹车的指令。然而，

---

① 朱莉娅·安格温等：《机器算法中的偏见》。

在某些"中间"的情况下，其解释就会变得更加困难：如果汽车确实"看到"了一个物体，但未能识别出该物体是一个人，所以它并没有为这个人停车（即使它必须要突然刹车），那么错误识别的问题可能出在哪里？[①] 其原因就是该软件的大部分操作之间都是不连续的：两个非常相似的场景在人工智能面前可能呈现出迥然不同的情况，所以测试场景的条件和现实场景的条件之间的一个小错误（或差异）就可能会产生无法承受的后果。然而，要在测试过程中列举出所有的可能性，并在事故发生之后记录足够多的信息以进行详尽的评估，可能会让许多公司望而生畏。

在优步与赫茨伯格相撞的事故中，美国国家运输安全委员会的一项调查发现，由于当时的其中一个紧急刹车系统已经失灵，而人类的"备用司机"反应不够快，于是就没能将车及时停下来。

从这辆车自动驾驶系统保存的数据来看，在撞击发生的6秒钟之前，该系统就用雷达和激光雷达观察到了前方的行人，而这时车辆的行驶速度是43英里每小时。随着车辆和行人路径的逐渐汇合，自动驾驶系统的软件将"行人"划分成了未知物体、车辆和自行车，并对接下来要采用的出行路径产生了不同方案。于是，在撞击之前的1.3秒，该自动驾驶系统判断为了减轻碰撞，需要马上启动紧急制动。根据优步公司的说法，在车辆还处于由电脑控制的情况时，为了减少车辆可能出现的不稳定行为，它并不会自行启用紧急制动，而是需要驾驶员进行干预和行动。然而，该系统的设计根本就不会提醒驾驶员进行相关操作。[②]

这辆车的计算机视觉系统看到了前方有一个正在移动的物体，但是由于不确定它是什么，所以就无法确定这个物体（或者准确地来说，是她）是否会在汽车行驶的路径上。当系统识别出原来这个物体是一位正

---

① 阿里安·马歇尔，亚历克斯·戴维斯：《优步的自动驾驶汽车不知道"行人"可以乱穿马路》（《连线》）。

② 《关于高速公路 HWY18MH010 的初步报告》，美国国家交通安全委员会。

在推着自行车的行人，并且意识到汽车可能会撞到她时，它唯一能纠正的动作就是启动一个已经失灵的紧急制动系统。显然，这个自动驾驶系统的设计工程师在之前就做出了会将系统置于此种困境的选择。比如，虽然他们可以让汽车在发现任何危险迹象的情况下立即减速，但这样就会减慢汽车行程；而且突然刹车也可能会被后面跟来的车撞上，产生更大的危险。

习惯化

当我们在对人工智能系统进行设计时，我们就会面临着要设置哪些参数，以及要承担哪些风险的选择。矛盾的是，随着人工智能系统变得更好，其选择可能就需要变得更加明确。人类驾驶员会本能地对冲向马路的物体做出反应（或者没能反应过来），所以自动驾驶车辆也必须设定出会出现类似障碍的情况，并在一系列不那么完美的选择中做出决定，其中就可能包括紧急刹车（车上的乘客和后面的汽车会有一些危险）、突然转向到对面的车流中（车上的乘客和对面车道的汽车会有危险），又或者是转向到旁边拥挤的人行道上。对于这些选择的风险及其潜在危害的评估似乎是很有必要的，但同时也是很不公平的：我们怎么能将人类的生命作比较呢？

电车难题

哲学家菲利帕·福特（Philippa Foot）在1967年的一篇文章中首次描述了"电车难题"[①]。她要求人们思考下面的这个情况："目前有一辆电车失控了，而司机只能从一条狭窄的轨道转向到另一条狭窄的轨道；一条轨道上有5个人正在进行维修工作，而另一条轨道上只有一个人；而无论司机选择哪一条轨道，那里的人全部都会死"。假设这辆电车没有足够的距离踩刹车，眼看就要撞上前方轨

---

① 菲利帕·福特：《堕胎问题和教条双重影响》（《牛津评论》，1967年第5期）。

道的那5个人，但此时司机可以扳动一个开关，将电车转向到只有一个人在工作的轨道上，那他应该扳动这个开关吗？他一定要这么做吗？

这个思想实验，以及一系列其他类似的可怕选择（如果能让火车停下，你会把一个胖子从高架桥上推下去吗？或者杀掉一个健康的人，就可以利用其器官让另外5个病人活下来，你会这么做吗），可以让我们明白影响自己对于"公平"判断的因素有哪些，或者（在我们变得更加纠结的时候）提醒我们直觉判断可能会被一些与原则性的公平无关的因素所蒙蔽。

显然，电车问题对那些研究自动驾驶汽车的人很有吸引力，这时思考是否要扳动开关的情况，就相当于自动驾驶汽车要在两种选择之间做出决策，而任何一种选择都会造成伤害：是该保护自己的乘客，还是该保护另一辆有两名乘客的汽车？是该保护乘客，还是前方的行人？又或者是否应该防止车子的损坏？有一些人注意到，其实这里的每一个选择都是一长串事件导致的最后结果，因此建议人们应该通过改变驾驶过程中的相关参数，来打破电车难题的条件限制，比如说，可以通过安装互锁开关装置，使得电车绝对不会在有维修人员的轨道上行驶。换句话说，与其让自动驾驶的汽车与人类驾驶的汽车一起上路，倒不如给它们单独行驶的车道，并使用相应的软件来协调车流通行。但这些方法又再次回到了有关系统设计以及公平的问题：到底哪些人的利益是被纳入考虑，甚至是优先考虑的？又有哪些人的利益是被忽视的？

透明度：你为什么这么做？

还记得我们在前面谈到过妮可莱特的故事，她在参加电脑面试后，就没有任何下文了，而在现实生活中类似的例子还有很多。于是，克里斯蒂安·桑维和凯莉·卡拉哈里欧希望通过审计的方法来帮助我们理解这些计算机算法系统。例如，他们尝试在Facebook的个人资料上做出一些细微的改动，以比较各自收到的推送广告是否会有不同。①那些在个人资料里说自己没有孩子的单身女性，是否会看到和那些在网上滔滔不绝谈论自己孩子的人一样的住房广告？或者她们是否会看到和男性一样的广告？

当面对黑盒AI时，或者说，在面对一个已知计算方法，但具体工作过程不透明的算法时，我们可以尝试通过审计来理解它背后的操作过程。事后审计通常会检查该算法的输入值和输出值，然后再提取单个数据点并汇总结果，以查找其中的异常之处或意外行为。

然而，由于他们的测试会涉及创建一些虚假或相反的信息来与计算机系统进行交流，因此，如果桑维和卡拉哈里欧的"虚假资料"违反了他们所测试的平台的服务条款，那他们两个就会因违反《计算机欺诈和滥用法案》而被起诉。因为人工智能黑盒有着禁止人们测试其工作原理的规则，所以这些"房东"辩称，他们两个在没有打算要租下一套公寓的情况下，对其所有的公寓进行一一测试，是属于非法的入侵行为（尽管他们最后输掉了诉讼）。当卡拉哈里欧和桑维在争取对可能存在的机器歧视进行现场审计的权利时，他们其实是在寻求一种能对数字环境进行评估的神圣保护权。究竟什么时候对于人工智能系统偏见的审查权利才会超过该系统运营商限制访问的权利呢？

更好的就足够好了吗？

伊莱恩·赫茨伯格的死是一个悲剧。尽管坦佩市警方认为这起事故是不可避免的②，但优步还是因为这起事故终止了其自动驾驶汽车的

① 克里斯蒂安·桑维等：《审计算法：在互联网平台上检测歧视的研究方法》，截取自论文《数据和歧视：将关键问题转化为有效的调查》，第64届国际通信协会年会，西雅图，华盛顿州。

② 乌列尔·加西亚，卡特里娜·布兰德：《坦佩警长称：任何司机都会"不可避免"地发生此次优步的撞车事故》（《亚利桑那共和报》）。

测试①。这样的做法完全是可以理解的，因为我们总会以这种方式来面对他人的死亡，即使是在没有涉及死亡的事故中，人们也会非常担心自动驾驶汽车是否足够安全。然而，我们又该如何看待这些自动驾驶系统得出的数据优势呢？不妨先来看一下特斯拉自动驾驶系统的报告结果：

> 第一季度中，使用了自动驾驶系统的车辆每驾驶468万英里就会发生一起事故；那些没有自动驾驶系统，但具有一定安全功能的车辆每驾驶199万英里就会发生一起事故；而那些既没有自动驾驶系统，也不具有一定安全功能的车辆每驾驶142万英里就会发生一起事故。但相比之下，根据国家公路交通安全管理局的最新数据显示，在美国的车辆每行驶47.9万英里就会发生一起交通事故。②

同理，HireVue自动筛选系统的制造商也认为，他们的系统会比其取代的人类面试官工作得更好。尽管该系统也没有对其决策的过程做出相关解释，但该公司声称：

> 通过几十年的研究表明，传统的面试方法充满着隐性和显性的偏见，而且前后矛盾。而HireVue的面试方法已经被证明在预测绩效方面会比人类评估人员更为准确，并且它会经过审计、测试、再培训和再次审计，以确保没有负面影响发生。③

那么，究竟哪种做法是存在偏见的呢？就算一个系统的偏见可以被评估，但如果它不允许人们进行质疑，我们是否会从根本上变得更

---

① 卡罗琳·萨伊德：《在亚利桑那州的死亡事故后，优步停止了其在加州的机器人汽车测试》（《旧金山纪事报》）。

② 特斯拉汽车公司：《特斯拉汽车安全报告》。

③ 洛伦·拉森：《HireVue评估和防止算法偏差》。

好呢？

未来的工作

我们已经见识到了数字大爆炸对生产力的巨大影响：我们不再有专门负责打字的打字小组；旅行社代理人几乎也快消失了；由于科技已经接管了各种各样的任务，所以连公司里负责账款的部门规模也比以前小了很多。

在能够感知、理解并与物理世界进行互动的机器学习系统AI 2.0问世之前，科技对于劳动力的影响还主要局限于信息密集型任务。然而，这种情况即将会发生改变，因为目前我们拥有了更加智能的计算机系统——能够自我学习，自我完善，还能够实时做出看似复杂的决定。

在美国，最常见的工作之一是"司机"——卡车司机、公交车司机、出租车司机、拖拉机司机、叉车司机、优步司机和来福车司机，那还有多久自动驾驶汽车就会接手这些工作呢？此外，还有其他的各种职业——税务筹划、读取x光内容、客户服务等，又会发生什么样的变化呢？

监管的作用

总的来说，人工智能和深度学习系统（特别是其决策过程是不透明的系统）迫切需要一些智能监管。

阿西莫夫的机器人法则已经诞生了1000个替代方案和后代，即使是针对算法公平性和透明度的标准也数不胜数。因此，美国计算机协会（ACM）提出了以下原则作为一个监管的新起点：[1]

1.意识：任何分析型系统的所有者、设计师、构建者、用户和其他利益相关者都应该意识到该系统的设计、实施和使用过程中可能存在的偏见，以及这些偏见会对个人和社会造成的潜在危害。

---

① 《算法透明度和问责声明》，美国计算机协会，美国公共政策委员会。

2.纠正的渠道：监管机构应鼓励人们采用一定的机制，可以让受到算法信息决策不利影响的个人和团体提出相应的质疑和纠正方法。

3.问责制：任何机构都应该对他们所使用的算法系统做出的决策负责，即使其运营商无法对该算法结果的运算过程给出详细的解释。

4.说明：鼓励使用任何算法决策的系统和机构对其算法过程的具体步骤和所做的具体决策给出一定说明。这在公共政策方面尤其重要。

5.数据来源：任何算法的构建者都应该对其训练数据收集的方式给出一定的描述，并且还要附上可能由人类或在算法数据收集过程中造成的潜在偏见。公众对于训练数据的审查可以最大限度地为系统提供更正的机会，然而，如果是公众认为该系统存在隐私泄露、商业秘密泄露或者泄露了可能会被恶意行为者利用的数据等问题，就可以禁止该系统的使用。

6.可审计性：任何系统的模型、算法、数据和决策都需要留有记录，以便在怀疑造成损失的情况下可以对它们进行审计。

7.验证和测试：有关机构应该使用严格的方法来验证任何一个系统的模型，并对其方法和结果进行记录。特别注意的是，还要定期对这些系统进行测试，以评估和确定该模型是否会对人们产生歧视性伤害。此外，还鼓励各机构公开此类测试的结果。

然而，当利润、市场份额、创新和一种简单的兴奋感让每个人都想要制造出新的智能产品，或者用控制论之父诺伯特·维纳的话来说，想要"充分发挥我们想象力的全部力量，来检验这种对新模式的充分利用会将我们引向何方"[①]的时候，我们又要如何让所有的决策者、设计师、工程师，甚至消费者都认真对待这些原则呢？

对于未来的乐观态度

尽管人工智能和机器学习会有这些固有的风险和复杂性存在，但我

---

① 《科学》，第131卷，1960年第3410期。

们也应该认识到它们身上的巨大潜力。随便列举几个已经取得进步的例子：加速了药物开发、提高了作物产量、减少了汽车事故伤亡、降低了医疗保健成本、提高了欺诈和犯罪的侦查率以及生产效率。

总的来说，人工智能，特别是机器学习，以指数级的水平加速了数字系统的发展，因为它们正在不断学习如何改进自己，就像我们人类几千年来所做的那样。

比特照亮了世界

那么，在数字大爆炸以后还会发生什么呢？可以肯定的是，我们今天离"以后"还有很远的路。现在，我们能够生产、分析、存储的比特要比以往任何时候都多，而且也有更多的比特可以作为智能系统中的训练数据。可以说，我们仍处在信息大爆炸的初期阶段，而现在将其作为一个整体来看也不算太操之过急。

在古希腊神话中，普罗米修斯偷走了宙斯的火，并把它连同有用的文明艺术从奥林匹斯带到了地球上。于是，为了报复普罗米修斯的欺骗，宙斯便给予了人们各种疾病和邪恶的念头。而从那以后，我们都一直在尽力而为，努力生活。

普罗米修斯神话就是一个关于科技的故事。科技就像火一样，是没有好坏之分的，它的价值就取决于人类如何使用它。一旦我们开始使用一种技术，社会本身也会随之发生变化。正如威廉·叶芝所写的那句诗："而一切都变了，彻底变了：一种可怕的美已经诞生。"[1]

信息技术则引发了一种特殊的火，而比特就是"信息火焰"中的原子粒。正是因为有了信息工具，我们才得以做成一些事情，无论这些事是好还是坏，但如果没有其帮助，我们就不可能做得到。不管怎样，这

---

[1] 威廉·巴特勒·叶芝：《1916年复活节》。

些技术使得我们能够以一种前所未有的方式进行思考、推理、创造、表达、辩论、妥协、学习和教学；它们使得人们得以跨越物理空间相互联系，无论是在个人之间，还是在一群人中间；它们扩宽了我们的声音范围和听觉范围；当然它们还增强了我们吓唬、骚扰、憎恨他人，以及让别人曲解自己的能力；它们使得我们不用出门就能赚钱和花钱，但是也会让别人从我们舒适的家里偷走自己的钱。

作为火的传播者，普罗米修斯就是希腊人所理解的人性的核心，所以在后来的神话中，他被认为是人类这个物种的创造者。那么，等到10年或20年之后，当正在进行的数字大爆炸拥有了难以想象的力量时，信息技术又将会给我们的社会带来什么样的变化呢？

当然，我们没办法知道。但是，如果一切继续像今天这样变化下去，人类文化独有的三个方面可能就会发生翻天覆地的变化：我们的个人身份和隐私意识，我们的言论自由，以及推动人类进步的创造力。

隐私和人格

随着数字大爆炸时代的开启，人们关于隐私问题的挣扎似乎变成了一场没有硝烟的战争：每个人都想要保护自己的隐私免受侵害，而企业和政府机构却希望从每个人都不愿透露的信息中获取利益。于是，在实际生活中，就形成了一场我们对他们，好对坏，或者个体对机构的战争。

在数字大爆炸时代，随着技术的进步，数据收集也变得更加容易，并且没有那么烦人了。人们常常会为了一些小小的"奖励"而牺牲自己的个人隐私，而且他们一般都不会意识到自己放弃了什么。相对来说，现在很少有人担心商店会对他们的购物历史进行记录。即使没有使用会员卡，但在收银台刷卡和扫描条形码的时候，商店也能轻易将顾客的名字和他对糖果和安全套的喜好联系起来。要想保护自己的隐私，你就不得不放弃很多生活便利，而大多数人并不愿意这样做。

我们的下一代人甚至可能都不会把失去隐私视为一种牺牲。苏格拉底曾说，未经审视的生活不值得过下去，但从小在社交网络中长大的人也许会觉得，完全暴露在公众视野中的生活是很正常的。正如太阳微系统公司首席执行官斯科特·麦克尼利所打趣的那样："反正你就是一点隐私都没有的，克服它吧。"

但是，当人们的社交活动是通过电脑屏幕进行的时候，要想克服它，就没那么简单了。在我们大多数的私人交往还是通过面对面，或者打电话进行的时候，我们不会轻易相信一个假装是银行职员的人，而会选择信任我们已经认识的人。然而，在电子世界里，我们的做法恰恰相反：我们愿意把一大笔钱托付给银行的网站，但却会被一直提醒说，要小心自己在网上的亲密朋友可能是骗子。那么，对于孩子们来说，个人和公众之间的网络边界在哪里呢？我们是否需要制定一些防止网络朋友诈骗的法律呢？

随着我们的电子隐私在比特云中消失，随着人们的谨慎让位于社交网络，究竟哪一部分的社会结构将会崩溃？它们又会被什么所取代？正如我们所知，社会之所以能正常运转，是因为各方之间建立了相互信任的关系网络，而且都会对自己的行为负责。那么，如果个人身份的概念变得毫无意义，到底会有什么取而代之呢？隐私和身份的概念会在这场大爆炸中被彻底摧毁吗？

我们还能说什么？又有谁会听我们说呢？

数字大爆炸彻底改变了人类的交流方式。虽然在更早些的时候，传播文本、口头语言和图像的技术也改变了世界，但所有的这些技术都存在着瓶颈。如果你想让成千上万的人来读你的书，你就只能把它出版印刷出来；如果你想通过公布政府的一个丑闻使其倒台，你就只能让报纸进行曝光；如果你想让几百万人能听到你的演讲，你就只能通过无线电台进行广播。

早期的信息革命

维克多·雨果曾在《钟楼怪人》中如此评价印刷术："它是革命

之母，是一种全新的表达人性的方式；它是人类思想剥去一种形式，又重新换上的另一种形式，就像是蛇的一次真正蜕变一样，而自亚当时代以来，蛇就一直代表着智慧。"

而现在，人们不会再被那些扬声器和印刷机的控制者们所束缚。在美国，任何人都可以在未经教会或政府许可的情况下发表任何言论，并且还可以让数百万人听见。虽然人们不一定要听这些内容，但如今想让数百万人能听到某个消息是一件很容易的事。

然而，这也是有一定代价的，但却不是金钱上的代价；毕竟，通过电子邮件、Twitter、Facebook 或 YouTube 传播信息是不需要任何成本的。这里的代价是指讲话者往往需要依赖于许多的中间媒介来处理信息，因此其他人就会有许多机会对其进行侦听、窃听、过滤和审查，也就更不用说你所接收到的信息的来源和可靠性了。这些瓶颈已经成倍增加，并且变得更加分散，但它们并没有消失。

创造了通信革命的技术奇迹也创造了"老大哥革命"。美国执法部门以巨大的热情接受了 Clearview 公司的人工智能面部监控[①]。随着人工智能成功掌握了语音识别和语言理解，我们不得不承认，这些人工智能可以扮演人类监听者，并对通过电话线或互联网的每一条语音信息都进行监控。智能机器们都将会全神贯注地在等待着有人说出"错误"的话——不管那会是什么。

政府进行窃听是为了保护国家安全、监督政治反对派，抑或是保护公共道德；通信公司进行窃听则是想要了解他们的网络主要会被用来做什么，于是他们就可以调整其服务内容，并赚到更多的钱——这就是一种变相的内容审查，在这种形式下，不需要的通信就会变得越来越慢，或者变得越来越贵；而服务提供商们进行窃听，只是希望能在他们提供

---

① 喀什米尔·希尔：《一家神秘的公司可能会终结我们所知的隐私》（《纽约时报》，2019.12.17）。

的内容中添加广告而已。

在过去的25年里，尽管人们的交流范围扩大到了难以想象的程度，但与过去相比，未来的言论表达究竟是会更加自由，还是会有更多限制，仍然没有一个定论，即便是像美国一样还有着屹立不倒的第一修正案。就像森林里倒下了一棵树，却没有任何人看到一样，如果没有人在听我们说话，那言论自由又有什么用呢？正是因为我们现在的信息来源非常的多元化，那就很有可能会创造出这样的一个社会：没有人会从和自己意见相左的人那里学到任何东西。人们非常容易就可以决定自己要听谁的意见，然后忽略掉其他所有人。所以，数字大爆炸是否会让我们接收到的信息变得更加有限呢？

是创意的大爆炸，还是法律的大爆炸？

在第一章引用过的同一封信中，托马斯·杰斐逊还写道："从我这里得到了一个新想法的人，他可以获得新的指引，但却不会削弱我的；就像他在我的蜡烛上，点上他的蜡烛一样，他得到了光明，但却没有使我变得暗淡。"然而，数字大爆炸究竟是会被用来照亮世界，还是被用来制造幻象，以蒙蔽我们的双眼？

对于那些在社交网络中传播的各种虚假信息，不知道杰斐逊会怎么评价呢？离2016年的美国大选已经过去多年了，但各大社交媒体公司和各国政府都还没有找到一个简单的方法，可以让人们表达政治观点的权利与现实中真相可以被揭露的权利达成平衡。人们随意传播着一些貌似好玩的谎言，殊不知要想澄清其背后的真相，是需要花费很多时间和大量精力的。然而，也并非所有的错误信息都是政治或商业性的。当一场疾病迅速传播开时，在一些毫无根据的阴谋论扎根的地方，可靠的信息是无法渗透进去的。在2019年开始的新冠肺炎疫情暴发期间，甚至是在首次疫苗试验开始之前，就有人开始传播反对疫苗研究的错误信息认知。而就在一年前，因为一场反对疫苗接种的运动，使得萨摩亚岛上的疫苗接种率降至34%，于是岛上就有83人（其中大部分是儿童）死于原本可以预防的麻疹病[1]。

对于言语表达的操纵，并不是技术上唯一可以控制信息的方式。比如美国颁布的专利法和版权法，它们旨在促进个人的创造力以及促进社会的进步，并且在向创造者提供一定经济激励和向广大民众提供较好的社会效益之间取得了平衡。此外，这些专利和版权的有限期不仅要长到能让艺术家和发明家对其创作保持独家控制权，以获得一定的经济回报，但同时也要短到能再次激励他们继续进行新的创作。而且，被保护的内容都会有一个很高的门槛，如此一来就不会让律师们有所发挥，而是会催生出更多艺术和工程上的创造。

随着我们使用的机械工具逐渐被信息处理工具所取代，所有形式的写作、音乐和艺术都实现了数字化，所以我们的"游戏规则"也发生了变化。如今，受到最佳保护的反而是一些大型企业，而非最初的技术创造者，或是终端的消费者。曾经，信息技术宣称做到去中间媒介化时——即摆脱掉中间媒介，却没料到它们正在变得越来越强大，而不是越来越弱。

任何限制言论的规定，都会带来人们意想不到的后果。在新冠病毒肆虐期间，谷歌因版权问题被勒令从其搜索结果中删除了一部分文章。其中就包括一则关于两名前往越南的英国游客患病的新闻报道——这些信息本来可以让其他人知道他们已经感染了新冠病毒。这篇报道刊登在越南政府下属的一个新闻网站上，文中提到了这两名游客所住的酒店、去过的酒吧和餐馆的名字，并敦促光顾过这些场所的读者要采取一定的预防措施。想要删除这篇文章的人转发了自己在之前上传的原博客，并起诉称这则新闻侵犯了他的版权。于是，谷歌删除了关于该报道的搜索链接，尽管这篇原博客上的日期比这两名游客到越南的时间早了4个多月。这名发布虚假消息的博主还上传了其他的7个假博客，且一并向谷歌

---

① 芮妮·迪瑞塔：《卫生专家并不知道信息是如何传播的》（《大西洋报》）。

提出了版权诉讼。[①]

随着新的科技让其创造者能直接与消费者进行接触，而保护其经济利益的这些强大的中间媒介公司的法律力量也在不断增强。

而在发明领域，我们也会看到类似的矛盾。现有的无线电和电视广播产业将新来的竞争者排除在外，就限制了语言和创造力的发展，同时也限制了有关无线电通信的有用设备进入市场。同理，我们也可以思考一些在以谷歌为主导的信息搜索领域，以及风靡世界的Facebook所在的社交网络领域，同样的故事是否会再次上演？

究竟美国是会走向信息民主，还是信息寡头？到底是谁来控制我们在未来生产和使用比特的方式？

最后的结论

这场世界范围内的比特大爆炸，可以说是照亮了全世界（详见图9.2）。[②]虽然当下主要是照亮了欧洲和北美洲，但几乎所有地方都变得越来越亮了。现在，已经没有任何物理原因能够阻挡比特继续增长了，因为不像石油或煤炭，它的生产几乎不需要任何原材料，仅仅是需要一点电力而已。比特以惊人的数量在玻璃纤维中流动，在空间中进行传输，有短距离的，也有长距离的。只要拥有照相机和电脑，我们就可以随心所欲地生产比特，并且使其每年的数量都在不断增加。而所有的这些数据和思想，所有的这些"光亮"的原子，都会以电子形式永久地被存储下来。

正是在政治和经济自由的制度下，技术发明才得以蓬勃发展，随之才发生了数字大爆炸。发明了印刷机的古腾堡为这一切奠定了基础，而

---

① 安德里亚·富勒等：《谷歌被虚假声明欺骗，撤销了新闻报道》（《华尔街日报》，2020.5.15）。

② 克里斯·哈里森：《卡内基·梅隆大学人机交互研究所》。

摩尔斯的电报、贝尔的电话和爱迪生的留声机也都是他的先驱和前辈。当然，克劳德·香农就是比特版的普罗米修斯。在第二次世界大战后，正是因为他惊人的数学发现，才点燃了通信和计算技术的火焰，而如今，这些技术又以比特的形式照亮了全世界。

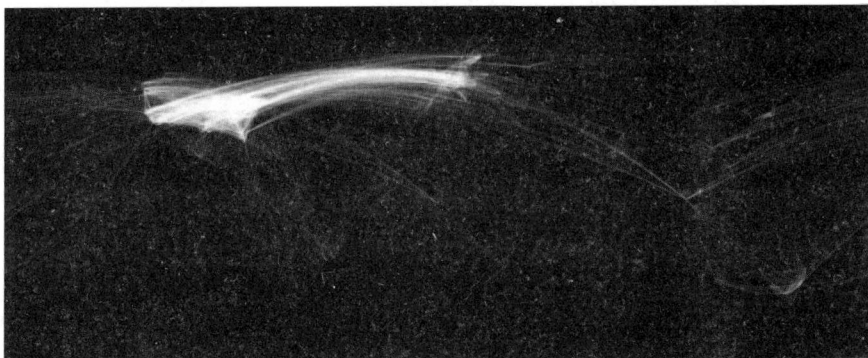

图9.2 这是一幅显示了世界范围内互联网相互连接的路由器数量的地图。目前，美国和欧洲是网络连接较为紧密的。如果将其描述参数改为网络数据的传输量（例如，网吧数量较多的地区就会更加明显），那么非洲、亚洲和南美洲可能就会更加清晰地显现出来。

　　总而言之，比特大爆炸还没有结束，我们仍处于一个中间阶段。虽然我们并不知道它将会是破坏性的，还是具有启发性的，但我们可能很快就会知道这场大爆炸的控制权究竟会花落谁家。如今，比特仍然是一种新的现象，也是一种新的自然资源，所以有很多的监管机构和网络公司都在对其虎视眈眈。而我们在今天所作出的法律和经济上的决策——不仅仅是关于比特的，而是关于所有依赖于比特的事情，都将决定我们的后代如何生活下去。无论这些比特将会照亮世界，还是摧毁世界，它们都将会重新塑造人类的未来。